W0061956

Paris

Nancy

Dijon

Châlon

FRANKREICH

SCHWEIZ

ITALIEN

Lyon

ulle

Figeac

Loriol

Livron

Montélimar

Pierrelatte

Roquemaure

Châteauneuf-du-Pape

Remoulins

Sorgues

Nîmes

Avignon

ouse

Mittelmeer

JÜRG ALTWEGG

Geisterzug in den Tod

Ein unbekanntes Kapitel
der deutsch-französischen Geschichte 1944

ROWOHLT

1. Auflage Januar 2001
Copyright © 2001 by Rowohlt Verlag GmbH,
Reinbek bei Hamburg
Alle Rechte vorbehalten
Lektorat Uwe Naumann
Umschlaggestaltung Ingrid Albrecht
Karte auf den Vorsätzen Ditta Ahmadi und
Peter Palm, Berlin
Satz Aldus und Univers PostScript, PageMaker bei
Pinkuin Satz und Datentechnik, Berlin
Druck und Bindung Clausen & Bosse, Leck
Printed in Germany
3 498 00057 8

INHALT

KAPITEL 1
Lumpensammler in die Deportation

Am 6. Juni 1944 um halb vier Uhr nachmittags besteigt General Georges Revers inkognito in Paris den fahrplanmäßigen Zug nach Toulouse. Revers war bis 1942 einer der Spitzenbeamten des Pétain-Regimes und in die Kollaboration der Franzosen mit den deutschen Besatzern verwickelt. Es ist eine beschwerliche Fahrt, die ihn an diesem historischen Tag erwartet. Kaputte Brücken, gesprengte Gleise, defekte Weichen verzögern die Reise und machen Umwege über Nebenstrecken nötig. Bei jedem unvorhergesehenen Halt erheitern sich die Gesichtszüge des Generals. Seine Genugtuung bleibt den verärgerten Mitreisenden nicht verborgen. Revers kämpft seit 1943 gegen die Besatzer und ist zum Chef der Résistance-Organisation innerhalb der Armee aufgestiegen. In diesem Frühling wird er zur historischen Figur des Widerstands. In der Hauptstadt hat man ihn vor der Abfahrt über die Landung der Alliierten in der Normandie informiert. Die Befreiungsschlacht auf französischem Boden beginnt.

Sie wird an mehreren Fronten geführt. Ende 1943 hatte Georges Revers die Parole ausgegeben, möglichst viele Lokomotiven schon in den Depots fahruntauglich zu machen: die umstrittenen Bombenangriffe der Royal Air Force auf Bahnhöfe und Züge, die viele Menschenleben fordern, sollen überflüssig werden. Die Dienstreise des Generals in den Südwesten erfolgt zum Zweck der Inspektion. Der «Plan Vert» des Eisenbahner-Widerstands ist zu seiner Zufriedenheit angelaufen.

Am 1. Juni wurde über die BBC die Alarmbereitschaft verkündet, am 5. Juni ist der «Plan Vert» der «Résistance Fer» ausgelöst worden. Er ist Teil der alliierten Strategie. Züge werden gestoppt und von bewaffneten Verbänden des «Maquis», des im Untergrund kämpfenden Widerstands, angegriffen. Den ganzen Monat über kommt es zu rund tausend Attentaten – am Tag nach der Landung in der Normandie sind es neunzig. Am 8. Juni entgleist ein Zug zwischen Bordeaux und Saintes. Ein Warentransport aus nördlicher Richtung kann nicht rechtzeitig stoppen – es kommt zum Zusammenstoß. Aus Bordeaux läßt der Bahnhofsvorstand elf weitere Züge, die deutsche Soldaten an die Front bringen sollen, zur Unglücksstelle auffahren. Sie erreichen, wenn überhaupt, ihr Ziel mit bis zu zehn Tagen Verspätung.

Die SS-Division «Das Reich» ist auf dem Rückzug. In den französischen Südwesten waren Hitlers Elitesoldaten zur Erholung vom Rußlandfeldzug und zur Bekämpfung des immer heftiger werdenden Widerstands geschickt worden. Jetzt müssen sie an die Front in die Normandie. Die ersten SS-Kommandos sind bereits in Figeac angekommen. Sie kennen den Ort. Hier hatte die Résistance zusammen mit George Hiller – vom britischen «Special Operations Executive» (SOE), der Organisation des Obersten Buckmaster – die Ratier-Werke sabotiert, in denen Propeller für die deutschen Flugzeuge hergestellt wurden. Die Razzia – aus Rache – vom 12. Mai 1944 war ergiebig ausgefallen. In Figeac und Umgebung wurden über tausend Menschen verhaftet und zweihundert von ihnen in die Deportation geschickt.

Als Jean-Pierre Vernant, der nach dem Krieg zu den großen Intellektuellen zählen und als Hellenist ans Collège de France gewählt werden wird, in Figeac den SS-Truppen auf dem Rückzug begegnet, glaubt er zunächst, es mit der berüchtigten Gendarmerie von Toulouse zu tun zu haben: Vernant, Kommandant der unter der Bezeichnung «Mouvements Unis de Résistance» (MUR) zusammengeschlossenen paramilitärischen Widerstandsgruppierungen Combat, Libération und Francs Tireurs et Partisans (FTP), hat sein Detachement nach der Ausrufung des Plan Vert in den Maquis bestellt. Er selber kommt mit dem Fahrrad. Eine Bäuerin, die nur weiß, daß er «le patron» ist, erkennt ihn und öffnet Vernant die Tür. Praktisch im gleichen Augenblick beschießen die SS-Soldaten mit Maschinengewehren die Bauernhöfe gegenüber und stecken sie in Brand. Vernant beobachtet sie und ihre Komplizen von der französischen «Milice» aus seinem Versteck, das wie durch ein Wunder unberührt bleibt. Zwei Monate später wird er mit seinen Leuten Toulouse befreien.

Der hoffnungsvolle Frühling des Jahres 1944 ist für den antifaschistischen Dichter und wortgewaltigen Abenteurer André Malraux der Zeitpunkt, erneut den Schritt zur Tat zu vollziehen. Malraux, der im Spanischen Bürgerkrieg mit einem Luftwaffengeschwader gegen Franco im Einsatz war und danach bis 1943 an der Côte d'Azur an seinem literarischen Werk arbeitete, entschließt sich zum Eintritt in den bewaffneten Widerstand – den er bis dahin angesichts der herrschenden Kräfteverhältnisse für sinnlos hielt. Er ist bereits berühmt und ziemlich egozentrisch. Den Roman über sein Engagement in der Résistance hat er schon geschrieben: «Les noyers de l'Altenburg». Nach dem Helden seines Buchs gibt er sich das Pseudonym Berger mit dem Dienstgrad eines hohen Offiziers. Mit seiner Einheit kämpft auch Colonel Berger gegen «Das Reich». Er verfügt über eine Funkverbindung mit London, von wo aus Charles de Gaulle – der nach der Niederlage im Frühjahr 1940 ins Exil ging und den Kampf gegen die Nazis weiterführte – den Widerstand im Inneren Frankreichs zu koordinieren versucht.

«Die Résistance», erklärt André Malraux unmittelbar nach dem Krieg, «mußte die Eisenbahnverbindungen lahmlegen und die anderen Verbindungswege unterbrechen, um den Transport der deutschen Truppen zur Landungsstelle der Alliierten zu verzögern. Nur so konnte die militärische Überlegenheit der Deutschen, welche sich aus ihrer Nähe zu ihren Stützpunkten ergab, in den ersten Stunden kompensiert werden. Bei einer der bedeutendsten Operationen der Forces Françaises de l'Intérieur unmittelbar nach der Landung ging es darum, einer großen Kolonne schwerer Panzer den Weg abzuschneiden. Wir haben auf allen Straßen der Region Minen gelegt. Die Deutschen verloren einige Panzer und viel Zeit, aber sie kamen durch. In der Zwischenzeit hatte die Résistance die Bahngleise in die Luft gejagt. Es gelang den Deutschen, sie zu reparieren. Danach wurden die Tunnels gesprengt. Die Verbände mußten deswegen einen Umweg über Bordeaux machen, um neue Züge zu mobilisieren, denn die Panzer hätten die Normandie auf der Straße nur unter großen Verlusten erreichen können, wo sie für den Kampf kaum mehr tauglich gewesen wären. In Bordeaux gelang es dem Widerstand, alle Schienen zu zerstören – mit Ausnahme der Verbindung nach Paris, die bestens bewacht und beschützt war. In diese Richtung fuhr die Panzerkolonne schließlich los. Doch die Résistance benachrichtigte die britischen Fliegerstreitkräfte, die Royal Air Force, und teilte ihr den genauen Zeitpunkt der Abfahrt und die Strecke mit. Mit ihren Bomben gelang es, 75 Prozent der Panzer zu zerstören. Das war, wie mir schien, das Wesentliche: den deutschen Rückzug um Minuten, Stunden, Tage zu verzögern, die im Augenblick der Landung äußerst wertvoll waren. Um eine Konzentration ihrer Kräfte zu verhindern, welche die Operation hätte scheitern lassen können.»[1]

Auf den zermürbenden Guerillakrieg, dem die SS-Division «Das Reich» permanent ausgesetzt ist, reagiert sie mit immer brutaleren Terrormaßnahmen, die an der Ostfront geprobt wurden, für Frankreich jedoch neu sind. Figeac war nur der Anfang der blutigen Spur, welche die SS-Angehörigen auf ihrem Rückzug hinterlassen. Leichte Abteilungen der Division, die sich in Brive – in dessen Umgebung Malraux stationiert ist – geteilt hat, bewegen sich gegen Limoges, wo der Widerstand besonders heftig ist. In Tulle werden von einer Kompanie des Regiments «Der Führer» neunundneunzig Geiseln an Bäumen und Häusern aufgehängt. Am Tag darauf – es ist der 10. Juli 1944 – umzingeln die Besatzer, deren Niederlage unausweichlich geworden ist, das Städtchen Oradour-sur-Glâne, in dem auch einige Emigranten, die nach dem Spanischen Bürgerkrieg vor Franco fliehen mußten, Unterschlupf gefunden und sich dem Widerstand angeschlossen hatten. Die Deutschen erschießen die Männer und treiben Frauen und Kinder in der Kirche zusammen, wo sie verbrannt werden. Das Massaker fordert 642 Tote – die gesamte Bevölkerung wird «ausgemerzt», vom Dorf bleiben nur Ruinen zurück.

Der «Plan Vert» des Eisenbahnerwiderstands und der «Plan Tortue» (Operation Schildkröte) auf den Straßen erreichen ihre hauptsächlichsten Ziele. Der für die Aktion verantwortliche General Revers hat in der Tat gute Gründe für seine Genugtuung. Ganze drei Tage benötigt der Zug aus Paris für die siebenhundert Kilometer. Auch in Toulouse ist die Lage äußerst angespannt. Nach der Landung der Alliierten besetzen die nervös gewordenen Deutschen das Lager Le Vernet d'Ariège im Süden der Stadt. Es stand bis zum 15. Juni unter französischer Aufsicht und war schon vor der Niederlage von 1940 für die Internierung von Ausländern eröffnet worden.

«Le Vernet war bei meiner Ankunft nicht mehr das schreckliche Konzentrationslager der Jahre 1939, 1940 und 41. Während dieser Zeit war die Disziplin extrem hart, die Nahrung ungenügend, und auf dem Friedhof wurde die traurige Reihe der Gräber von Monat zu Monat länger.»[2] Der italienische Politiker und Publizist Francesco Fausto Nitti führt in der Gefangenschaft eine Art Tagebuch. Er ist der Neffe des Ökonomen und mehrfachen Ministers Francesco Saverio Nitti, der nach dem Ersten Weltkrieg zweimal die Regierung Italiens bildete, mit dem Aufkommen des Faschismus in die Defensive geriet und schließlich ins Exil nach Paris ging. Sein Urgroßvater war Arzt und gehörte 1820 zum süditalienischen Geheimbund der «Karbonari», die gegen Napoleon kämpften und die nationale Unabhängigkeit erstrebten – er wurde später von den Bourbonen umgebracht, seine Leiche den Fischen zum Fraß vorgeworfen, sein Haus in Brand gesteckt. Die Söhne verfolgten an der Seite von Mazzini und Garibaldi das gleiche Ziel. Mehrere Angehörige der Familie Nitti wurden zum Tode verurteilt.

Francesco Fausto Nitti wurde am 1. Dezember 1926 von Mussolinis Polizei verhaftet. Nach Aufenthalten in mehreren Gefängnissen erfolgte die Verbannung auf die Liparischen Inseln sechzig Kilometer nordwestlich von Messina. Nittis abenteuerliche Flucht am 28. Juli 1929 – zusammen mit Lussu und Rosselli – erregte weltweites Aufsehen. Er beschrieb sie in einem Buch, das noch vor Hitlers Machtergreifung auch in deutscher Übersetzung («Flucht») erschien. Danach lebte Francesco Fausto Nitti in Frankreich, wo sein Fluchtgefährte Rosselli im Auftrag Mussolinis vom rechtsextremen Geheimbund La Cagoule ermordet wurde. Von Toulouse aus zog der italienische Antifaschist in den Spanischen Bürgerkrieg, in dem er als Artillerieoffizier eine Brigade kommandierte. Nach der Niederlage der Republikaner kehrte er in sein französisches Exil zurück und ging in den Widerstand. Er kämpfte in der gleichen Organisation wie der Poet Jean Cassou und der Germanist Pierre Bertaux. Zusammen wurden Bertaux, Cassou und Nitti verhaftet – und gemeinsam haben sie mehr als ein Jahr in den Militärgefängnissen von Toulouse, Lodève und Mauzac geschmachtet.

Der Ausländer Francesco Nitti wurde schließlich von seinen Compagnons getrennt und 1943 in das Lager Le Vernet d'Ariège gesteckt. Bei seiner Einlieferung zählte es tausend Insassen. Ihre Zahl stieg bis auf eintausendfünfhundert. Im Mai 1944 wurden alle Juden deportiert. Wenig später holte die für die Zwangsarbeit zuständige Organisation Todt alle einsatzfähigen Männer ab.

Es ist eine Landsturmkompanie, welche Mitte Juni die bisherige Verwaltung abgelöst und die Macht im Lager übernommen hat. Ihre Angehörigen sind mit vielen Lastwagen vorgefahren. Die französischen Wärter und Gendarmen werden entwaffnet und ihrerseits eingesperrt. Im Lager verschlechtert sich alles, berichtet Francesco Nitti. Zu essen gibt es erst nach vier Tagen. Die Gefangenen dürfen ihre Blocks nicht mehr verlassen. Kontakte mit den Angehörigen werden nur noch unter deutscher Aufsicht erlaubt. Am 18. Juni holen die Vertreter der Organisation Todt die letzten sechzig Insassen ab, die noch einigermaßen in der Lage sind, eine Schaufel in der Hand zu halten. Francesco Nitti, der sich um die Bibliothek kümmert, kann sich verstecken und vor ihrem Zugriff retten. Im Lager verbleiben nur noch vierhundert Gefangene: Kranke, Krüppel, Greise. Viele von ihnen haben im Spanischen Bürgerkrieg ein Bein oder einen Arm verloren. Ihr elender Gesundheitszustand begründet ihre Zuversicht: die Deutschen haben Wichtigeres zu tun, als antifaschistische Behinderte zu deportieren. Was sollen sie auch noch mit ihnen? Das Rollmaterial ist knapp geworden.

Von ferne ist der Lärm der Bomben zu hören, die von einem alliierten Geschwader auf die Pisten des Flughafens von Toulouse abgeworfen werden. Ab und zu überfliegen die Maschinen der Royal Air Force Le Vernet d'Ariège. Ein Angriff der Résistance, die das Lager befreien will, bleibt erfolglos. Am letzten Donnerstag des Monats Juni bekommt Nitti den Besuch seiner Familie, die in Toulouse lebt. Durch die Ritzen der Holzbarakke, in der sich das Sprechzimmer befindet, sieht er, daß das Lager von schwerem Geschütz umstellt ist. Es hat geregnet. Der Himmel ist grau. Nur vereinzelte Sonnenstrahlen durchdringen die Wolken. Auf dem Rückweg in seine Baracke verstärkt sich seine Vorahnung. Im Lager am Fuß der Pyrenäen kursieren die wildesten Gerüchte: «Morgen geht's los.»

Die Nacht ist dem Packen und Aufräumen gewidmet. Die Evakuierung beginnt im Morgengrauen des 30. Juni 1944. Unter Beschimpfungen und mit Knüppelhieben werden die Invaliden zusammengetrieben. Busse und Lastwagen, die von Deutschen und Angehörigen der französischen Miliz begleitet werden, verfrachten sie nach Toulouse, wo sie «vor einer Reihe bis auf die Zähne bewaffneter Soldaten» aussteigen müssen. Man bringt sie in die Kaserne Caffarelli. «In dieser Nacht spüren wir zum ersten Mal, daß wir Deportierte in den Händen der Deutschen sind.»[3]

Francesco Nitti hält sich in der Gruppe der spanischen Offiziere auf. Die Obersten Velasco, Blasco und Redondo sind die ranghöchsten: «voller Leben, immer lächelnd»[4]. Velasco hatte an der Militärakademie von Toledo Francisco Franco-Bahamontes, den Caudillo des neuen Spaniens, unterrichtet. In Valencia kommandierte er ein Regiment und blieb nach dem Ausbruch des Bürgerkriegs der Republik, auf die er seinen Eid geleistet hatte, treu. Im Februar 1939 flüchtete er nach Frankreich. Nach der französischen Niederlage im Frühsommer 1940 wurde er zusammen mit anderen hohen Offizieren der Republikanischen Armee von der Gestapo verhaftet. Drei Monate verbrachten sie im Gefängnis von Perpignan, danach überstellte man sie ins Lager Le Vernet d'Ariège, wo sie den ganzen Krieg über blieben. Jetzt befinden sie sich in der Kaserne Caffarelli und warten auf ihre Deportation nach Deutschland.

Nitti bewundert die Würde und den Mut, mit denen sie trotz ihres Alters und ihrer angeschlagenen Gesundheit auf alle Schicksalsschläge reagieren: «In einer Ecke der Halle stehend, blicke ich auf das Meer von Köpfen und Körpern. Ein bärtiger Greis lehnt sich erschöpft über seinen schlecht verschlossenen Koffer, aus dem schmutzige Wäsche herausragt. Das Gesicht des Alten ist wie aus Wachs. Fünfundsiebzig Jahre sind ein schweres Gewicht in einem solchen Abenteuer. Neben ihm liegen verstümmelte Spanier auf dem Boden, in der gleichen Unordnung wie während der Nacht. Zwei der Männer haben ihre Holzbeine abgenommen, die wie tote Glieder neben ihnen liegen.»[5]

Unter den Gefangenen ist auch José Artime: Der «große, sympathische Asturier redet mit seiner bekannten Heftigkeit auf seine Kameraden ein, fast mit Gewalt. Dabei macht er mit seinem Stumpf große Bewegungen in die Luft. Sie unterstreichen seine Worte. Er hat seinen rechten Arm in Spanien verloren, im letzten Kriegsjahr. Ich habe immer den Eindruck gehabt, sein Verlust sei durch einen Zuwachs an Vitalität und guter Laune kompensiert worden. Denn dieser junge und starke Mann war uns stets ein Vorbild an Willenskraft. Ich blicke nochmals über diese traurige Ansammlung kranker, verstümmelter und untauglicher Männer. Es gibt eine kleine Zahl Gesunder und Junger, aber sie sind eine verschwindende Minderheit. Ich wäge in mir die Wahrscheinlichkeit aller dieser Menschen ab, da anzukommen, wohin man uns bringen will. Alles wird von der Länge der Reise und den Transportbedingungen abhängen.»[6]

Der Güterwagen, in den Nitti mit zunächst vierzig Schicksalsgenossen gepfercht wird, ist voller Zementreste. Er war zweifellos beim Bau des Atlantikwalls zum Einsatz gelangt. Am frühen Morgen hat man die Gefangenen aus der Kaserne Caffarelli zur Gare Raynal gebracht, wo sie von einer neuen Begleitmannschaft in Empfang genommen werden: hundertfünfzig Feldgendarmen und SS-Angehörige. Die Bewacher sind entweder ganz jung oder über vierzig, brutal und hochmütig, «gesund, gut genährt und glücklich, dem Neuen Deutschland Hitlers zu dienen»[7]. Sie haben Order, ohne Vorwarnung zu schießen. Bewaffnet sind sie mit Gewehren, Maschinenpistolen und Handgranaten.

Auf dem Fahrsteig verhandeln die Offiziere mit deutschen und französischen Bahnangestellten. Zwei Polizisten nageln Bretter auf die kleinen Lüftungsklappen. In den Wagen wird es noch finsterer und heißer.

Im Laufe des Vormittags werden den Gefangenen die Messer, Scheren, Rasierklingen, Nagelfeilen abgenommen. Die Hitze und der Durst sind unerträglich. Die Eingeschlossenen beginnen zu schwitzen und ziehen sich aus. In Unterhosen warten sie auf die Abfahrt. Die ganze Nacht über bleibt der Zug im Bahnhof Raynal von Toulouse stehen. Am Morgen verteilen die Quäker warme Getränke und etwas Brot. Kurz darauf treffen die Insassen des Gefängnisses Saint-Michel, auf die man gewartet hat, ein. Auch Frauen werden in den Zug gesteckt. Schreie und Pfeifsignale ertönen, die Wachmannschaften eilen zu ihren Wagen. Um zwölf Uhr am 3. Juli des Jahres 1944 setzt sich der Geisterzug in Bewegung – in seinen Waggons siebenhundert Deportierte; dazu vierhundert Deutsche, die nach Hause wollen. Zwischen allen Fronten führt seine Odyssee durch das sich befreiende Frankreich. Es ist einer der allerletzten Deportationszüge und der langsamste von allen. Sein Ziel ist die Hölle, sein Weg wird zum Ziel. Zwei Monate dauert die schier endlose Irrfahrt des Geisterzugs von Toulouse nach Dachau und Ravensbrück. Einen ganzen Sommer lang.

Es ist, verkünden die Meteorologen, der heißeste des Jahrhunderts.

KAPITEL 2
Züge ohne Fahrplan

Barcelona war gefallen.

«Es ist aus. Der Widerstand in Katalonien ist zusammengebrochen», notiert der Schriftsteller Alfred Kantorowicz am 6. Februar 1939 in seinen Aufzeichnungen aus dem französischen Exil. Die republikanische Regierung Spaniens hält ihre Kabinettssitzung in Toulouse ab. Seit ein paar Tagen hat Paris die Grenzen geöffnet – trotz des Protests der meisten Zeitungen, die eine Hetzkampagne gegen die «roten Flüchtlinge» inszenieren. 170000 Frauen und Kinder, 10000 Verwundete, die Reste einer geschlagenen Armee – nie zuvor in seiner Geschichte hat Frankreich eine derartige Invasion erlebt. Eine halbe Million Menschen kommen über die Pyrenäen. Die Behörden internieren sie in Lagern, die vor allem der Mittelmeerküste entlang – oft in militärischen Anlagen, die der Armee im Ersten Weltkrieg gedient hatten – entstehen: Le Vernet d'Ariège, Argelès, Gurs, Noé, Rivesaltes, Les Milles bei Aix-en-Provence. Insgesamt sind es rund hundert.

«Die letzte Woche», schreibt Kantorowicz am 20. Februar, «war ausgefüllt mit den Schreckensnachrichten aus den Lagern in Südfrankreich. Hunderttausende, Frauen, Kinder, Greise, Soldaten, Intellektuelle, sind wie Vieh in stacheldrahtumzäunte Lager getrieben worden. Es gab kein Essen, kein Trinken, keine Hütte, keine Baracke, kein Verbandszeug. Die Verwundeten und Kranken starben in ihrem Blut und Kot. Die anderen lagen in den Winternächten auf dem Boden. Kinder schrien vor Hunger. Die Männer prügelten sich entnervt um ein Stück Brot, um eine Decke. Zur Bewachung hat man sinnigerweise Kontingente von Senegalesen gestellt, die mit Kolbenstößen die vor Entkräftung umsinkenden Häftlinge wieder hochbrachten. In jedem Lager waren Francowerber. Viele meldeten sich zur Repatriierung ins faschistische Gebiet. Einige – es ist Gustav Regler, der dies zähneknirschend berichtet – mit den Worten: ‹Wir gehen wieder zu Franco, damit wir gegen Frankreich kämpfen können.› […] Nur weiter so. Im künftigen Krieg gegen Frankreich wird man nicht allein die Tschechen, sondern wohl auch republikanische Spanier als Stoßtruppe der faschistischen Armee einsetzen können.»[1]

Frankreich, das Mutterland der Revolutionen und der Menschenrechte, wo 1936 wie in Spanien eine (inzwischen bereits wieder abgelöste) Volksfrontregierung – mit dem Juden Léon Blum als Premierminister – an die Macht gekommen war, übt Verrat an seinen Idealen und politischen Freunden. Es sind demokratische Regierungen – die letzten der Dritten Republik –, welche diese Lager einrichten und füllen; die ohne den Sieg des Faschisten Franco niemals eröffnet worden wären. Es sind durchaus Konzentrations-, aber keine Vernichtungslager. Die französischen Politiker bleiben ratlos und handlungsunfähig. Der Pazifismus lähmt die Linke, die Rechte spekuliert in einem zunehmend extremistischen Klima auf eine Niederlage gegen Hitler, um ihre innenpolitischen Ziele verwirklichen – ihr konterrevolutionäres Programm durchsetzen zu können. Die Flüchtlinge im Lande werden als Fünfte Kolonne empfunden – nicht als Feinde eines gemeinsamen Gegners, den sie als erste bekämpft haben.

Nach dem Überfall der deutschen Wehrmacht auf Polen, mit dem der Zweite Weltkrieg beginnt, erklärt Frankreich Nazideutschland den Krieg. Es führt ihn zuallererst gegen die Hitler-Gegner, die ihre Heimat verlassen haben. In der ersten Septemberwoche des Jahres 1939 läßt die Regierung Daladier die aus Deutschland stammenden Männer als «unerwünschte Ausländer» verhaften: rund zwanzigtausend. Die «politisch Verdächtigen» – Kommunisten, Antifaschisten, Spanienkämpfer – werden, sofern sie sich nicht für die Fremdenlegion entscheiden, mehrheitlich nach Le Vernet gebracht.

Die «drôle de guerre» dauert bis ins Frühjahr 1940. Auf den Einmarsch deutscher Truppen reagiert Frankreich mit einer neuen Internierungswelle. Innenminister Georges Mandel, den die «milice» 1944 als «jüdischen Erzfeind» des Regimes erschießen wird, läßt im Mai 1940 auch die Frauen der bereits internierten Männer verhaften und nach Gurs bringen. Am 14. Juni marschieren Hitlers Soldaten in Paris ein. In Paragraph neunzehn des Waffenstillstandsabkommens verpflichtet sich Frankreich, die deutschen Emigranten auszuliefern. Für sie wird die Lage immer verzweifelter. Ernst Weiß nimmt sich in einem Pariser Hotel das Leben, Walter Hasenclever im Lager Les Milles, Carl Einstein bei Pau und Walter Benjamin in Port Bou an der spanischen Grenze, wo ihn die Zollbeamten nach Frankreich zurückschicken wollen.

«Für viele Exilschriftsteller nimmt das Jahr 1940 Züge der Apokalypse an», schreibt Albrecht Betz in seinem Buch «Exil und Engagement». Konsterniert kommentieren Bertolt Brecht und Thomas Mann in ihren Tagebüchern das Geschehen in Frankreich. Sein Verrat und sein Versagen lassen der Welt einen Endsieg Hitlers als möglich, ja wahrscheinlich erscheinen. «Scham, Gram und Haß dieser Tage werden unvergessen bleiben», notiert Thomas Mann im kalifornischen Exil. Nach dem unvorstellbaren Fall der Hauptstadt der Kultur schreibt er: «Entsetzliches über die Emigrantenjagd in Paris … Himmler dort, Grauen, Grauen.»[2]

In Le Vernet d'Ariège werden die Gefangenen wie der «Abschaum der Erde» behandelt – Arthur Koestler hat das Leben im Konzentrationslager in seinem berühmten Buch gleichen Titels beschrieben. Bei minus fünfzehn Grad schlief die Hälfte der Gefangenen ohne Decken, berichtet Koestler, der die Lebensbedingungen zeitweise für schlimmer hält als in Dachau. Dutzende starben vor Hunger und Kälte. Insgesamt waren Männer aus 58 Ländern in Le Vernet interniert. Die Liste ihrer Namen liest sich wie ein Who's Who der europäischen Kultur und Politik. Bekannte Schriftsteller, Maler, Dramaturgen, Komponisten, Filmemacher, Journalisten – wie der Italiener Francesco Nitti – haben Monate oder Jahre in diesem Disziplinierungslager verbracht.

Unter ihnen befanden sich Max Aub und Gustav Regler. Rudolf Leonhard korrespondierte mit Romain Rolland, schrieb Gedichte und die Tragödie «Die Geiseln». «Es war die beste Zeit meines Lebens», soll er später gesagt haben – in «Die Kameraden» tönt es nicht anders: «Hier sind die Eliten ausgesiebt/einander das Beste zu geben/Nie habe ich Menschen mehr geliebt/als die, die hier mit mir leben.»[3] Die Stücke von Friedrich Wolf, der aus Moskau kam und nach Spanien wollte, wurden in der ganzen Welt gespielt. Er war in dieser Zeit berühmter als Brecht. Auch Wolf war in Le Vernet interniert. Er nennt die Mitbewohner seiner Baracke – Tschechen, Polen, Italiener – «wunderbare, klare, mutige, disziplinierte Kerle, eine Elite der wahren Antihitler-Kämpfer» und erfuhr das Lager als «Schule der Kameradschaft, der Freundschaft, der Disziplin». Er schreibt das Stück «Beaumarchais oder Die Geburt des Figaro», in dem er die «Problematik der Renegaten» behandelt – und seine Leidensgenossen Regler und Koestler meinte. Weite Teile des antistalinistischen Klassikers «Sonnenfinsternis» entstanden in Le Vernet.[4]

Die Geschichte des Lagers ist noch immer wenig bekannt. Die Häftlinge wurden von der französischen Polizei eingeliefert – was lange eine gewisse Garantie gegen die Deportation darstellte, zumindest eine Verzögerung, einen Aufschub bedeutete, den viele, auch viele Juden, zur Flucht nutzten. Le Vernet d'Ariège war der Schauplatz eines Vorfalls, der andeutet, daß es mit entschlossenem Auftreten möglich war, Hitler zum Nachgeben zu bewegen. Als im August 1942 – nach dem Beginn der französischen Razzien – vierzig Kinder jüdischer Eltern aus Deutschland und Österreich vom Präfekten in La Hille verhaftet und nach Le Vernet gebracht wurden, reagierte ein Verantwortlicher des schweizerischen Roten Kreuzes, unter dessen Obhut sie standen: Maurice Dubois begab sich unverzüglich nach Vichy, seine Frau informierte die Regierung in Bern, welche die Freilassung der Jugendlichen forderte. Im Falle einer Weigerung drohte die Schweiz, keine verletzten deutschen Soldaten mehr aufzunehmen. Am 2. September kehrten die jungen Juden aus Le Vernet nach La Hille zurück.

Die Präsenz vieler Kommunisten, die in den Internationalen Brigaden gekämpft hatten und straff organisiert waren, machte das Lager zu einem wichtigen Umschlagplatz für Informationen und Anordnungen aus Moskau. Umgehend nach ihrer massenhaften Einweisung hatten die deutschen Kommunisten im Oktober 1939 eine geheime Lagerleitung gebildet. Le Vernet wurde zur Kaderschmiede der europäischen Résistance.

Philipp Daub, der spätere Bürgermeister von Magdeburg, war in Le Vernet interniert. Heinrich Rau wurde Wirtschaftsminister der DDR, Alfred Kirn Minister für Arbeit im Saarland. Auch Walter Janka gehörte zur kommunistischen Gruppe, deren Chef Franz Dahlem war, der nach dem Krieg ebenfalls der DDR-Führungsriege angehörte. Gleichzeitig mit Luigi Longo, dem langjährigen Generalsekretär der Kommunistischen Partei Italiens, waren die späteren Regierungschefs von Ungarn (Ferenc Munnich) und Albanien (Méhémet Cheku) im südfranzösischen Lager. Joseph Pavel wurde unter Dubček in der Tschechoslowakei Regierungsmitglied. Gegenüber der Lagerleitung traten Dahlem, Longo und der Jugoslawe Ljoubomir Ilich, den Tito zum General ernennen wird, als Sprecher der Gefangenen auf. Sie organisierten Protestaktionen und Streiks.

Im Winter 1940/41 war die Geheimorganisation «Le collectif international» besonders aktiv. Sie führte gegen die Lagerleitung einen permanenten Abnützungskrieg: vier Lagerkommandanten versuchten vergeblich, die Situation unter Kontrolle zu bekommen. Als ein nochmals neuer Lagerchef mit brutalsten Mitteln versuchte, den Widerstand der Häftlinge zu ersticken, kam es am 26. Februar zu einer Revolte.

Der Präfekt schickte eine Ordnungstruppe, die den Aufstand niederschlug. Über hundert «Rädelsführer» des «Comité international» wurden verhaftet, ins Gefängnis gesteckt oder an Hitler und Mussolini ausgeliefert. Franz Dahlem wurde nach Mauthausen deportiert. Die Gefangenen machten Juan de Pablo (Jasz Deszö) zu ihrem neuen Sprecher gegenüber der Lagerleitung; nach dem Krieg wird er Ungarn als Botschafter in der DDR vertreten.

Die Lagerleitung konnte nun vorübergehend aufatmen. Ständig wurden weitere Widerstandskämpfer in Le Vernet interniert, welche sich dem «Comité international» anschlossen. Mitglieder der kommunistischen Parteien hatten den Auftrag, möglichst schnell in ihre Heimatländer zurückzukehren – wie auch immer. Eine der Möglichkeiten war der freiwillige Arbeitseinsatz, der außerhalb der Lager stattfand. Auf dem Weg gab es die besten Fluchtgelegenheiten. Hunderte von «Terroristen» konnten entkommen. Sie schlossen sich in Frankreich und Europa dem Widerstand gegen Hitler an. Praktisch bis zur Auflösung des Lagers funktionierte ein Nachrichtendienst zwischen Le Vernet und Toulouse, wo fünfzehn Kommunisten in der Wehrmacht dienten. Sie informierten gleichzeitig die Résistance vor Ort – und die Rote Armee.

Als der Krieg ausbrach, befand sich Golo Mann in der Schweiz. Er hatte in den dreißiger Jahren längere Zeit in Frankreich gelebt und als Deutschlehrer gearbeitet. Es war der berühmte Germanist Félix Bertaux, der ihm die Stelle vermittelte. Golo Mann freundete sich mit dessen Sohn Pierre an, der

1936 über Hölderlin promovierte. Ihre Diskussionen drehten sich um die französische Politik, die Golo Mann heftiger kritisierte als Bertaux, der noch vor dem Krieg einen Lehrauftrag für Germanistik an der Universität Toulouse bekam, wo er mit seinen Studenten «Mein Kampf» las. Nach dem Überfall Hitlers auf Westeuropa entschloß sich Golo Mann, erneut nach Frankreich zu gehen, wo es eine tschechoslowakische Legion gab, der er beizutreten gedachte.

Beim Grenzübertritt wird er verhaftet und ein paar Tage in Loriol (in der Nähe von Valence) interniert. Die Insassen des Lagers von Loriol werden in einen Zug gesetzt: «In der Bahn, im geschlossenen Viehwagen. Abscheuliche Hitze, Staub und Durst», berichtet Golo Mann in seinen «Erinnerungen und Gedanken». «So bringt man uns durch das Land, auf der Flucht vor den Deutschen, die sich dieser Gegend nähern, und wahrscheinlich nach Afrika. Natürlich hätte ich protestieren, mich mit Händen und Füßen wehren sollen, da mein Fall bereits geklärt sei. In Wirklichkeit war ich höflich und nachgiebig wie immer. Und da mich der Leutnant zum chef de groupe gemacht hatte, so konnte ich vollends nicht widerstehen. Chef de groupe – das heißt, ich habe den dreißig, die hier um mich herumliegen, ihr Brot und pâté auszuteilen, zu sehen, daß jeder halbwegs Platz hat, sich auszustrecken. Und dies erbärmliche Amt, selbst ein Gefangener, aufzupassen über andere Gefangene, gibt mir Verantwortung und Rang. Ich glaube, wenn einer zu fliehen versuchte, ich würde ihn nach Leibeskräften daran zu hindern versuchen. So sind wir. So stark ist unser Trieb, irgendwo zu führen, für andere zu sorgen; dem, daß sie ihn so überreichlich befriedigt haben, verdanken die Faschisten ihren Erfolg.»[5]

Seine Begleiter glauben, daß Golo Mann einen Roman schreibt: «Sonderbar mesquine Kameraderie, elende Notgemeinschaft, die alle Augenblicke in wütenden Zank ausartet, wegen des Durstes. […] Nichts als Schmutz, Wut und Dummheit.» Im Hauptbahnhof von Marseille wird der Zug einige Stunden stehengelassen. Italien hat den Krieg erklärt, es gibt deshalb keine Schiffe mehr nach Afrika. Die Fahrt geht ins Landesinnere – und endet zunächst in Les Milles. Die Ziegelei, in der das Lager eingerichtet wurde, ist «ein enormer Bau aus roten Backsteinen. Hof, Nebengebäude, Drahtverhau, alles häßlich, furchtbar häßlich; besonders in dem Regen, in dem wir einmarschieren. Platz wäre für fünfhundert; schon aber sind dreitausend Gefangene hier versammelt.» Neben «drei oder vier kleineren Häuptern unter der Menge» erkennt Golo Mann auch den Schriftsteller Lion Feuchtwanger, der später seine Erlebnisse unter dem Titel «Der Teufel in Frankreich» zusammenfaßt. «Les Milles hat wirklich etwas von einer Hölle», berichtet Golo Mann, «Erfahrene sagen, daß es schlimmer ist als Dachau; das ist natürlich Unsinn. Wahr scheint nur dies: die Deutschen organisieren die Grausamkeit sauber und genau; die Franzosen können, ohne viel darüber nachzudenken, Schlamperei und Unfähigkeit bis zum Grausamen treiben. Der Wassermangel, der Staub und Dreck, das buchstäblich stundenlange Anstehen vor der Toilette, und so viel zusammengedrängter Stumpfsinn, Hunger, Wut und Angst, – das ist grausam jedenfalls in der Wirkung und hat etwas Höllenmäßiges. […] Gestern erreichte der Wahnsinn seinen Höhepunkt. Das Gerücht eines Waffenstillstands wurde bestätigt und zehnmal dementiert und wieder bestätigt. Die Emigranten sahen sich schon an die Deutschen ausgeliefert, erschossen, gevierteilt, die Nazis befreit, belohnt und dekoriert. Das Schreien und Protestieren auf dem Hof wurde so wütend, daß der Kommandant, in seiner armseligen Verlegenheit, Maschinengewehre auffahren ließ. Darauf erschien über den Köpfen der Rebellen ein Plakat: ‹Schießt, wir ziehen französische Kugeln den Foltern durch Deutsche vor!› – was nun doch auf die Militärs Eindruck machte. Sie haben aber keine Befehle, ihr Generalstab ist auf der Flucht.»[6]

Über zweitausend Lagerhäftlinge melden sich für einen Zug, der ihnen – sie haben der Lagerverwaltung mit einem Massenausbruch gedroht – für die Ausreise zur Verfügung gestellt wird. Am 22. Juni 1940 fährt er aus Les Milles los, während Walter Hasenclever, der in der Nacht eine Überdosis Veronal geschluckt hat, stirbt. «Wir sollen am Bau der Trans-Sahara-Bahn mitarbeiten», notiert der Maler Max Ernst, der sich wie Feuchtwanger und Golo Mann für die Reise entschließt. Wohin sie geht, wissen sie nicht. Arles, Sète, Toulouse, Tarbes, Lourdes. In Pau fürchten sie eine Überstellung ins Lager von Gurs. Der Zug hält überall, in einem Weinberg, an einem Kartoffelfeld, manchmal zwei, drei oder vier Stunden lang. Unterwegs wird die Unterzeichnung des Waffenstillstands bekanntgegeben. Die Reise geht bis zum Atlantik. In Bayonne liegt tatsächlich ein Schiff vor Anker. Doch der Bahnhofsvorstand verhindert die Einschiffung: es sei zu spät, die Deutschen würden jeden Augenblick eintreffen. Er hatte ein Telegramm des Zugführers, der zweitausend Mahlzeiten für seine deutschen Antifaschisten auf dem Weg in ein neues Exil bestellte, als Ankündigung des Einmarsches von Hitlers Truppen mißverstanden …

«Von neuem fuhr das elektrisch getriebene Gespenst zurück. Nach fünf oder sechs Kilometern blieb es stehen. Der Zugführer verkündete, der Strom sei unterbrochen, wahrscheinlich von den in Bayonne eingetroffenen Nazis. Er empfahl den Gefangenen, alle kompromittierenden Papiere zu verbrennen, vor allem die Loyalitätsbescheinigung gegenüber Frankreich, und meinte, die Lage der Gefangenen sei hoffnungslos. Auf der einen Seite die Nazis, auf der anderen die Falangisten, zwischen beiden die französische Gendarmerie, aber sie hätten die Wahl zwischen diesen drei Möglichkeiten, das Leben zu verlieren. Die elektrischen Birnen im Zug gingen wieder an, als er die Worte ‹das Leben zu verlieren› aussprach. Die wiederhergestellte Stromzufuhr war das Zeichen dafür, daß die Nazis noch nicht eingetroffen waren. Der Zugführer empfahl allen, wieder einzusteigen. Es gab vielleicht doch noch eine vage Möglichkeit, unbeschadet davonzukommen. Da die Gefangenen seit Tagen nichts mehr zu essen bekommen hatten, erlaubte er ihnen großzügig, sich in einem nahe liegenden Laden etwas Proviant zu besorgen. Dann ging die Fahrt weiter Richtung Lourdes.»[7]

Bei Lourdes ereignete sich, was Max Ernst ein «zweites Wunder» nennt: «Wir sahen einen Zug mit ausschließlich weiblichen Passagieren langsam in den Bahnhof einfahren und genau unserem Zug gegenüber anhalten. Die Türen werden geöffnet. Ein Schwarm von Frauen und Mädchen stürzte sich mit Freudengeschrei auf ihre Ehemänner und Liebhaber» – es sind die Frauen, die Innenminister Mandel im Mai verhaften ließ. Von der Lagerleitung in Gurs sind sie soeben entlassen worden. Sie «richteten sich in unserem Gespensterzug ein und verschlimmerten dadurch noch das Sitzplatzproblem. Die Proteste unseres Zugführers waren vergeblich. So sollte unser nächstes Gefängnis im Heidegebiet von Gardon, von Mücken und Mobilgarde geplagt, ein ‹gemischtes› Gefängnis werden.»[8]

Auf der Fahrt von Les Milles nach Bayonne hatte Golo Mann Straßen beobachtet, die «vollgepfropft waren mit Lastwagen, Privatautos, Pariser Omnibussen, vor- und zurückströmenden Flüchtlingen zu Fuß und zu Rad, Verhafteten und Gendarmen, Permissionären und Deserteuren in verwilderter Uniform. Man hatte den Eindruck eines großen, völlig ungenützten Reichtums an Menschen und einer erbarmungswürdigen Desorganisation. Unser Zug fuhr in einer Reihe von zehn, ebenso endlosen, mit Soldaten, Internierten oder Flüchtlingen. Solche Züge standen auf allen Bahnhöfen und Nebengeleisen, oft mit Kochherden, Betten und Kisten zu Wohnungen eingerichtet. In Bayonne hieß es, daß die Deutschen, vor denen man uns hatte retten wollen, in zwei Stunden von Norden her ankommen würden, und es ging also wieder aus der Station hinaus, in das

Land, wo der Zug irgendwo auf freier Strecke stehenblieb. Unsere Begleitmannschaft erhielt jetzt den Befehl, uns an der Flucht nicht mehr zu hindern, was mehrere Hundert sich zu Nutze machten. In Gruppen, zu zweit oder allein, mit sonderbarem Gepäck, sprangen sie in die Regennacht hinaus und verschwanden im Dunkeln. Ich blieb jedoch im Coupé, weil ich von der deutschen Gefahr und der Chance einer solchen Flucht ohne Geld und Ausweispapiere nicht viel hielt. Gegen Morgen fuhr der Zug wieder weiter und die ganze Strecke wieder zurück. Die Nahrung war erst pâté und Brot, dann gar nichts mehr. Gestern abend, hinter dem Bahnhof von Toulouse, gab es Zeitungen mit den Waffenstillstandsbedingungen, die nun doch weniger ‹milde› sind. Ich vergesse die Szene nicht: Tausende von verwilderten, bärtigen Menschen, Züge mit Negern und Indochinesen, die man aus ihrer fernen Heimat in diesen Wahnsinn geschickt hat; die trüben Gesichter der Offiziere; ein giftiger Sonnenuntergang, Kot und Kotgeruch auf den Schienen – und dies elende Extrablatt.»[9]

Erst in Nîmes geht die Fahrt des Gespensterzugs zu Ende. Der Marsch vom Bahngleis zum Hochplateau Saint-Nicolas führt über eine steile Straße. Praktisch über Nacht wird ein Lager errichtet. Es gibt Wasserwagen und eine Feldküche, auch Schlafsäcke – und vorerst keinen Stacheldraht. Auf unterschiedlichen Wegen gelingt Golo Mann und Lion Feuchtwanger die Flucht nach Amerika. Max Ernst fährt mit der Bahn über die Pyrenäen nach Spanien. Via Lissabon erreicht auch er die Freiheit.

Die Autos, Pariser Omnibusse, Lastwagen, Fahrräder, die Golo Mann aus dem Zugfenster beobachtet hatte, kommen aus dem Norden. Millionen von Franzosen fliehen vor den einmarschierenden Deutschen. Dutzende von Zügen bringen täglich neue Menschenmassen in die südlichen Regionen. Auf ihrem Rückzug versucht die französische Armee, an strategisch wichtigen Orten die Brücken zu sprengen, um den Vormarsch des

Feindes zu verlangsamen. Doch die «Brücken-Schlacht» wird nicht geschlagen: in Dutzenden von Dörfern und Städten widersetzen sich die Bewohner – meist mit Unterstützung der Behörden – den eigenen Soldaten. In Pont-de-Roide, das am Doubs gelegen ist, werden der mit der Sprengung beauftragte Hauptmann der französischen Armee und seine gesamte Mannschaft gefangengenommen. In Vienne an der Rhône besetzen mehrere hundert Frauen die letzte Brücke, welche die beiden Stadtteile noch miteinander verbindet. Nach stundenlangen Auseinandersetzungen kapituliert General Husson vor dem Bürgermeister, der mit der Mobilisierung von weiteren fünftausend Frauen gedroht hat.

Nicht nur in Vienne leiden die Menschen unter der chaotischen Lage im Land und halten den Krieg für verloren. Vier Millionen Männer stehen unter Waffen, neun Millionen Menschen sind auf der Flucht – von damals 41 Millionen Franzosen. Sie fliehen vor den Kriegsschauplätzen in den Ardennen, sie flüchten aus den Städten, deren Bahnhöfe und Zentren von den Deutschen bombardiert werden: Dünkirchen, Calais, Sedan, Lille, Compiègne brennen. In Rennes fallen die Bomben am 17. Juni 1940 auf einen Munitionstransport. Zunächst ist von fünftausend Toten die Rede; noch einen Monat später stinkt es in der Stadt nach verwesenden Leichen. Am gleichen Tag verlangt Pétain den Waffenstillstand. Das Abkommen wird am 22. Juni in Rhetondes im gleichen Eisenbahnwagen wie jenes vom 11. November 1918 – am Ende des Ersten Weltkriegs – unterzeichnet.

Dem Wiederaufbau der während der Invasion zerstörten Strecken, Brücken und Bahnhöfe wird absolute Priorität eingeräumt. Das Fahren der Züge im besetzten Gebiet ist für die Ernährung der Bevölkerung Frankreichs ebenso unerläßlich wie für die militärische und politische Logistik der Okkupanten. Die Deutschen lassen die Gefangenen, die bei der Bahn arbeiten, umgehend frei und erleichtern die Versorgung mit

Kohle. Der größte Staatsbetrieb beschäftigt eine halbe Million Menschen. Mindestens hunderttausend Eisenbahner gelten als Sympathisanten der Kommunisten. Zwei Drittel des Streckennetzes befinden sich in der besetzten Zone. Im Waffenstillstandsabkommen wird festgehalten, daß die französische Staatsbahn SNCF Besitzerin des Materials bleibt, dieses aber den Deutschen zur freien Verfügung stehen müsse. Die Schaffner und Lokomotivführer sind Franzosen, den Fahrplan legen die deutschen Besatzer fest. Sie melden erfreut den «collaborationswilligen Geist der französischen Regierung» nach Berlin, und diesem wird wiederum in den hochfliegenden «Vorschlägen für die Neuordnung des Eisenbahnverkehrs im europäischen Wirtschaftsraum» Rechnung getragen. Sie sehen ein den ganzen Kontinent umspannendes Netz und Tunnelverbindungen zwischen Calais und Dover wie auch von Gibraltar nach Nordafrika vor.

Umgehend fordert die Wehrmachtsverkehrsdirektion von den Franzosen 1000 Lokomotiven und 35000 Wagen für die Reichsbahn, die zugunsten des Autobahnbaus vernachlässigt worden war. Man braucht sie für die Kriegführung im Osten. Auch Zugführer und qualifizierte Arbeiter für die Reparaturwerkstätten werden verlangt. Elftausend sind es 1941. Im Jahr darauf – mit der schweren Transportkrise in Deutschland und Hitlers Befehl an seine Rüstungsindustrie, 15000 Lokomotiven zu bauen – ist die Nachfrage noch größer. Sie wird mangels Freiwilliger im Rahmen des obligatorischen Arbeitsdienstes STO (Service du Travail Obligatoire) gestillt. Mitte Juni 1942 kommt Albert Speer nach Paris und ordert 1100 Lokomotiven, 10000 Waggons und 2500 Kilometer Schienen. Die Franzosen versuchen, die Lieferungen zumindest zu verschleppen. Doch die Ernennung Pierre Lavals zum Ministerpräsidenten, die auf deutschen Druck erfolgt, schwächt die Verhandlungsposition der SNCF. Ihr Rollmaterial wird um vierzig Prozent reduziert, der Aderlaß beim Personal ist kaum weniger groß. Dennoch bewältigt sie 1942 ein Verkehrsaufkommen, das fast ein Drittel über den Spitzenwerten des Vorkriegs liegt.

Am 27. März 1942 verläßt der erste Deportationszug Paris. Am 5. Mai besucht Reinhard Heydrich, der für die «Endlösung der Judenfrage» zuständige Chef des Reichssicherheitshauptamtes, die französische Hauptstadt. Theodor Dannecker, Heydrichs Delegierter vor Ort, verspricht seinem Chef, hunderttausend Juden aus Frankreich zu liefern. An den Vorbereitungen zur «Großen Razzia» im Radstadion Vel' d'Hiv ist die SNCF schon in einer frühen Phase beteiligt. Sie besorgt den Transport in die Durchgangslager. Zeugen sprechen von einer Sonderprämie, die den Fahrern ausbezahlt worden sei – Belege dafür gibt es nicht. Vichy erklärt sich mit der Auslieferung von zehntausend Juden aus der nichtbesetzten Zone einverstanden. 1942 ist das Jahr der massivsten Deportationen: bis zum 11. November – an dem die Wehrmacht das ganze Land besetzt – werden zweiundvierzigtausend Juden in deutsche Konzentrationslager geschickt.

Im Frühjahr 1943 melden Adolf Eichmanns Statthalter in Paris, «wegen der Haltung des Marschalls» könnten die Maßnahmen gegen Juden mit französischer Staatsbürgerschaft nicht plangemäß durchgezogen werden. Einige Tage danach reist der oberste SS-Mann, Heinrich Himmler, an die Seine. Karl Oberg, Chef der SS in Frankreich, und Helmut Knochen, sein Stellvertreter, können Himmler offenbar davon überzeugen, daß die Aufrechterhaltung der Ordnung wichtiger ist als die Verfolgung von Juden. Im Juni entsendet Eichmann seinen Deportationsspezialisten Alois Brunner, der zwischen März und Mai dreiundvierzigtausend Juden aus Saloniki in den Tod geschickt hat, nach Paris. Er leitet das Lager Drancy und bringt die Züge nach Auschwitz wieder ins Rollen. Sie werden von französischen Bahnbeamten zusammengestellt, begleitet und geführt – bis zur Grenze. Auch das Rollmaterial ist französisch. Auf Vorschlag der SNCF werden diese Züge ab Juli 1942

«Trains IATP» (für: Israeliten, Allemands, Tschechoslowaken, Polen) genannt. Sie bestehen in der Regel aus zwanzig Waggons, wie sie für den Transport des Viehs ins Schlachthaus benutzt werden, und drei Wagen für die Begleit- und Bewachungsmannschaft. Zu ihr gehören französische Gendarmen. Die SNCF wird angehalten, keine defekten Wagen, die Fluchtversuche erleichtert hätten, einzusetzen. Es wird für ein bißchen Streu und Essen gesorgt. Die Hygienekübel müssen laut Vorschrift «am letzten Bahnhof vor der Demarkationslinie» ausgeladen – und zurückgegeben – werden.

Dieser erste Teil der Reise dauert normalerweise zwischen 24 und 36 Stunden. Unterbrechungen sind verboten. Die Abfahrt findet jeweils zwischen sechs und sieben Uhr morgens statt. Den Transporten aus den französischen Lagern ist die Durchfahrt von Marseille untersagt. Die Lokomotivführer müssen schnell fahren und dürfen die vorgeschriebene «forsche Geschwindigkeit» nur nachts und vor der Grenze reduzieren. Die Kosten für diese «Spezialtransporte» werden von der SNCF den Präfekten in Rechnung gestellt. Oft kommt es zu Auseinandersetzungen bezüglich der Bezahlung. Wenn immer es möglich ist, werden die Juden selbst geschröpft. Im Juni 1942 wird für die Deportation aus Frankreich ein genauer Preis festgelegt: «Transportkosten sowie Kopfgeld (ca. 700,– RM pro Jude) müssen vom französischen Staat getragen werden.» Grundlage der Berechnung ist die Fahrkarte 3. Klasse: vier Pfennig pro Kilometer. Kinder bis vier Jahre fahren gratis, bis zu zehn Jahren zahlen sie den halben Preis. Es wird ein «Sondertarif für Gruppenreisen» gewährt.[10] Noch nach der Befreiung wird die Buchhaltung der Bahn einige offene Rechnungen an das Innenministerium schicken.

Die Transportbedingungen sind bestialisch, schreibt der Historiker Klaus Hildebrand: «Ohne Nahrung, Getränke und Toiletten wurden zwischen 60 und 120 Personen in die überfüllten Wagen gesperrt. Häufig waren unvorstellbare Fahrzeiten in Kauf zu nehmen, weil Wehrmachts- und Materialzüge Vorfahrt vor den Deportationszügen genossen: Diese mußten in glühender Hitze oder bei klirrendem Frost Stunden auf Abstellgleisen verharren, wo Zeugen die Opfer nach Wasser und Brot schreien hörten.»[11]

Die Deportationszüge werden ebenfalls von Angehörigen der Wehrmacht oder der SS begleitet, welche die französischen Gendarmen überwachen. Das Zugpersonal ist genau informiert. Die Abwicklung verläuft reibungslos, es sind stets genügend Eisenbahner zur Stelle. Es kommt auch immer wieder zu Versuchen, den Gefangenen Wasser und Nahrung zu bringen. Mutige Bahnarbeiter lockern die Schrauben der Bretter oder verstecken Werkzeuge, um Fluchtversuche zu ermöglichen. An besonders geeigneten Stellen wird langsamer gefahren. Clara Malraux berichtet in ihren Memoiren, wie Schienenarbeiter in der Nacht bei einem Deportationszug einen Wagen, in dem sich fünfzig Kinder befinden, abhängen und auf ein Abstellgleis manövrieren. Solche Rettungsaktionen sind mit enormen Risiken verbunden, die Strafmaßnahmen unerbittlich. Achthundertneunzehn Bahnarbeiter werden hingerichtet, zwölfhundert sterben in der Deportation. Zu vereinzelten Sabotageakten kommt es seit dem Angriff Hitlers auf die Sowjetunion, nach Stalingrad nehmen sie zu. Doch die insgesamt 3000 Deportationszüge entgleisen nicht. Bis zur Befreiung werden sechsundsiebzigtausend Juden deportiert – alle per Bahn.

«Der Zug fuhr nicht sehr schnell. Wir überließen uns diesem Rollen, das für uns keinen Sinn hatte. Wir wußten nicht, wohin es ging. Wir wurden weggebracht.»[12] In seinem Buch, das der Widerstandskämpfer Robert Antelme nach seiner Rückkehr aus Dachau schreiben wird, gehört der Transport zum Kern der Deportationserfahrung. «Wir waren nicht zahlreich: etwa fünfzig. Wir saßen uns in zwei Reihen auf dem Holzboden gegenüber, den Kopf an die Waggonwand gelehnt.

An den beiden Enden des Waggons gab es eine Fensterluke, durch die man ein Stück Himmel sah.

Die Ladung versank in der Dunkelheit. Jeder betrachtete das Viereck Himmel, das in den Fensterluken schwarz wurde und in dem bereits ein, zwei Sterne auftauchten. Es war der einzige Ausblick auf den Raum, und dorthin schauten wir, weil von dort der Tag kommen würde. Alles, was geschehen sollte, würde sich im Weiß und im Schwarz dieses Loches, das jetzt immer dunkler wurde, rhythmisch gliedern lassen», schreibt Antelme.[13]

«Es war dunkel. Aber in diesem Waggon war die Nacht unbestimmt, ebenso fern wie der Tag und die Sonne. Der Tag, das wäre etwas später ein weißes Viereck in der Wand. Er würde das Durcheinander der Decken und das Gewimmel der Beine entdecken. Auch die Gesichter würden erscheinen und jene, die sich Armleuchter geschimpft hatten, die sich die ganze Nacht mit ihren Schenkeln bekämpft hatten und die sich so wenig hassen würden wie zuvor, die sich nicht einmal ansehen würden. Von dieser Wut, die in der Dunkelheit hochkam, als die Gesichter sich nicht sahen und die Augen sie nicht korrigieren konnten, von dieser Wut des Körpers, sich von den Beinen, den Armen, der Haut zu befreien, von diesem alptraumartigen Zwiegespräch zwischen Unbekannten mit Beinen, zwischen Nachbarn mit Hüften, würde nichts mehr übrigbleiben, sobald der Tag heraufgekommen wäre. Er würde jedem seine Zurückhaltung, seine Scham zurückgeben.

Die Läuse sind mit Anbruch des Tages eingeschlafen. Sie waren noch alle da, im Hemd, in den Schamhaaren, überall, voll. Man spürte sie, man wußte intuitiv ihr Gewicht, aber sie rührten sich nicht. Der Zug hatte mehrmals in der Nacht gehalten; wenn dann der Waggon stand, spürte man ihre Gegenwart noch stärker; das Gefängnis war noch enger geworden, noch genauer. Wenn sich ihr Umherlaufen nicht mehr in der Vibration des Waggons verlor, wurde es unerträglich deutlich.»[14]

Das Grauen der Deportation beginnt im Zug: «Einige Tage sind vergangen. Ich kann sie nicht mehr zählen und auch nicht mehr sagen, was in diesen Tagen vorgefallen ist. Unser Raum hat sich nicht verändert: der Waggon. Was die Zeit angeht, so war es immer das mal weiße, mal schwarze Loch der Luke. Wir haben nie daran gedacht, die Uhrzeit zu wissen oder herauszufinden, ob Montag oder Dienstag war.

Ich erinnere mich, daß ich einmal ausgestiegen bin, als der Zug hielt, und daß ich mich kaum aufrecht halten konnte. Ich erinnere mich auch, daß ich zwei Tage nach unserer Abfahrt eine Scheibe Brot bekommen habe. Daß ich das Wasser aus der Lokomotive getrunken habe, das ein Kamerad holen gegangen war. Abgesehen davon Schreie, Fußtritte in der Dunkelheit, die Läuse, die auf dem Rücken und auf dem Bauch bissen. Gesichter von Kameraden, die ich bei der Abfahrt im Waggon sah und die ich plötzlich nicht mehr sehe. Sie sind, ich weiß nicht wann noch wie, verschwunden. Eine Erschöpfung, die unmerklich lähmt. Man stellt fest, daß man kaum noch aufstehen und sich auf den Beinen halten kann. Kameraden, die noch etwas Kraft behalten haben, bemühen sich, ruhig zu versichern: ‹Wir werden es schaffen! Wir müssen nur durchhalten!› Andere sterben neben ihnen.»[15]

Robert Antelme, der in einer Widerstandsgruppe mit Marguerite Duras und François Mitterrand aktiv war, wurde fünf Tage vor der Landung in der Normandie verhaftet. Je weiter die Alliierten vorrücken, um so aktiver wird der Widerstand der Résistance. Der «Plan Vert», den General Georges Revers ausgelöst hat, greift. An vielen Orten rufen die Eisenbahner einen Generalstreik aus. Am Tag nach dem Massaker von Oradour – Revers befindet sich bereits auf seiner erfreulich beschwerlichen Dienstreise nach Toulouse – werden aus Ärger über die Unzuverlässigkeit der SNCF neun Mitglieder der Generaldirektion (unter ihnen der Präsident) für vierundzwanzig Stunden in Haft genommen. Gustav Dilli, dritter Mann im Berliner

Reichsverkehrsministerium, reist persönlich nach Paris, um die Verbesserung des Verkehrs sicherzustellen. Tausende werden zu ausgedehnten Reparationsarbeiten an Gleisen, Brücken, Tunnels, Bahnhöfen abkommandiert – auch im Lager Vernet d'Ariège holt man die letzten einigermaßen arbeitsfähigen Männer zum Zwangseinsatz ab. Die Befreiungsschlacht ist eine Schienenschlacht.

Auf die Bombardierungen und die Sabotageakte der Résistance reagieren die Besatzer und ihre Helfershelfer mit immer brutaleren Repressionsmaßnahmen – noch im August 1944, dem Monat der Befreiung weiter Landesteile, werden fünfundsiebzig Bahnarbeiter erschossen. Die «Ausmerzung» von Oradour durch die SS-Division «Das Reich» ist nicht das einzige Massaker als Vergeltungsschlag. Nach einer Explosion, die zwei Wagen zum Entgleisen brachte, aber keine Opfer forderte, hatten schon im April Angehörige der Panzerdivision «Hitlerjugend» im Bahnhof von d'Asq – in der Nähe von Lille – die anwesenden Beamten zu Boden geschlagen und mit gezielten Schüssen erlegt. Im Dorf drangen sie nachts in die Häuser ein und zerrten die Bewohner der Eisenbahnersiedlung aus dem Schlaf auf die Straße. Zu den Opfern gehörten ein Kind und der Pfarrer, der einem Sterbenden Beistand leistete. Das Blutbad forderte rund hundert Tote und zahlreiche Verletzte. Aus Protest traten die Angestellten im Pariser Bahnhof La Chapelle in Streik. Drei Wochen später wurde er von den Alliierten bombardiert – Bilanz: vierhundertzwanzig Tote.

Die Fliegerangriffe, welche den Bodentruppen den Weg frei machen sollen, richten gewaltige Verwüstungen an. Auch von der Résistance werden sie kritisiert: Sie hält ihre Sabotageakte, die weniger «Kollateralschäden» zur Folge haben, für ergiebiger. Allerdings geht es bei den Diskussionen keineswegs nur um taktische Überlegungen und Menschenleben, sondern bereits auch um die Machtverhältnisse im künftigen Frankreich, dessen Befreiung sich abzeichnet. De Gaulle will den Einfluß der Alliierten, die ihm mißtrauen, einschränken. Aber auch die Rivalität zwischen Gaullisten und Kommunisten verschärft sich zunehmend und führt zu vielen Tragödien.

Zwischen Juni und August 1944 ist der Bahnverkehr auf ein Minimum beschränkt. Auch für die Deportationszüge gibt es keine freie Fahrt mehr. Sie werden behindert, gelegentlich bombardiert, aber nicht gestoppt – und die Résistance bringt sie nicht zum Entgleisen. Anders als der Lumpensammler in die Deportation, der zwei Monate zwischen Toulouse und Dachau unterwegs ist, erreicht der «Train de la Mort», der gleichentags Compiègne verläßt, seine Endstation in vier Tagen. In ihm befindet sich Joseph Rovan: «Am 2. Juli 1944 marschierte eine lange Kolonne von zweieinhalbtausend Gefangenen unter den Schlägen und Schreien der Feldgendarmen durch die in den Morgennebel getauchten Straßen von Compiègne. Der Zug war schon da, und wir wurden – jeweils hundert Mann – in die Viehwagen gepfercht. Er fuhr los, der Tag wurde immer heißer. Die Résistance hatte gute Arbeit geleistet, viele Gleise waren unpassierbar. In Reims blieben wir stundenlang unter einer stechenden Sonne stehen. Einige Offiziere, die über Autorität verfügten, organisierten das Überleben unserer Hundertschaft, unterstützt von einem deutschen Soldaten, dem einer von uns – tatsächlich war ich es, der deutsch sprach – durch eine offengebliebene Luke zugerufen hatte, daß wir im Begriff seien, zu ersticken. Mit seinem Bajonett öffnete der Deutsche die anderen Luken und rettete damit vielen von uns das Leben. Später, nachdem wir einige weitere Stunden unterwegs waren, ließen uns die Deutschen aussteigen, um die Schäden zu inspizieren. In unserem Wagen waren drei Tote, in einem anderen aber zählte man siebenundneunzig. Am 5. Juli waren bei der Ankunft in Dachau ungefähr neunhundert der zweitausendfünfhundert Reisenden tot. So hielt unser Todeszug in die Geschichte Einzug. Ansonsten war die Fortsetzung der Reise unter einem verhängten Himmel ohne weitere Tra-

36

gödien verlaufen, einmal abgesehen von einem Fluchtversuch, den unsere Waggonchefs aus Angst vor Repressalien verhinderten.»[16]

Aus Paris fahren am 15. und 28. Juli 1944 weitere Deportationszüge weg. Zu einer der wenigen Befreiungsaktionen kommt es am 4. August. Ein in Marseille gestarteter Konvoi mit gefangenen Widerstandskämpfern wird in Annonay (im Departement Ardèche) von Maquis-Verbänden angegriffen. Siebenundsechzig «Terroristen» können befreit werden. Auf eine wochenlange Gespensterfahrt werden am 22. Juni die Häftlinge von Aurigny, einer kleinen Insel im Ärmelkanal (vor Cherbourg) mit einem Lager, das dem KZ Neuengamme unterstellt war, geschickt. Sie führt – zunächst per Schiff – über die Inseln Guernsey und Jersey nach Saint-Malo, wo die Deportierten in einen Zug verladen werden. Über Rennes und Nantes wird die Front der Befreiungsschlacht unterlaufen. Dann geht es quer durch Frankreich nach Dijon und von da aus in Richtung Norden. In Toul befreien französische Bahnarbeiter einen Teil der Gefangenen. Zehn flüchtige Männer werden von Angehörigen der SS wieder gefaßt und erschossen. Und die Odyssee geht weiter: Nancy, Metz – bis hinauf nach Brüssel. Anfang September kommt der Zug in Sollstedt (Thüringen) an. Wenig später endet die Reise in Buchenwald.

Am 15. August 1944 landen die Amerikaner und die Franzosen auch an der Mittelmeerküste. General Pattons Truppen stehen bereits vor Chartres und Dreux. In Paris ruft die Polizei den Generalstreik aus – doch den Deutschen gelingt es, einen weiteren Deportationszug zusammenzustellen. In 58 Güterwagen werden zweitausendfünfhundertsechsundsiebzig Männer und sechshundertfünfundsechzig Frauen nach Buchenwald geschickt. Der Transport verstößt gegen die Konvention, welche die Besatzungsbehörden kurz zuvor mit dem schwedischen Generalkonsul Raoul Nordling abgeschlossen haben. Nordling informiert das Rote Kreuz und macht sich zusammen mit dessen

Direktor im Auto auf die Verfolgung. Der Zug hat an diesem Tag nur 70 Kilometer zurücklegen können. Ein Tunnel, der bombardiert worden ist, bringt ihn zum Stillstand. Nordling verhandelt ohne Erfolg mit den SS-Leuten, die einen zweiten Zug mit 30 Wagen zusammenzustellen vermögen. An verschiedenen Orten – in Bar-le-Duc, in Nancy – versuchen Eisenbahner vergeblich, den Konvoi auf ein Abstellgleis auffahren zu lassen. Weniger als dreihundert seiner dreitausend Passagiere kehren nach dem Krieg aus Buchenwald zurück.

Am 17. August organisiert Alois Brunner im Chaos der fortgeschrittenen Libération noch einmal einen Konvoi. Seine Anordnungen werden vom Dolmetscher bewußt falsch übersetzt. Die Schienenarbeiter parken das verlangte Rollmaterial weit außerhalb des Bahnhofs. Stunde um Stunde wird Brunner hingehalten – bis er spürt, daß es für ihn höchste Zeit wird, aus Paris zu verschwinden. Für den kurzen Zug, der ihn, seinen Stab und einige Kanonen nach Deutschland zurückbringen soll, wird noch ein Güterwagen aufgetrieben. Er dient der letzten Verschleppung aus Paris. Die einundfünfzig Juden – Brunner will möglichst viele Kinder mitnehmen – müssen zu Fuß von Drancy zum Bahnhof Bobigny geprügelt werden, weil die Buschauffeure sich weigern, sie zu fahren: «Transport no 1697, Fahrt no 1519545 avec un wagon Gestapo no 377546, un wagon de la Grüne Polizei no 203462 et un wagon de deportés no 82020. Parti de Bobigny le 17 août à 16 heures. Direction Allemagne.» In Laon ist der Schienenstrang unterbrochen. Der Zug muß ein Stück zurückfahren. Der zunächst gleich hinter der Lokomotive plazierte Wagen mit den Deportierten kommt an den Schluß des Konvois. In der Nähe von Saint-Quentin glückt in der Nacht zum 21. August einundzwanzig «Geiseln» (die Brunner vor Angriffen und Anschlägen des Widerstands schützen sollen) die Flucht. Die anderen kommen am 25. August in Buchenwald an.

Es ist der Tag der Befreiung von Paris. General Dietrich von

Choltitz, der sich geweigert hat, die von Hitler befohlene Zerstörung der Hauptstadt zu inszenieren, unterzeichnet die Kapitulation der Besatzer im Bahnhof von Montparnasse. Tags darauf verläßt nochmals ein Zug mit dreihundert Gefangenen Compiègne. Nach weniger als 60 Kilometern ist seine Fahrt in Péronne zu Ende: bis zur belgischen Grenze – und zum sicheren Tod in Deutschland – wäre es nicht mehr viel weiter gewesen. Der letzte Deportationszug aus Frankreich ist kurz und fährt am 22. August 1944 von Clermont-Ferrand weg: über Dijon und Saarbrücken erreicht er Auschwitz am 8. September.

Ein am 30. Juli in Toulouse zusammengestellter Gefangenentransport benötigt sechs Tage, um – wie der «Geisterzug», der bereits seit vier Wochen unterwegs ist, auf dem Umweg durch das Rhônetal – die Grenze zu erreichen.

Seit einem Jahr herrschen in der Stadt bürgerkriegsähnliche Zustände.

Nach dem Rückzug der Internationalen Brigaden hatte der Exodus des Frühjahrs weitere Flüchtlingswellen nach Toulouse gespült. Während der Okkupation flohen viele Franzosen in die «freie» Zone des Landes. Toulouse, das 1936 nicht viel mehr als zweihunderttausend Einwohner zählte, erlebt einen Anstieg seiner Bevölkerung um dreißig, vierzig oder noch mehr Prozent – niemand hat die Flüchtlinge ohne Ausweis gezählt. Die Flugzeugindustrie beschäftigte 1940 vierzehntausend Arbeiter. Sie war von Pierre Latécoère und seinem Compagnon Dewoitine begründet worden. Dank ihnen wurde Toulouse zum Pionier der transatlantischen Postverbindung – regelmäßig steuerten Jean Mermoz und Antoine de Saint-Exupéry in den dreißiger Jahren ihre Maschinen nach Santiago de Chile. Während der Besatzungszeit kam die vorwiegend linksrepublikanische, wirtschaftlich ziemlich rückständige, abseits der binnenländischen Hauptverkehrsadern gelegene Provinzstadt zu neuer Größe und Bedeutung – auch als Verwaltungszentrum der freien Zone. Viele Franzosen entdeckten «la ville rose» in den schwarzen Jahren: André Malraux und seine Frau Clara, der Pariser Kardinal Jean-Marie Lustiger, Edgar Morin und viele bedeutende Intellektuelle. Die hygienischen Zustände waren ziemlich erbärmlich. Badezimmer gab es keine, die Toiletten – ohne Anschluß an eine Kanalisation – befanden sich in der Regel auf dem Balkon oder im Garten. Wegen seiner Luftfahrtindustrie ist Toulouse für die Deutschen und für die Kollaboration von höchstem Interesse – dank seiner politischen Situation wie geographischen Lage und der Präsenz vieler Antifaschisten wird es zum intellektuellen Stützpunkt und militärischen Schauplatz des Widerstands.

Silvio Trentin, Jahrgang 1885, hatte in Venedig und Pisa Jura studiert. 1912 wurde er Universitätsprofessor in Camerino und 1919 als Sozialdemokrat ins Parlament gewählt. Bis zu dessen Machtergreifung war er ein glühender Anhänger Mussolinis. Aus Protest gegen die Diktatur trat er zurück – was in ganz Italien insgesamt drei Professoren taten. Trentin emigrierte 1926 nach Frankreich, machte als Kleinbauer Bankrott und arbeitete danach in einer Druckerei. 1931 gelang es ihm, in Toulouse eine kleine Buchhandlung zu übernehmen, die dank der Unterstützung von Trentins Freunden – die Dozenten empfahlen sie ihren Studenten – relativ gut überleben konnte. Edgar Morin, Pierre Bertaux und Francesco Nitti, auch die Philosophen Vladimir Jankélévitch und Albert Lautmann waren Trentins Kunden.

Silvio Trentins Widerstandsgruppe hieß «Libérer et Fédérer» und war gleichzeitig eine militante Organisation und ein politischer Debattierzirkel. Am französischen Nationalfeiertag 1942 erschien erstmals ihre gleichnamige Zeitung, von deren Ausgaben jeweils bis zu 20 000 Exemplare verteilt wurden. In «Libérer et Fédérer» veröffentlichte der italienische Jurist Artikel über seine Theorie des Föderalismus und entwarf ein Programm für den Nachkrieg. Silvio Trentin kritisierte den Zentralstaat und plädierte für die Regionen; auch für eine Form der direkten Demokratie. Als Antwort auf den Krieg der Nationen propagierte er die Bildung der «Vereinigten Staaten von Europa». «Libérer et Fédérer» anerkannte de Gaulle als Chef und vor allem Symbol des französischen Widerstands, doch blieb die Gruppe unabhängig. Sie arbeitete eng mit George Hiller und der Frankreich-Sektion des englischen Geheimdienstes (Buckmaster) zusammen und verfügte deshalb über mehr Mittel – Geld wie Waffen – als die Gaullisten und die Kommunisten, vor allem aber über eine Funkverbindung mit London. Nach dem Sturz Mussolinis kehrte Trentin in seine Heimat zurück und kämpfte an vorderster Front gegen die Deutschen und die mit ihnen verbündete Republik von Salò. Er starb (an einer Krankheit), bevor Italien völlig befreit war.

Mit Trentins Unterstützung hatte bereits im Frühling 1941 Golo Manns Studienfreund Pierre Bertaux, dessen Vorlesungen über «Mein Kampf» manch einen Studenten zum späteren Eintritt in die Résistance motivierten, die erste Widerstandsorganisation in Toulouse aufgebaut. Auch die «Groupe Bertaux» arbeitete eng mit den Engländern zusammen. Zu ihr gehörte der Schriftsteller und Kunsthistoriker Jean Cassou, der kurz zuvor zum Konservator des Pariser Musée d'Art moderne ernannt worden war. Er wurde entlassen, nachdem ein kollaborationistisches Blatt den «spanischen Juden» – Cassou war mit Jankélévitchs Schwester verheiratet – denunziert hatte. Er kam nach Toulouse, weil ihm in Paris die Verhaftung drohte. Der Autor zahlreicher Bücher war in der «Groupe Bertaux» für die Propaganda verantwortlich. Der Bereich Sabotage und Attentate unterstand Francesco Nitti. Sie übermittelten Informationen nach London, nahmen die per Fallschirm abgeworfenen Lieferungen englischer Waffen in Empfang und brachten Flüchtlinge oder auch abgesprungene Soldaten über die Pyrenäen.

Bertaux, Cassou und Nitti wurden zusammen verhaftet. Die über sie verfügten Strafen waren von unterschiedlicher Länge. Mehrere Monate verbrachten sie gemeinsam in Gefangenschaft – danach wurde Francesco Nitti in Le Vernet interniert. Lesen und Schreiben waren im Gefängnis verboten, Bertaux wurde eine Ausgabe von Platons «Die Republik» weggenommen. Während der schlaflosen Nächte dichtete Cassou Sonette, die er auswendig lernte – sie wurden noch im Krieg vom neugegründeten Verlag Editions de Minuit unter dem Pseudonym Jean Noir mit einem Vorwort von Louis Aragon (François la Colère) veröffentlicht.

Der bewaffnete Kampf gegen die Deutschen ist in Toulouse nicht nur, aber auch – und vielleicht sogar: vor allem – das nie wirklich anerkannte Verdienst heimatloser und hungriger, fast noch halbwüchsiger Juden ausländischer, meist osteuropäischer Herkunft, die mit bescheidenen Mitteln eine schlagkräftige Stadtguerilla organisieren, wie es sie anderswo in Frankreich in dieser verzweifelten Entschlossenheit nicht gibt. Sie waren wegen der Ideale Freiheit, Gleichheit, Brüderlichkeit nach Frankreich gekommen. Doch Pétain hat diese Ziele durch die Imperative seiner Nationalen Revolution ersetzt: Travail, Famille, Patrie. Sie haben nichts von allem. Arbeiten dürfen sie nicht. Ihre Familien wurden deportiert. Jetzt hat der Feind auch noch ihre Wahlheimat besetzt. Sie sind Pazifisten und sozialistische Idealisten, die «in einer Welt ohne Krieg und Haß» leben möchten und keine Ahnung haben, wer Stalin wirklich ist. Mit diesen Worten begründete Claude Lévy, einer von ihnen, sein Engagement. Der Nationalsozialismus hat sie zu Untermenschen gestempelt – und zu widerwilligen «Terroristen» gegen die Okkupanten und ihre französischen Komplizen gemacht. Sie sind zur «Ausmerzung» durch die Arier bestimmt und wollen eigentlich nur noch eines in ihrem dem Tod geweihten Leben: ihre Haut so teuer wie möglich verkaufen.

KAPITEL 3
Terroristen auf dem Fahrrad

«Im Juli habe ich sie abfahren sehen. Mein Papa war schon seit 1941 im Lager von Pithiviers. An jenem Tag gab es eine Razzia. Ich hatte mich im Keller versteckt, und durch ein Kellerfenster konnte ich beobachten, wie sie abgeholt wurden. Die Flics stießen sie schreiend vor sich her. Sie waren eng aneinander geschmiegt, in der Hand einen kleinen Koffer. Ich hatte Lust, zu ihnen zu laufen, sie nicht allein zu lassen. Aber ich ließ die Zeit verstreichen.»[1]

Claude und Raymond Lévy

Claude und Raymond Lévy wußten lange nicht, daß sie Juden sind. Der Vater, als Jude assimiliert, als Franzose ein Patriot, besaß in Paris ein Geschäft. Die erste Welle des Exodus spült die Brüder nach Lyon. Claude Lévy kann noch ein Jahr ins Gymnasium gehen – das Juden-Statut beendet seine Schulzeit. Er beginnt, sich für die Kultur und die Geschichte seiner Herkunft zu interessieren, wird Zionist und spielt mit dem Gedanken, nach Palästina zu gehen. Sein Vater und seine Mutter, alle Onkel und Tanten und Vettern werden von den Franzosen verhaftet und den Deutschen ausgeliefert. Über ihr Schicksal macht er sich keinerlei Illusionen.

Das Jahr 1941 verbringen Claude und Raymond allein in Lyon. Ein älterer Bruder, der sich um sie kümmert, wird verhaftet. Claude Lévy – Jahrgang 1925 – knüpft Kontakte zur Résistance. Er tritt der gaullistischen Gruppe «Combat» von Henri Frenay bei, die den jungen Burschen mit dem Verteilen von Flugblättern beauftragt und ihm allenfalls ein paar Schwarzmarktgeschäfte anvertraut. Doch Lévy will kämpfen. «Er hatte kein Geld, er hatte Hunger, er hatte immer Hunger, der Gedanke ans Essen beherrschte ihn.»[2] Nach einem Aufenthalt auf einem zionistischen Bauernhof tritt er 1943 in Toulouse den Francs Tireurs et Partisans – Main d'Œuvre Immigré (F.T.P.-M.O.I.) bei. Die M.O.I.-Verbände sind die radikalsten Widerstandsgruppen. Juden aus Osteuropa, Italiener, Spanier kämpfen in ihren Reihen. Auch noch in der Résistance bleiben sie Außenseiter. Die Kommunistische Partei, in deren Namen sie agieren, treibt mit ihnen ein zynisches Spiel und schreckt nicht davor zurück, sie zu verheizen – in Algier verhandeln die Verantwortlichen bereits mit de Gaulle über die Positionen im Nachkriegsfrankreich. Es gilt, Stärke zu zeigen und Zeichen zu setzen.

Claude Lévy ist Mitglied der 35. Brigade F.T.P.-M.O.I. und bekommt den Auftrag, am 7. November 1943 in Albi einen möglichst hohen deutschen Offizier zu erschießen. Es ist der Jahrestag der Oktoberrevolution. Ein Sonntag. Zusammen mit David Freiman fährt Lévy mit der Bahn nach Albi – daß sie auf keine Kontrolle stoßen, grenzt an ein Wunder. Die Fahrräder vor Ort sind bereits geklaut. Den ganzen Tag streunen die beiden Halbwüchsigen voller Angst und Panik durch die Kleinstadt. Mal sind die Deutschen zu stark bewaffnet, dann wieder zu zahlreich. Am Nachmittag stoßen sie auf drei Wehrmachtsoldaten, die sich ein Rugby-Spiel anschauen. Es sind nicht sehr viele Zuschauer auf dem Sportplatz, die Gelegenheit ist nicht schlecht – vor lauter Herzklopfen können sich Lévy und Freiman nicht zum Schießen entschließen. Unverrichteter Dinge ziehen sie ab. Der lokale M.O.I.-Verantwortliche, dem sie mehr oder weniger zufällig begegnen, faucht sie böse an. Der Tag geht seinem Ende entgegen. Erste Nebelschwaden verdüstern die einsetzende Dämmerung. Mitten in der Stadt, auf der Place Le Vigan, begegnen die beiden Burschen einem Deutschen. Seiner prächtigen Uniform nach zu schließen muß es sich um ein hohes Tier handeln. Sie folgen ihm, die Hand zwischen Gürtel und Bauch, am Griff der Pistole, mit der umzugehen sie gelernt haben. Sie zittern. Ihr Mann ändert seine Richtung, irrt ein paar Augenblicke lang umher – und geht schließlich zögerlichen Schrittes eine Treppe hinunter. Sie warten. «Langsam, entspannt, zufrieden, erleichtert» kommt er zurück, noch mit den letzten Knöpfen beschäftigt. Es ist inzwischen neun Uhr. Sechs Schüsse hallen durch die Nacht. Claude und David schießen wie abgemacht ihr Magazin halb leer, die verbleibenden Kugeln sind für den Rückzug gedacht. Auf ihren Fahrrädern kurven die Burschen durch die Menge und erreichen total erschöpft ihre Verstecke. Der achtzehnjährige Claude Lévy hat seine Feuertaufe bestanden. Man hatte ihm versprochen, daß im ganzen Lande Attentate zum Geburtstag der Oktoberrevolution und zur Unterstützung der Roten Armee, die gerade Kiew eroberte, stattfinden würden. Claude Lévy ist schon ein bißchen erstaunt, als er nichts von diesen Anschlägen hört, aber auch ein bißchen stolz auf sich selbst – einen jungen Juden, der im Gymnasium, das er danach nicht mehr besuchen durfte, den Preis für den besterzogenen Schüler (Prix de la Politesse) bekommen und nun einen Deutschen erlegt hatte.

Am nicht weniger symbolträchtigen 11. November, an dem in Frankreich das Ende des Ersten Weltkriegs – des Sieges über Deutschland! – begangen wird, sprengt Claude Lévy mit einigen Kollegen von der M.O.I. die Elektrozentrale der Mine von Carmaux. Wenige Tage später tötet er einen – französischen – General im Ruhestand, der sich der Milice angeschlossen hat und Résistance-Kämpfer an die Deutschen verrät. Weil die Engländer und Amerikaner nur die Gaullisten mit Waffen versorgen und diese den M.O.I.-Widerstandskämpfern an allen

Ecken und Enden fehlen, beteiligt sich Lévy an Raubüberfällen auf die gaullistischen Munitionsdepots. Er wirft eine Bombe, die mehrere Opfer fordert, in das Gebäude der Milice. Lévy ist bei der Sprengung von Zügen und Schleusen dabei. Nach einem Überfall – zur Geldbeschaffung – auf dem Postscheckamt wird er im Dezember 1943 verhaftet. «Du bist ein kleiner Jude aus Paris», begrüßt ihn Kommissar Fournera zum Verhör. Und schlägt ihn erst einmal ins Gesicht. Fournera gehört zur berüchtigten 8. Polizeibrigade von Toulouse, die von Pierre Marty angeführt und «la brigade sanglante» genannt wird.

Zu den französischen Scharfmachern – aus ideologischer Überzeugung – im Kampf gegen den Widerstand zählt neben Martys Truppe Antoine Poggioli. Er ist Mitglied der faschistischen Partei PPF und einer der Verantwortlichen der Geheimpolizei «Renseignements Généraux». Poggioli ist an der Vorbereitung und Zusammenstellung der Deportationszüge aus Toulouse beteiligt – die chiffrierten Telegramme des Polizeiministers René Bousquet aus Vichy sind namentlich an ihn adressiert. Er verfügt über beträchtliche Mittel, um seine Informanten zu bezahlen. Poggiolis Abteilung gelingt es, die Résistance – Kommunisten wie Gaullisten – zu infiltrieren und der M.O.I. auf die Spur zu kommen.

Trotz Fourneras Schlägen redet Claude Lévy nicht – die vereinbarten zwei Tage lang, die es den gefährdeten Genossen erlauben, sich neu zu organisieren, gelingt es ihm, sich als Verbrecher mit rein materiellen Motiven auszugeben. Er wird ins Gefängnis Saint-Michel gesteckt und wartet darauf, vor ein Kriegsgericht gestellt zu werden.

Dennoch – Fournera ist über Lévys Identität im Bild. In seiner Wohnung finden die Polizisten die Adresse seines Bruders Raymond. Beim «Aufräumen» von dessen Zimmer geraten Jacques Insel, Claude Lévys direkter Chef, und weitere Angehörige der M.O.I. in eine Falle der Polizei. Sie haben den Renseignements Généraux die Arbeit leichtgemacht und die

Dummheit begangen, über alle ihre Aktionen ein Archiv anzulegen.

Während der Monate, die Claude Lévy im Gefängnis Saint-Michel verbringt, kommt es regelmäßig zu Hinrichtungen. Enzo Godéas, der bei einem mißglückten Attentat ein Bein verloren hat und dessen Wunde, in der Hoffnung, sie könnte ihn vor der Hinrichtung bewahren, von den Mitgefangenen aufopfernd gepflegt und möglichst schmerzlos am Verheilen gehindert wird, muß auf einem Stuhl vor dem Erschießungskommando im Hof Platz nehmen.

«Das Gefängnis begann zu kochen. Es explodierte in einem Tumult von Schreien, Gesängen, Eßgeschirrklopfen an den Türen, dem dumpfen Hämmern von Fäusten und Füßen. Die aufgeschreckten Wärter rannten die Flure und Galerien entlang, sprangen von einer Türklappe zur nächsten, schrien und fluchten. Die geballte Kraft dieser eingekerkerten Männer, ihre ganze aus Zorn und Beleidigung zusammengepreßte Wut brandete hoch, trunken von der eigenen Verzweiflung, schlug gegen die undurchlässigen Mauern und fiel erschöpft zurück. Die zahlreichen spanischen Gefangenen in Saint-Michel gaben diesen großen, seltenen Anlässen den Anstrich einer dramatischen Fiesta. Bauern, Arbeiter, Lehrer, Katalanen, Basken, Kastilier, Galicier, Asturier, alle brüllten sie aus vollem Halse. Sie waren ausstaffiert mit geflickten Lumpen, die sie seit dem Rückzug aus Katalonien und ihrer Internierung in den französischen Lagern trugen: zerrissene Hemden der Armee oder der republikanischen Milizen, die Schultern mit Decken wie Capes umhüllt, rote und grüne Schals um die Hälse, unförmige Käppis, ausgewaschene Baskenmützen, Reste von Espadrilles an den Füßen. Mager, dunkel, vollbärtig, mit buschigen Augenbrauen, sahen sie aus wie Banditen, wie heruntergekommene Don Quijotes. Aber sie hatten sich trotz der Lumpen eine Art von Würde bewahrt. Sie reckten ihre langen und knotigen Hände hoch und schüttelten mit gestreckten Hälsen eine Flut von Kraftausdrücken, Schreien, Gesängen und Flüchen über die kopflosen und ohnmächtigen Wärter. Mit dem ganzen Gewicht ihres Schmerzes, ihres wilden und lächerlichen Aufstandes rannten sie gegen die schwarzen Mauern an.»[3]

Es ist der 11. März 1943. Marcel Langer kehrt vom Gericht zurück. Die Nachricht von seiner Verurteilung zum Tod hat sich wie ein Lauffeuer ausgebreitet und das Gefängnis in Wallung gebracht. Marcel Langer ist die historische Figur des bewaffneten Widerstands in Toulouse. Langer stammt aus Polen und heißt eigentlich Mendel. Er ging nach Palästina und kam 1933 nach Frankreich. Im Exil gehörte Marcel Langer zu den ersten Kämpfern der F.T.P.-M.O.I. in Toulouse, wo er der Polizei am Bahnhof mit einem Koffer voller Sprengstoff in die Hände fällt. Ein Fall für Lespinasse: Der Oberstaatsanwalt und fanatische Kollaborateur ist eine angesehene Persönlichkeit, die in den besten literarischen und wissenschaftlichen Kreisen der Universitätsstadt verkehrt. Lespinasse erkennt sofort, was aus der Verhaftung Langers, gegen den er kaum etwas in der Hand hat, herausgeholt werden kann. Endlich! Ein Ausländer, ein Jude, ein Kommunist, ein Proletarier – ein Terrorist. Mehr als dreißig Attentate der jüngsten Zeit kommen in Frage, vom bewaffneten Überfall bis zur Zugentgleisung: «Ich bin weit davon entfernt, alle diese Verbrechen ohne formelle Beweise dem Angeklagten zuzuordnen. Die Ermittlungen führen zu keinem Ergebnis. Aber sie haben immerhin ergeben, daß diese Attentate die Taten von ausländischen Terroristen sein könnten. Wir haben Grund anzunehmen, daß der Inhalt dieses Koffers dafür bestimmt war, ähnliche Verbrechen zu begehen. [...] Wenn wir den Lebensweg des Beschuldigten in Augenschein nehmen, ist man kaum erstaunt, daß er im Alter von 39 Jahren bei seinen Reisen von Land zu Land, von Krieg zu Revolution, es tatsächlich nicht geschafft hat, etwas Besseres aus seinem Leben zu machen: Er war Arbeiter und ist Arbeiter geblieben. [...] Dieser Mann gibt vor, im Namen eines Ideals gehandelt zu haben.

Ein patriotisches Ideal? Aber Langer hat kein Vaterland. Hat er etwa ein Gefühl für dieses Land, das sein gewähltes Vaterland sein könnte, wenn er ihm mit Ergebenheit und Ehre gedient hätte? Wie dem auch sei, wie kann man zulassen, daß dieser Ausländer sich aus eigener Überzeugung gegen unsere Gesetze und unseren Staat auflehnt?

Vielleicht würde diese grundlegende Opposition unter anderen Umständen in Schriften oder Worten ihren Ausdruck finden. Diese Menschen, die von der Revolution sprechen, haben auch ihre Dichter, wir wissen das. Und ihre Polemiker. Verführerisch und manchmal talentiert. Aber wir befinden uns in Kriegszeiten, und es geht um mehr als einfach nur um Meinungsdelikte. Es geht um Sprengstoff.»[4]

«Polnischer Jude wegen Sprengstoffdelikten zum Tode verurteilt», lautet am Tag danach die Schlagzeile der Zeitung «La Dépêche de Toulouse».

Marcel Langers Freunde verstärken ihren verzweifelten Kampf. Am Canal du Midi wird ein Kran gesprengt. Am 13. Juni fliegen Bomben auf die Feldgendarmerie und fordern Tote und Verletzte. Die Telefonzentrale der Wehrmacht wird gesprengt. Der Zug nach Bayonne entgleist. Am Vorabend des Nationalfeiertags wird das Haus eines prominenten Kollaborateurs im Stadtzentrum in die Luft gejagt. Ähnliche Aktionen erfolgen am 15. und 17. Juli 1943.

Eine Woche später wird in Saint-Michel eine Guillotine aufgebaut. «Der Zug setzte sich in Bewegung. Die Schritte hallten auf dem Zementboden wider. Hinter den Türen erhob sich ein Gemurmel. Zuerst war es nur ein kaum hörbarer, zaghafter Gesang. Die Stimmen erstarkten, suchten sich, fanden zueinander von Zelle zu Zelle, von Etage zu Etage, eine Melodie breitete sich aus, schön, schwer, mächtig.

‹Adieu, Genosse, adieu, edelstes Herz, edelster der Brüder ...›

Das alte Trauerlied, das schon so viele Revolutionäre in ih-

ren Tod begleitet hatte, stieg aus tausend Kehlen, über-
schwemmte das Gefängnis. Langer blieb einen Moment stehen,
hob den Arm, schloß die Faust und drehte sich langsam um die
eigene Achse. In jeder Zelle schaute einer der Gefangenen
durch den Spion. Die anderen drängten sich um ihn. Derjenige,
der beobachtete, berichtete: ‹Er ist stehengeblieben. Er hebt die
Faust, er schaut zu uns …› Schreie erhoben sich.

‹Adieu, Genosse. Es lebe Frankreich! Es lebe der Kommunismus!› Langer nahm seinen Marsch wieder auf, und die ‹Marseillaise› erscholl. Die Marseillaise der Gefängnisse. Lodernd,
wild, die Stimmen der Spanier überdeckten manchmal die der
anderen Gefangenen. So hatte Marcel diese revolutionäre
Hymne am liebsten.»[5]

Auch Lespinasse ist gekommen und nimmt die Dinge in die
Hand. Langer muß vor seiner Hinrichtung die Haftentlassung
unterschreiben, um als Leiche mit abgetrenntem Kopf aus dem
Gefängnishof gebracht werden zu können. Der Sicherheitschef
bietet ihm eine Gauloise an, den Schnaps lehnt Langer ab. Er
zeigt auf den aschfahl gewordenen Lespinasse: der da hat ihn
nötiger. Langers Nacken ist rasiert, der Gehilfe des Scharfrichters schneidet den Kragen von seinem Hemd ab. Der Verurteilte geht auf das Gerüst zu. «Mein Blut wird über Sie kommen»,
schreit er zu Lespinasse. «Ich sterbe für ein besseres Frankreich.
Ich weiß, daß Frankreich meinen Tod nicht verantwortet, sondern die Boches. Ich bin sicher, gerächt zu werden. Es lebe
Frankreich!»

Seit die Deutschen das ganze Land besetzt haben, kann auch
im zuvor «freien» Süden die Guillotine aus Paris – welche die
Demarkationslinie nicht passieren durfte – zum Einsatz gelangen. Bis zum 11. November 1942 mußte jeweils ein Exemplar
aus Algier bestellt und per Schiff transportiert werden. Nach
ihrem Sieg hatten die deutschen Besatzer aus Rache die Auslieferung des Scharfrichters Henri Desfourneaux, der Anfang
1940 den Nazi-Spion Euler hinrichtete, gefordert. Aber Pétains

Regierung hatte protestiert und Desfourneaux zu retten vermocht. Auf ihn kann sie sich verlassen. Er baut, wohin er auch bestellt wird, seine Tötungsmaschine auf, bevor das Gerichtsurteil gefällt ist.

«Eine der erstaunlichsten Tatsachen war», berichtet Desfourneaux in seinen Memoiren, «daß wir wegen der Hinrichtung von Mördern bestellt worden waren und daß es sich im letzten Moment herausstellte, daß es um politische Gefangene ging, die gerade ihre Verhandlung hinter sich hatten, verurteilt werden und hingerichtet werden sollten.»[6] Der zweite Gehilfe des Henkers, Obrecht, erklärte nach dem Krieg in einem Interview: «Man mußte diese Morgen der Guillotinehinrichtungen erlebt haben, an denen ich in dieser elenden Besatzungszeit nach Hause zurückkehrte, angeekelt von der Arbeit, die ich gerade verrichtet hatte. Niemals sind wir auf das vorbereitet gewesen, was uns erwartete. Stellen Sie sich vor, und das ist die schreckliche Wahrheit, bei der ersten Sitzung des Spezialgerichts im August 1941 in Paris wurden wir schon zum Übernachten in das Gefängnis La Santé beordert, obwohl die Angeklagten noch nicht mal zum Tode verurteilt waren. Man sagte uns, daß es am nächsten Morgen Hinrichtungen gäbe. So wurde auch mit den ‹Terroristen› der damaligen Zeit verfahren, mit der Komplizenschaft von Henri Desfourneaux, auf Befehl der jeweiligen Richter.»[7]

Auch die Särge werden rechtzeitig bestellt und von den Erschießungskommandos, die das Kriegsgericht schon vor seiner Sitzung benachrichtigt, mitgebracht.

Obrecht ist aus dem Dienst geschieden, als Desfourneaux, Martin und ein neuer Helfer im Hof des Gefängnisses Saint-Michel die Hinrichtung von Mendel «Marcel» Langer inszenieren. Scheitert der erste Versuch, darf die Exekution nicht wiederholt werden – zumindest dieser letzte Rest von Rechtsstaatlichkeit wird respektiert.

Das Fallbeil saust herunter.

Vom Wachtturm aus beobachten die deutschen Soldaten, wie die Franzosen einen «Terroristen» umbringen. Der Sarg ist zu kurz. Die Überlebenden der 35. M.O.I.-Brigade werden nach dem Krieg große Mühe haben, den Ort zu finden, wo Langer verscharrt wird. Der Kopf ist zwischen den Beinen eingeklemmt.

Jacques Insel

Im Augenblick von Marcel Langers Hinrichtung streckt Jacques Insel einen Deutschen nieder. Die M.O.I. hat beschlossen, den Chef ihrer Brigade zu rächen. Am Tag seines Todes. Für Insel ist es nicht die erste Tat.

«Er suchte seine Beute. Ein ranghoher deutscher Offizier. Aber bis jetzt hatten nur einfache Soldaten oder Unteroffiziere im Grau oder Grün der Wehrmacht seinen Weg gekreuzt. Den feldgrauen Stoff über den Hintern gespannt, das unten gebauschte Uniformhemd, die Hände unter den Gürtel geschoben, so ließen sie ihre kleinen schwarzen Stiefel klacken inmitten der Menge buntscheckiger junger Leute in weichen und leisen Espadrilles. Die Deutschen in Toulouse ... Fritz bei d'Artagnan. Sauerkraut und Cassoulet. Bayern und Languedoc.

Da waren zwei Seeleute, die Bänder der Kriegsmarine flatterten im Nacken. Was hatte die Kriegsmarine in Toulouse zu suchen? Sie gingen langsam, einer zu dem anderen gebeugt, sich an den Fingern haltend. Langer, du hast mehr verdient als das. [...] Die Hand in der Tasche umschloß den Griff des Revolvers. Er hatte die Allée Jean-Jaurès durchlaufen, die damals in die Allée Maréchal Pétain umbenannt worden war, hatte auf der Square Lafayette gedreht, war die Place d'Alsace hinaufgegangen bis zur Place Esquirol, dann weiter auf der Rue du Languedoc bis zur Allée Jules Guesde. Er hatte immer noch keinen höheren Offizier getroffen. Er begann, ungeduldig zu werden. In der Nähe des Grand-Rond hörte er Blechinstrumente und Orchesterklänge. Er ging näher und gab den Schaulustigen. Im Musikpavillon spielte ein deutsches Militärorchester vor einem dünngesäten Publikum. Das Programm war auch nicht so, daß es Musikliebhaber angezogen hätte, noch nicht einmal Kollaborateure. Sicher, man hatte die Ouvertüre von Rigoletto gespielt – Toulouse war die Stadt des Belcanto! –, aber der Rest entstammte der kulturellen Konzeption, die der Propagandastaffel würdig war.»[8]

Nach der Ouvertüre von Verdis Oper spielt das Orchester ein paar Märsche und «An der schönen blauen Donau». Im Publikum sitzt ein Deutscher mit goldüberladenen Schultern. Die Mütze hält er auf den Knien. Ein Sturmbannführer? Ein Standartenführer? Jedenfalls ist er nicht sehr alt, Mitte Vierzig. Das kleine rotschwarze Band ziert seine Uniform – und das wird zu seinem Todesurteil: «Das ist gut, ich finde bestimmt keinen Besseren», sagt sich Langers Freund überzeugt, «ein Rußlandeinsatz, der in Toulouse, im Departement Garonne landet. Das ist perfekt.» Die Regierung setzt eine «sehr große Prämie» auf den Kopf des Täters aus.

Jacob Insel wurde 1904 in Polen geboren. Als Dreizehnjähriger arbeitete er in einer Fabrik. 1926 ging er nach Palästina, wo er gegen die Engländer kämpfte. 1936 wurde er zusammen mit seiner Frau ausgewiesen. Insel, der nun Jacques gerufen wurde, kam für einige Monate nach Frankreich, bevor er in den Spanischen Bürgerkrieg zog. Nach der Niederlage der Republikaner verbrachte er längere Zeit in verschiedenen südfranzösischen Lagern. Als er im Juni 1941 nach Algerien geschickt werden sollte, gelang es seiner Frau und seinen Freunden, ihm die Flucht aus Vernet d'Ariège zu organisieren. Er stellte sich in den Dienst der Résistance in Toulouse. Als die Francs Tireurs et Partisans gegründet werden, wird er zum militärischen und politischen Kommandanten der Polen-Gruppe ernannt. Einige Tage nach der Hinrichtung von Marcel Langer sprengt er im

Bahnhof von Toulouse eine Lokomotive. Er fällt der Polizei in der Folge der Verhaftung seines Freundes Claude Lévy in die Hände. Drei Tage lang wird er im Dezember 1943 im Kommissariat gefoltert. Die Polizisten – Martys «blutige Brigade» mit dem Schläger Fournera und Paggiolis nachrichtendienstlicher Unterstützung – reißen ihm die Fingernägel und die Haare aus. Völlig entstellt wird Jacques Insel ins Gefängnis Saint-Michel eingeliefert. Er unternimmt einen Fluchtversuch, der scheitert.

Doch auf dem Racheplan der M.O.I. steht auch Lespinasse selber. Dem Unterfangen fällt um ein Haar ein unschuldiger Namensvetter des blutrünstigen Staatsanwalts zum Opfer. Am Sonntag, dem 10. Oktober 1943, ist das Vorhaben von Erfolg gekrönt – und trifft den Richtigen. Auf dem Weg zur Messe wird Lespinasse niedergeschossen. Daß er der geglückten Tat ein paar Monate seines Lebens verdankt, weiß Vichys Informationsminister Philippe Henriot nicht, der zufälligerweise an diesem Tag im Rahmen einer Propagandatournee Toulouse besucht. Die M.O.I. ist bereits im Begriff, die Bomben unter seinem Rednerpult im Kino «Les Variétés» zu plazieren, als wegen der Nachricht von Lespinasse' Tod die Veranstaltung abgesagt wird. Aber es ist nur ein Aufschub: Henriot wird Ende Juni 1944 von der Résistance in Paris exekutiert.

Um die Stadt von den «Terroristen» zu säubern, schickte Vichy einen neuen Polizeichef («Intendant de Police») nach Toulouse. Er heißt Barthelet und kommt aus Lyon, wo Klaus Barbie mit Barthelets Hilfe seinen Terror gegen den Maquis inszenierte. Die im Monat zuvor erfolgte Verhaftung von Jean Moulin, der im Auftrag de Gaulles die verschiedenen Résistance-Vereinigungen versöhnen, zumindest vereinigen sollte, war der bislang größte Triumph der Repression. Die Berufung des Divisionskommissars Barthelet nach Toulouse war eine Belohnung für seine Erfolge an der Seite des «Schlächters von Lyon», wie Barbie genannt wurde. In Toulouse ist auch Barthelet überfordert. Sein Amtsantritt erfolgt am Tag vor Marcel

Langers Hinrichtung, über die man ihn nicht informiert hat. Das hohe Kopfgeld, das er auf dessen Rächer aussetzt, führt zu keinerlei Resultaten. Toulouse verwandelt sich immer mehr in eine «Hauptstadt des Terrorismus», der Barthelet über den Kopf wächst. Das geglückte Attentat auf Lespinasse, dem postum die Ehrenlegion verliehen wird, ist der schwerste Schlag gegen seine Karriere. Barthelets Aufrufe zur Denunziation und seine willkürlichen Verhaftungen aufgrund irgendwelcher Verdächtigungen bleiben wirkungslos. Der Polizeipräsident befürchtet bereits, er könnte entlassen werden, als er am 23. Oktober 1943 unter den Kugeln aus einer Maschinenpistole fällt.

Vichys Polizeiminister René Bousquet kommt persönlich nach Toulouse, um die Grabrede zu halten. Er lobt den «mustergültigen Beamten und guten Franzosen. Die feigen Attentäter und deren Anstifter oder Komplizen werden mit ihrem Leben haften für den Tod derjenigen, die wir verloren haben.» Bousquet lobt seine Polizei, die «in ihrem patriotischen Glauben den Willen und den Mut findet, den sie für ihren Dienst an Frankreich braucht. Ein Dienst, der morgen in einem geeinten Frankreich, das zu sich selber gefunden hat, als wesentlicher Tatbestand anerkannt werden wird.»[9]

Aber auch innerhalb der Résistance werden die Auseinandersetzungen immer unerbittlicher. Die Engländer, die mit «Libérer et Fédérer» zusammenarbeiten, verweigern den Kommunisten die materielle Unterstützung – die sich die M.O.I. durch Überfälle auf Waffenlager der Gaullisten (oder auch der Deutschen), auf Banken und Geldtransporte verschaffen muß. Sie verfügt über kein einziges Auto – alle Attentate werden mit Fahrrädern ausgeübt. Eine leichte Bombe in der Gare Saint-Cyprien verhindert die Abfahrt eines Zuges, in dem Zwangsarbeiter nach Deutschland gebracht werden sollen – viele können entkommen. Lokomotiven, die für die «italienische Front» bestimmt sind, fliegen in die Luft. Die Sprengung von vier Hochspannungsmasten am 1. Dezember 1943 hüllt die ganze

Stadt in Dunkelheit und legt die Fabriken lahm. Am 19. Dezember erfolgt der Angriff auf eine Straßenbahn, die Deutschen vorbehalten ist. Ein paar Salven aus Maschinenpistolen begleiten die Handgranaten, die aus nächster Nähe geworfen werden. Sie fordern zahlreiche Opfer, auch eine französische Angestellte der Verkehrsbetriebe wird schwer verletzt.

Im Kino «Les Variétés» wird Anfang März 1944 der Propagandastreifen «Jud Süß» gezeigt. Die M.O.I. beschließt, eine Bombe ins Lichtspieltheater zu bringen, welche nach der Vorstellung hochgehen soll. Ein erster Versuch scheitert, es ist zuviel Polizei da. Am nächsten Abend kommen die Maquisards problemlos in den Saal – doch die Bombe geht hoch, während der Film noch läuft. Ein Zuschauer wird getötet, für die M.O.I. ist es ein schwerer Schlag: sie beklagt zwei Tote und einen Schwerverletzten. Die Francs Tireurs et Partisans, zu denen die M.O.I. gehört, nehmen den Unfall zum Vorwand, um mit den «unkontrollierbaren Provokateuren», in denen sie Trotzkisten und Anarchisten vermuten und deren Aktivitäten ihnen seit längerem mißfallen, zu brechen. Geht es darum, sich ihrer für die Nachkriegszeit zu entledigen? Aus dem Polizeipräsidium bekommt der gaullistische Widerstand die Information, daß man der M.O.I. auf der Spur und eine Verhaftungswelle zu erwarten ist. Die Gaullisten geben die Warnung an die kommunistische F.T.P. weiter – doch die französischen Genossen unterlassen es, ihre Ausländer-Verbände zu unterrichten. Von ihren eigenen Freunden aufgegeben, durch eine gezielte Unterlassung verraten, gehen die Widerstandskämpfer, welche die Deutschen für ihre gefährlichsten Feinde halten, den Franzosen in die Falle. Die Verhaftungen werden am 4. April vorgenommen. Bei jeder Adresse, welche die Polizei aufsucht, gehen ihr «ausländische Terroristen» ins Netz. Auch das Waffendepot wird gefunden. Die gefaßten Résistancehelden der «Main d'Œuvre Immigré» kommen nach Saint-Michel. Folter, Erschießungen oder die Deportation sind ihr Schicksal.

Marc Brafman

Schon am Tag vor der Razzia gegen die M.O.I. war – am 3. April 1944 – Marc Brafman der Polizei in die Hände geraten. Wie Langer und Insel ist Brafman Jude und stammt aus Polen, wo er 1920 geboren wurde. Mit sechzehn Jahren las er eine Übersetzung von «Mein Kampf» und «wußte, daß ich verloren bin, aber ich wollte mich nicht blind wie ein Schaf zur Schlachtbank führen lassen». Er ging ins Exil nach Frankreich, wo er ab 1937 Chemie studierte. Nach Ausbruch des Krieges blieben die Nachrichten seiner Eltern aus. Sie lebten im Warschauer Ghetto und wurden vergast. Nach dem Erlaß des Judenstatuts bekam der polnische Student eine schriftliche Aufforderung, sich mit zwei Bettlaken und Ersatzwäsche zum Arbeitsdienst ins Lager von Pithiviers zu begeben. Brafman ahnt, was ihn erwartet, und flüchtet. In die «freie» Zone, nach Toulouse.

Er kennt niemanden, und niemand wartet auf ihn. In den Zeitungsannoncen wird nur für die antibolschewistischen Legionen geworben, die Résistance rekrutiert ihre Mitglieder nicht über Kleinanzeigen. Er kann bei einem Steuerbeamten und als Gärtner arbeiten. Eine Zeitlang findet er Unterschlupf in einem Kloster. Im Juli 1943 schließt sich Brafman der Partisanen-Legion M.O.I. an. Als Bewährungsprobe muß er einen Offizier der Besatzungsmacht umbringen. Drei Tage sucht er in den Straßen von Toulouse nach einem Opfer. Er ist bereits auf dem Weg nach Hause, die Sperrstunde naht. Brafman wird von einem Offizier angehauen, der offensichtlich von einem Schäferstündchen kommt. Er lallt das Lied von Lili Marleen und schwärmt von der sinnlichen Schönheit der Französinnen. Brafman hat keine Feuerwaffe. Zweimal stößt er dem Deutschen sein Gartenmesser in die Brust. Wöchentlich nimmt Marc Brafman in der Folge an den Aktionen der M.O.I. teil. Er legt Sprengsätze und wirft Granaten. Er wird bei einer Kontrolle im Bahnhof festgenommen und am 3. April in Saint-

Michel inhaftiert. Kurz darauf erfolgt seine Verlegung nach Bordeaux ins Gefängnis Fort du Hâ.

Meyer Kokine

Meyer Kokines Muttersprache ist Jiddisch. Seine Eltern waren aus Rußland eingewandert. Die Mutter ist sehr religiös, der Vater Atheist. Sie sind bettelarm. Meyer Kokine, 1920 in Bagnolet bei Paris geboren, wird im Alter von 12 Jahren beschnitten. Den Jeunesses Communistes, einer Jugendorganisation der Kommunistischen Partei Frankreichs, verdankt er seine ersten Ferien. 1938 tritt er aus. Meyer Kokine war kein ideologischer Kommunist und ist kein politischer Antifaschist. Er ist ein Mann der Tat und der impulsiven Entscheidungen. Aber das Betriebsklima – Kokine arbeitet in der Pariser Fabrik von Dewoitine, die in die Kollaboration eingespannt ist – behagt ihm je länger, desto weniger. «Juden, Negern und Hunden ist das Betreten verboten», liest Meyer – Maurice – Kokine an der Tür eines Geschäfts. Er verläßt seine Familie und wird von einem Schlepper unter abenteuerlichen Umständen über die Demarkationslinie gebracht – er will zu seinem früheren Chef, der sich in die «France libre» abgesetzt hat und jetzt am Sitz von Dewoitine beschäftigt ist. Meyer Kokine arbeitet zunächst für die pétainistischen Chantiers de la Jeunesse – in den Bergen – und ein Jahr lang in Tunesien. Jeden Tag schickt er seiner Mutter eine Ansichtskarte.

Ein Arbeitskollege nimmt ihn mit nach Toulouse und verspricht ihm ein Zimmer bei Freunden in der Rue Mengaud. Im einstöckigen Haus mit der Nummer 29 – und einem Vorgarten – wohnt die Familie Bessou. Der Vater hat in seinem Heimatort Grisolles als Schmied gearbeitet, jetzt ist er bei der Straßenbahn von Toulouse tätig. Die Mutter führt den Haushalt und plaudert mit dem jungen Mann. Die Tochter des Hauses, Alice, kommt zum Mittagessen. Sie arbeitet als Sekretärin bei der Polizei. Eine Unterkunft allerdings haben die Bessous nicht zu vergeben. Doch sie vermitteln ihm ein Zimmer gleich in der unmittelbaren Nachbarschaft. Kokine findet auch eine reguläre Arbeit und begegnet auf dem Weg zu ihr regelmäßig Alice Bessou. Schon bei seinem Vorstellungsgespräch hatte er sich in sie verliebt. Sie erwidert seine Gefühle auch noch, als er ihr seine jüdische Herkunft nicht mehr verbergen kann. Selbst die streng katholischen Eltern des Mädchens überwinden ihre Vorurteile – «von den Juden wußten sie nur, was ihnen in der Kirche gesagt worden war» – und verstecken nach dem 11. November 1942 ihren zukünftigen Schwiegersohn im eigenen Haus. Meyer Kokine hat sich dem obligatorischen Arbeitsdienst STO entzogen und wird von der Polizei gesucht. Er will über Spanien zu de Gaulle nach London. Alice weint, und ihre Eltern wollen, daß er bleibt. Drei Monate lang verläßt er die Wohnung praktisch nie. Er belegt das Zimmer von Alice, die fortan bei der Großmutter schläft. Am 30. Dezember 1943 wird das Paar vom Bürgermeister von Toulouse getraut.

Meyer Kokine nennt sich Jacques Teron. Alice, die in der Präfektur Zugriff auf die Stempel hat, konnte den gefälschten Ausweis selber herstellen. Mit ihm wagt sich Kokine wieder aus dem Haus. Zeitweise beherbergen die Bessous auch Kokines Mutter und Schwester. Für sie alle stellt Alice Bessou Identitätskarten mit rein französisch klingenden Namen her. Über einen Nachbarn, einen Briefträger, dem seine Untätigkeit nicht entgeht, kommt Meyer Kokine zum Widerstand. Er wird Mitglied von «Libérer et Fédérer». In der Widerstandsorganisation ist Oberst Boudonis für die Nahrungsmittelbeschaffung zuständig. Ihm verdanken Alice und Meyer Kokine-Bessou eine etwas üppigere Verpflegung der Familie, an deren Tisch regelmäßig Gäste ohne Lebensmittelkarten mitessen. Kokine verteilt Flugblätter und arbeitet an der verbotenen Zeitung «Libérer et Fédérer» mit. In ihr wird Kommissar Heim als Polizist der Repression mit besten Beziehungen zur Gestapo denunziert.

Raymond Heim

Heim ist gleich alt wie Kokine – Jahrgang 1920. Die Niederlage von 1940 hat er als Soldat erlebt und geweint, als er die fröhliche Erleichterung seiner Kollegen sah. Heim ist – als Polizist der «Renseignements Généraux» – Mitglied der Armee geblieben. In Toulouse arbeitet Alice Kokine-Bessou in seiner Umgebung. An ihrem Arbeitsplatz erfährt sie, wann Aktionen gegen den Widerstand geplant sind oder neue Verhaftungen von Juden durchgeführt werden sollen. So schnell wie möglich, meist in der Nacht und mit dem Fahrrad, benachrichtigen Alice und Meyer die Gefährdeten und sind ihnen notfalls bei der Organisation der Flucht behilflich.

Einem Verwandten, der Fischmann heißt und abtauchen muß, stellt Alice Papiere auf den Namen Poissonier aus – es ist der letzte Ausweis, den sie fälscht. Das junge Ehepaar übernimmt Fischmanns Wohnung. Am 5. Mai 1944 wird um sechs Uhr in der Früh die Tür aufgebrochen: «Police allemande». Mit gezogener Pistole holen die Deutschen das Paar aus dem Bett. Auf der Polizeistelle des Kommissars Heim war kurz zuvor ein Kollege wegen eines Schwarzmarktgeschäftes mit Waffen verhaftet worden. Alice hatte in seinem Schreibtisch einen Revolver gefunden und ihrem Vorgesetzten übergeben. Drei Tage später kehrte der Verhaftete zurück – vermutlich hat er seine Freiheit um den Preis der Denunziation von Alice Bessou und anderen Kollegen, die im Widerstand wirken, erkauft. Jedenfalls weiß die Polizei am frühen Morgen des 5. Mai, daß Jacques Teron in Wirklichkeit Kokine heißt. Nur in seinem Vornamen irren sie sich – und seinem französischen Rufnamen Maurice verdankt Kokine in diesem Moment vermutlich sein Leben. Er wird von seiner Frau Alice getrennt, verhört und mit Fausthieben eingedeckt. Ein paar Stunden läßt man ihn in einer Zelle schmoren. Zum Stehen ist sie zu wenig hoch, sich niederlegen kann Kokine wegen seiner mit Handschellen auf den Rücken gefesselten Hände auch nicht. Schließlich wird er als politischer Gefangener ins Zuchthaus Saint-Michel gebracht. Zusammen mit anderen Neuankömmlingen muß er sich in Reih und Glied stellen. «Hosen runter.» Kokine verzieht sich ins hintere Drittel. Vorn beginnt die Inspektion der Geschlechtsteile. Wer als Jude erkannt wird, landet in Zelle 33 – und im nächsten Deportationszug. Zitternd und schwitzend hält Kokine die Hand vor sein Gemächt – und kommt durch die vorzeitig abgebrochene Kontrolle.

Zwei Monate lang kann er im Gefängnis seine jüdische Herkunft verbergen. Er lebt mit verschiedenen Leidensgenossen in unterschiedlichen Zellen. Besonders beeindruckt ist er vom Immobilienmakler Goglio, einem Rechtsextremisten, der sich von seiner Frau trennte, um mit einer Jüdin im Konkubinat zu leben. Seine verbotene Liebe hat den Faschisten ins Gefängnis gebracht – wo er sein Brot stets mit Kokine und einem dritten Gefangenen teilt. Dank der Intervention eines Freundes, des Vichy-Politikers und Chefs der «Milice» Joseph Darnand, kommt Goglio frei.

Nach einer Woche in Saint-Michel wird Meyer Kokine ein Paket ausgehändigt. Es enthält frische Wäsche und eine Gamelle. Der Atheist Kokine ißt den Schinken. In der Kartoffel beißt er auf einen Fingerhut. Er stößt auf eine Nadel und eine Fadenspule. In der Zahnpasta steckt ein Bleistift. Man will ihm etwas sagen – aber was? Die Naht des Sacks für die Wäsche ist nur schlecht zugenäht – so etwas kommt in der Familie Bessou eigentlich nicht vor. Kokine wird stutzig und reißt den Stoff auf: er findet einen Brief. Alices Mutter teilt ihm mit, daß seine Frau in der Kaserne Caffarelli inhaftiert sei. Er begreift nun auch, warum sie ihm so viele Taschentücher eingepackt hat: auf ihnen kann er Alice schreiben. Zu Hause werden sie nicht gewaschen, sondern gelesen. Eine Freundin von Alice schreibt die Botschaften in Steno um, und auf gleichem Wege gelangen sie in das Frauengefängnis – so bleiben sie über Wochen hinweg miteinander in Kontakt.

Meyer Kokine ist höchst erstaunt, im Gefängnis auf Raymond Heim zu treffen, den er für einen Vorgesetzten seiner Frau hält. Er spricht ihn an: «Sind Sie nicht der Kommissar Heim?» – «Halt deine Schnauze», faucht Heim zurück. Er wurde am 3. Juni vom deutschen Sicherheitsdienst als P2-Agent (Leutnant einer Widerstandsorganisation der Armee) enttarnt. Kokine kann sich keinen Reim auf die Anwesenheit des in seiner Zeitung angegriffenen «collabo»-Polizisten machen. Die Zeit vergeht. Noch zweimal wird Kokine verhört. Regelmäßig erlebt er, wie Mitgefangene abgeholt werden. Wenn einer beim Appell «mit Gepäck» aufgerufen wird, bedeutet dies die Deportation. Ansonsten folgt namentlichen Aufrufen die Erschießung. So ergeht es Ducasse, dem Besitzer einer stadtbekannten Kfz-Werkstätte, mit dem Kokine die Zelle teilt. Sein spärliches Brot hat Ducasse stets zur Seite geschafft, um Vorräte für noch schwierigere Zeiten anzulegen. Als er drei Tage nach dem Abgang ohne sein Gepäck noch immer nicht in seine Zelle zurückkehrt, ißt Kokine Ducasse' hart gewordenes Brot auf: «Es schmeckte nach Tod.»

Albert Lautmann

Bei Kriegsausbruch ist der 1908 geborene Albert Lautmann eine der größten Hoffnungen der französischen Philosophie. Er hat Heidegger gelesen – Lautmann geht es um die Annäherung von Metaphysik und Mathematik. Er ist Verfasser mehrerer Bücher und gehört der Bourbaki-Gruppe an, die damit begonnen hat, die Logik der Mathematik neu zu formulieren. Ihr berühmtester Vertreter ist Jean Cavaillès. Albert Lautmanns Arbeiten drehen sich – vor Sartre, dem Philosophen des Existentialismus – um die Zusammenhänge von l'essence (Essenz) und l'existence. Mit seiner Theorie des Lokalen und des Globalen erweist sich Albert Lautmann gleichzeitig auch als Vordenker des Strukturalismus. Die Mathematik, erkennt er, «und ganz besonders die moderne Mathematik, Algebra, Mengenlehre, Topologie, scheint so eine andere, verstecktere Geschichte zu erzählen, die für den Philosophen bestimmt ist. In ihrem Hintergrund läuft permanent eine dialektische Aktion ab.»[10]

1939 erscheinen Albert Lautmanns «Nouvelles Recherches sur la structure dialectique des mathématiques» mit einem Vorwort von Jean Cavaillès und Raymond Aron. Im September wird der Philosoph zur Armee eingezogen und am 1. Mai 1940 zum Hauptmann befördert. Er kämpft an der Front und gerät in Flandern in deutsche Kriegsgefangenschaft. Im Frühling 1941 scheitert ein erster Fluchtversuch. Lautmann gibt nicht auf. Zusammen mit achtundzwanzig französischen Soldaten und Offizieren gelingt es ihm, im Oflag IV D bei Hoyerswerda einen 80 Meter langen Tunnel zu graben. Im Zug fährt er als Tourist durch ganz Nazideutschland, nachts schläft er in den Wäldern. In Bordeaux schlägt der Doyen der philosophischen Fakultät vor, ihn zu seinem Nachfolger zu ernennen. Doch wegen des Judenstatuts kann Lautmann im Unterrichtswesen keine Stelle bekommen. Er lebt in Aix-en-Provence und Toulouse, wo er gelegentlich Vorträge hält, die Buchhandlung von Silvio Trentin besucht und für eine der wichtigsten Organisationen des antifaschistischen Untergrunds tätig ist. Lautmann gehört zur Organisation Patrick O'Leary, die nach dem Pseudonym ihres Begründers benannt ist. Bei O'Leary, der sich als Kanadier ausgibt, handelt es sich um den belgischen Marinearzt Albert Guérisse. Als das Netz auffliegt, bleibt Lautmann allein in Toulouse zurück.

Auch seinem Freund Cavaillès, der 1940 ebenfalls in Kriegsgefangenschaft gelangt war, glückte die Flucht. In Clermont-Ferrand gründet der Philosoph mit Emmanuel d'Astier und Lucie Aubrac die Widerstandsvereinigung «Libération», die ab 1941 die gleichnamige Zeitung herausgibt. Cavaillès wird an die Sorbonne berufen, aber wenig später von der Vichy-Administration von seinem Lehrstuhl verdrängt. Er verbringt einige Zeit in London, kehrt in den französischen Maquis zurück und wird Ende August 1943 verhaftet. Im Januar 1944 wird er ins Durchgangslager Compiègne gesteckt und kurz vor der geplanten Deportation zum Tode verurteilt. Vor dem Militärgericht begründet er seinen Widerstand mit der Liebe zum Deutschland von Kant und Beethoven. Das Urteil wird umgehend vollstreckt.

Über Albert Lautmann hatte Jean-Pierre Vernant Jean Cavaillès kennengelernt, dessen Résistance-Gruppe «Libération» er im Februar 1942 beitritt – in Toulouse, wo Vernant am Gymnasium die Stelle des ebenfalls im Widerstand aktiven Wissenschaftsphilosophen Georges Canguilhem hat übernehmen können. Sein Lehrer Ignace Meyerson, Direktor des «Journal de Psychologie», ist von der Sorbonne – an der Vernant studierte – in die nichtbesetzte Zone gewechselt, wird aber vom Pétain-Regime ebenfalls mit einem Berufsverbot belegt. Er ruft die «Société toulousaine de psychologie comparée» ins Leben, die zu einem Treffpunkt antifaschistischer Intellektueller wird. Vladimir Jankélévitch wird für einen Vortrag eingeladen. Auch der Bischof macht mit – Monseigneur Saliège von Toulouse hat sich im Krieg wie kein anderer katholischer Geistlicher seines Rangs gegen die Judenverfolgungen gewehrt. Zahlreiche Ärzte sind dabei, welche später den Rettungsdienst der Forces Françaises de l'Intérieur bilden werden. Vernant, der nach dem Krieg mehrere historische Standardwerke über die Antike veröffentlichen und 1975 ans Collège de France berufen wird, beginnt seine paramilitärischen Aktionen als von Lucie und Raymond Aubrac eingesetzter Kommandant der bewaffneten «Libération»-Einheiten, die er später mit «Combat» und den Francs Tireurs et Partisans (F.T.P.) zusammenführt.

Anfang Mai 1944 kommt es auf dem Bahnhofsplatz von Toulouse zur letzten Begegnung zwischen Albert Lautmann und Pierre Bertaux. Sie haben 1926 zusammen die legendäre

Ecole Nationale d'Administration (ENA) besucht und mehrere Wochen im Berlin der dreißiger Jahre verbracht. Bertaux ist nach der Verbüßung einer Haftstrafe und einer Phase, während deren er untergetaucht war, erneut im Widerstand aktiv geworden. Gegenseitig werfen sie sich ihre Unvorsichtigkeit vor. «Ich weiß», sagt Lautmann, «es ist riskant. Aber was kann man machen? Man hat mir die Ankunft – per Bahn – von englischen Piloten, die über Frankreich abgestürzt sind, angekündigt. Man muß sie nach Spanien bringen, damit sie nach Hause zurückkehren können. Es ist niemand da, verstehst du: niemand, der sie abholen kann. Deshalb muß ich es tun. Weißt du, wir werden alle noch vor dem Ende an die Reihe kommen.» Lautmann kehrt auf seinen Posten zurück.

Am 15. Mai abends um halb sieben Uhr fällt er auf der Kreuzung zwischen der Rue Boulbonne und der Rue de Metz den Deutschen in die Hände – der Hotelier, bei dem er seine Agenten unterbrachte, hat ihn verpfiffen. Lautmann wird in Saint-Michel inhaftiert. Am 4. Juli bekommt die Familie eine Nachricht von ihm: «Deportation, wahrscheinlich über Compiègne. Voller Verzweiflung angesichts des neuen Martyriums. Verzeiht mir die Sorgen, die Ihr Euch meinetwegen macht.»[11]

Damien Macone

Im gleichen Deportationszug – der allerdings nicht über Compiègne fährt, auf der Strecke über Limoges und Paris gibt es kein Durchkommen mehr – wird auch Damien Macone in den programmierten Tod nach Deutschland geschickt. Macone stammt aus Sète an der Mittelmeerküste. Er diente bei den Seestreitkräften und schloß sich nach dem Untergang der Flotte vor Toulon der Résistance in seiner Heimatstadt an. Damien Macone wurde Chef der lokalen Sektion von «Combat» und verübte zahlreiche Attentate. Nach einer Denunziation wurde er verhaftet und im Kommissariat von Montpellier von französischen Polizisten gefoltert. Faustschläge, Knüppelhiebe – ein Armbruch war die erste Folge. Dazu kam eine offene Wunde am Kopf. Schließlich griffen seine Häscher zu brutaleren Methoden, um ihn zum Sprechen zu bringen. Ein elektrisches Kabel wurde an die Handschellen angeschlossen, dann wurden mit dem zweiten Ende empfindliche Stellen gestreichelt: After, Hoden, Penis. In Saint-Michel, wohin er überstellt wurde, machte er die Bekanntschaft der Brüder Lévy, von Meyer Kokine, Albert Lautmann und anderen Widerstandskämpfern.

In seinen «Antimemoiren» beschreibt André Malraux Saint-Michel als «Durchgangsgefängnis». Bei seiner Einlieferung im Juli 1944 war kein Gefangener schon länger als drei, vier Monate da. Malraux wurde von den Deutschen bei einer Straßensperre zwischen Carjac und Gramat gefaßt. Er hatte versucht, zusammen mit dem Befehlshaber der Buckmaster-Organisation in Frankreich, George Hiller, eine sozialistische Gruppe zu kontaktieren. Der Chauffeur ihres Autos, auf das die Deutschen das Feuer eröffneten, war umgehend tot. Hiller wurde schwer verletzt von seinem Leibwächter in ein Maisfeld geschleppt, wo er lange auf Hilfe wartete. Malraux, der eine französische Uniform trug und am Bein blutete, wurde festgenommen – er schildert seine Verhaftung durch Soldaten der SS-Division «Das Reich» in seinen Memoiren. In Gramat inszenierte die SS zu seiner Einschüchterung eine Exekution, die ihm allerdings nicht wirklich angst machte, denn er war noch gar nicht verhört worden. Über Figeac und Villefranche wurde er nach Toulouse gebracht, wo ihn die Gestapo zuerst mit seinem Bruder Roland, der den Krieg nicht überlebte, verwechselte.

«Malraux, sechs Uhr»: Es ging – der Dichter schildert die Szene in den «Antimémoires» – zum Verhör durch die Gestapo, die Hände auf den Rücken gefesselt, vorbei an zwei Gefangenen, die mit den Füßen und mit Schlagstöcken traktiert wurden. André Malraux selbst wird nicht gefoltert. Seine Befrager

verblüfft er mit der Bemerkung, daß sein Roman «Die Erobe-
rer» von Max Claus ins Deutsche übersetzt worden und dieser
jetzt bei Goebbels so etwas wie Unterstaatssekretär sei. Malraux stellte sich als militärischer Befehlshaber des Widerstands
und ehemaliger Spanienkämpfer vor. In Saint-Michel machte
er eine beängstigende «Bahnhofsatmosphäre» aus. Die Wärter,
meist ältere Soldaten, waren laut und nervös, aber nicht besonders brutal. «Es war nichts von großer Bedeutung, aber die Ladung mußte vollständig sein, es durfte nicht an Gefangenen
fehlen, wenn ein Transport nach Deutschland zusammengestellt wurde: Jene, die für den letzten Deportationszug abkommandiert worden waren, nahmen ihre Plätze ‹mit ihrem Gepäck› ein. Die Gefangenen hatten keinen Einfluß auf die
Auswahl. Sie versuchten, nicht aufzufallen.» Das Ende ist ab-
zusehen, die Résistance rüstet längst zur Machtübernahme, die
Deutschen denken an ihren Rückzug. Im Zuchthaus Saint-Michel geht es im Sommer 1944 nur noch «darum, nicht im nächsten Konvoi mitgenommen zu werden».[12]

KAPITEL 4
Der Geisterzug

«Maurice Kokine, mit Gepäck», schreit ein Wärter.

Nach zwei Monaten Gefängnis in Saint-Michel weiß der jungverheiratete Jude, was das zu bedeuten hat. Es ist der Abend des 1. Juli 1944. Meyer Kokine wird in die große Zelle geführt. Er sieht einen hochgewachsenen Mann mit Schnauzbart und stellt sich vor: «Sie sind der Kommissar Heim, ich bin der Ehemann von Alice.» Heim reagiert mit ablehnender Kälte. «Très froid.» Hat er, fragt sich Kokine, etwas auf dem Gewissen? «Ich bin nicht nachtragend, er gehört jetzt zu uns, den Deportierten», warum auch immer.

Man hat sie im Hof, wo die Erschießungen stattfinden, zusammengetrieben. Damien Macone nimmt es mit Schaudern wahr. Die Gefangenen sehen die Hinrichtungspfähle und die Einschußlöcher in den Mauern. Sie schweigen. Dann stimmen sie den Todesgesang «Terre de Détresse» und die Marseillaise an.

Auch Raymond Heim ist erleichtert, dem Gefängnis und der drohenden Hinrichtung zu entkommen. Unter einem Lager, in das man sie zu bringen verspricht, stellt er sich zumindest kein Konzentrationslager vor. Daß es nicht in den Urlaub in einen Ferienklub geht, ahnt er – aber nichts vom Horror, der auf sie wartet. Alles – außer dem Tod – ist ihm lieber als Saint-Michel. Als er beim Blick auf eine Namenliste bemerkt, daß er als einziger nicht ins Durchgangslager Compiègne gebracht werden soll, sondern in eine Festungsanlage vor Paris, wird ihm etwas mulmig. Raymond Heim ist zur Flucht entschlossen.

Um fünf Uhr in der Früh wird die Verpflegung verteilt. Es gibt eine Brühe, die ein bißchen nach Kaffee schmeckt, ein schönes Stück Käse – herrlichen Schimmelkäse, Bleu d'Auvergne – und Brot für drei Tage. Es ist der Proviant für die Reise nach Compiègne, in der Gegend von Paris. Kokine, der seit Wochen nicht mehr satt geworden ist, verschlingt den Käse und das Brot auf einen Schlag. Deutsche mit Maschinenpistolen und Schäferhunden organisieren die Verladung der «Terroristen» auf Lastwagen. Die Sicherheitsvorkehrungen sind besonders streng. Denn unter den Deportierten befinden sich die gefährlichen Maquisards der M.O.I., die keiner vor der Polizei, die ihnen auf die Spur gekommen war, gewarnt hat: Raymond und Claude Lévy, Jacques Insel und ihre Genossen. Die achtzehn Partisanen der M.O.I. versuchen zusammenzubleiben.

Albert Lautmann, der Philosoph, macht sich Sorgen um seine Familie. Er hat versucht, ihr eine Nachricht zukommen zu lassen. Lautmann ahnt, daß er nicht ein zweites Mal aus Deutschland zurückkehren wird.

Die Laster fahren ihre Fracht zum Güterbahnhof Raynal. Meyer Kokine läßt sich Zeit, in den wartenden Zug zu steigen. Über dem Arm trägt er seinen Regenmantel, in einer kleinen Reisetasche hat er seine ganze Habe verstaut. Sein Zögern missfällt einem SS-Mann. Kokine wird von hinten am Hals erfaßt, brutal zu Boden gedrückt, sein Gepäck wird durchsucht. Auch er muß in den Zug.

Die vierhundert Internierten aus dem Lager Le Vernet sind bereits da: José Artime, die Offiziere der Roten Brigaden, Parra und Van Dyck, zwei Ärzte, die sich im Lager um die Mitgefangenen gekümmert hatten, Juan de Pablo, der nach der Auslieferung von Franz Dahlem und Luigi Longo als Chef des «Comité International» gewirkt hatte, Francesco Nitti. Der Neffe des ehemaligen sozialistischen Regierungschefs und mehrfachen Ministers sucht die Nähe von Mossolin.[1] Die beiden Intellektuellen Mossolin und Nitti haben sich in Le Vernet kennengelernt. Auch ihr Freund und Landsmann Victor Marucci, ein «großer Künstler» (Nitti), wird auf die Reise mitgenommen. In Le Vernet porträtierte er seine Schicksalsgefährten und hielt den Alltag auf Zeichnungen fest. Als Damien Macone die Alten, Krüppel und Kranken erstmals sieht, denkt er unvermittelt an Gespenster. Noch vor der Abfahrt zu seiner Odyssee ist dies der Ursprung des Namens «Geisterzug» – den seine Passagiere sehr schnell selber verwenden werden.

Es sind nicht nur die letzten Lagerinsassen aus Le Vernet, die hundertfünfzig Gefangenen aus Saint-Michel und vielleicht fünfzig, sechzig Frauen, die auf einem abgelegenen Rangiergleis auf das Startsignal warten, das nicht der Bahnhofsvorstand gibt. Auch straffällig gewordene deutsche Soldaten werden unter der Bewachung ihrer Kollegen nach Hause geschickt – sie reisen allerdings wie die hundertfünfzig Feldgendarmen in normalen Eisenbahnwagen. Diese werden zwischen jeweils zwei oder drei Güterwagen gekuppelt. Die Feldgendarmen – Angehörige der Heerespolizei – sitzen auf den Trittbrettern, das Gewehr auf den Knien. Ginette Vincent Baudy erinnert sich, daß einige Vertreter der Gestapo von Toulouse, die nach Deutschland zurückwollten, ihre Familien bei sich hatten. Angehörige der SS befinden sich unter den Passagieren – und behandeln die Gefangenen im Gegensatz zu den alten Wehrmachtsangehörigen mit rücksichtsloser Brutalität.

Chef des Zugs ist ein offensichtlich aus Österreich stammender Leutnant, der schon in der Legion Condor gegen die spanischen Republikaner gekämpft hatte. Von seinen Untergebenen wird er Schuster gerufen. Er war als Angehöriger der Luftwaffe nach Toulouse, dem Zentrum der Aviatik, geschickt worden. Der Geisterzug, den er mit operativem Genie und noch mehr Glück nach Hause lotst, wird von einer Dampflokomotive gezogen. Den Schluß des Konvois bildet ein Flachwagen, auf dem ein gigantischer Scheinwerfer und ein Maschinengewehr aufgebaut worden sind. Die am übelsten zugerichteten Behinderten und die ältesten Greise werden in einen Lazarettwagen gepfercht.

Zwei Ärzte, mehrere Rechtsanwälte, Polizisten und Berufsoffiziere verschiedener Armeen, Professoren, Politiker, Ingenieure, Arbeiter, Bauern, Handwerker, ein Druckereibesitzer, ein Philosoph, mehrere Parlamentarier und ein Bankdirektor werden im Geisterzug auf die Reise nach Deutschland geschickt: Veteranen des Spanischen Bürgerkriegs und die jüngsten Pioniere der bewaffneten Résistance in Toulouse, Gaullisten wie Kommunisten. Im Wagen der M.O.I. fährt ein gelähmter Greis mit, der siebzigjährige Bouzinac aus Blay-les-Mines, der in seiner Heimatstadt als Sekretär im Rathaus gearbeitet hatte. Ein Mann gleichen Alters leidet an Asthma, ein sechzehnjähriger Junge an Tuberkulose. Die Familie Tillet, die in Figeac ein Hotel besitzt, ist inklusive ihrer beiden Angestellten Antoinette und Mila in den Zug verfrachtet worden – die Mutter und die Frau, Tanten und Cousinen des steckbrieflich gesuchten Widerstandskämpfers Tillet, den die Deutschen anläßlich ihrer Razzia in der Nacht vom 11. auf den 12. Mai nicht hatten aufgreifen können. Mit ihnen wird ihr Bekannter Henri Vayssettes, der mit George Hiller beim Anschlag auf die Propellerfabrik Ratier in Figeac dabei war, in die Deportation geschickt.

Bei den Frauen handelt es sich um Widerstandskämpferinnen, die in der M.O.I.-Brigade Marcel Langer gedient haben. Die noch nicht volljährige Verbindungsagentin Conchita Ramos wurde von der Milice verhaftet und der Gestapo ausgeliefert. Einige Frauen sind zusammen mit ihrem Ehemann verhaftet worden – oder an dessen Stelle, wenn er abgetaucht war. Mehrere haben die Sechzig überschritten.

In den Güterwagen liegt eine dünne Schicht Stroh am Boden. Achtzig Menschen, mal ein bißchen mehr, mal ein paar weniger Gefangene, werden in jeden Waggon hineingezwängt, anschließend die Türen verriegelt. Über die zwei Belüftungsklappen auf jeder Seite werden in Stacheldraht gewickelte Bretter genagelt. Den ganzen Tag über bleibt der Zug unter der gleißenden Sonne stehen. Zu trinken gibt es nichts. Die Temperatur klettert auf sechzig, vielleicht auch siebzig Grad. Ein Italiener stillt den Durst mit dem eigenen Urin und verliert das Bewußtsein. Lange müssen ihn seine Genossen von der M.O.I. hochheben, damit er durch die Luke etwas Luft bekommt. In anderen Wagen fallen reihenweise Männer in Ohnmacht.

Meyer Kokine hat Durst. Die Hitze und der Schimmelkäse für drei Tage … Es gelingt ihm, sich einen Platz am kleinen Fenster zu ergattern. Unvermittelt bricht ein gewaltiges Gewitter aus. Kokine streckt den Arm hinaus, verletzt sich leicht am Stacheldraht – ein paar Tropfen rinnen den Arm entlang. Gierig leckt er sie mit seiner Zunge. Der Platz ist umkämpft. Ein Mitgefangener beißt Kokine fast die Zehen ab. «Wir waren nicht freundlich miteinander, wir benahmen uns wie Wölfe.» Und sie schweigen – stundenlang.

Es fehlt der Platz, der es allen ermöglicht hätte, sich hinzulegen. Je nach Wagen wechseln sie ab oder versuchen, in der Hokke zu dösen. Mal fährt der Zug ein paar Meter vorwärts, dann wieder zurück. Während zweier Tage wechselt er mehrmals das Gleis, bleibt aber vor Ort. Am Montag, dem 3. Juli, ist er immer noch in Toulouse. Es werden einige Früchte verteilt. Alle bekommen vier Stück Zucker. Aber noch immer kein Wasser. Als niemand mehr auf die Zuckungen des Zugs achtet, geht die Reise doch noch los – und überraschenderweise Richtung Bordeaux: Über Brive und Limoges, wo die SS-Division «Das Reich» in ihre blutigen Rückzugsgefechte verwickelt ist und der Widerstand weite Gebiete kontrolliert, ist auf der normalen Strecke nach Paris längst kein Durchkommen mehr.

Im gleichen Wagen wie Meyer Kokine ist Albert Lautmann. Der Philosoph berichtet von seinen Reisen nach Japan. Alle hören ihm gebannt zu. «Während er erzählte, haben wir alles vergessen.» Nach ein paar Stunden hat Lautmann keine Kraft mehr, der Durst bringt seine Stimme zum Schweigen. Die Nervosität kehrt zurück, die Aggressivität im Wagen nimmt erneut bedrohliche Ausmaße an.

In der Dunkelheit werden Stimmen laut: «Es will einer fliehen.» Kokine weiß nicht, wer es ist. Man droht, im Falle eines Fluchtversuchs sofort die Feldgendarmen zu alarmieren. «Die Gefangenschaft hatte diese Männer zu dressierten und einsamen Tieren gemacht, meine Entschlossenheit wurde nur noch größer.» Ange Alvarez war siebzehn, als er sich der Résistance anschloß. Er wurde gefaßt und 1944 von einem Sondergericht zum Tode verurteilt. Die Deportation kam der Exekution zuvor. Jetzt will er mit zwei Komplizen weg. Sie kennen die Gegend und haben die Seite zur Garonne gewählt. Alvarez, der jung ist und durchtrainiert, aber unterernährt, wird zur Luke hochgehoben. Er lockert das Brett und reißt den Stacheldraht weg. Mit einem Satz schwingt er sich auf das Dach, der Zug rollt mit einer Geschwindigkeit von siebzig Kilometern pro Stunde. Die SS auf dem Flachwagen eröffnet umgehend das Feuer. Alvarez springt auf das Schotterbett und schlägt sich den Kopf wund. Er rennt um sein Leben, drei Kilometer sind es bis zum Fluß. Blut rinnt ihm über die Augen, er kann fast nichts mehr sehen. Ein Kugelhagel begleitet Ange Alvarez. Doch der Spanier kommt durch und stürzt sich in die Garonne. Sie ist vierhundert Meter breit. Alvarez schafft die Distanz trotz acht Monaten Gefängnis und zwei Tagen ohne Essen und Trinken. In einem kleinen Haus, dessen Bewohner von ferne die Schüsse gehört haben, findet er Aufnahme. Ein Barrierenwärter leiht ihm eine Bahnuniform. Alvarez und sein Begleiter begegnen zweimal einer SS-Patrouille, die ihn offensichtlich sucht. Er wird nicht erkannt und bleibt zwei Tage bei einem SNCF-Angestellten, dessen Frau ihn pflegt und verköstigt. Schließlich kehrt Alvarez zur Résistance zurück – zu den kommunistischen Francs Tireurs et Partisans.

Walter Gezzi und Nuncio Titonel, die nach Ange Alvarez springen wollten, müssen auf ihr Vorhaben verzichten. Titonels Vater, der 1924 wegen Mussolini Italien verlassen hatte, ging in den Widerstand, nachdem seine Frau ihm erzählte, was sie anläßlich einer Reise nach Périgeux gesehen hatte: wie mit den Juden umgegangen wurde. Seit den dreißiger Jahren war der Antifaschist nicht mehr politisch aktiv, nun erneuerte er seine Kontakte zur verbotenen Kommunistischen Partei Italiens. Auch seine beiden Söhne griffen zu den Waffen. Nuncio Titonel war an mehreren Attentaten der M.O.I. und am Überfall auf den Lohngeldtransport in Carmaux beteiligt.

Der Zug wird gestoppt. Die Deutschen, die keine Passagierlisten haben, wissen zumindest, aus welchem Wagen einer entkommen konnte. Sie holen seine Insassen auf den Bahnsteig, zählen sie mehrmals und werden aus ihren Zahlen nicht ganz klug. Wenn einer fehlt, werden zehn erschossen, hatten sie angekündigt. Es kommt zu keinen Vergeltungsmaßnahmen.

Walter Gezzi lebte vor dem Krieg im Elsaß und spricht gut Deutsch. Er darf mit zwei Mitgefangenen zu einem Brunnen hinter einem Wald, den die Feldgendarmen – wahrscheinlich auf ihrer Suche nach dem getürmten Alvarez – entdeckt haben. Die Kübel werden eingesammelt. Es ist ziemlich weit. Der Weg führt über Felder und Wiesen. Der Nazisoldat hat eine Maschinenpistole. Am Brunnen wirft sich Gezzi in den Trog, das Wasser ist klar und sauber. Nur sein Mund taucht immer wieder auf, um Luft zu schnappen. Das kühle Bad verschärft seine Fluchtgedanken. Gezzi schaut um sich, ob da nicht vielleicht ein Gegenstand … Nicht weit weg ist ein Stapel Brennholz aufgeschichtet. Blitzschnell überlegt er. Und muß resignieren: Nur mit einem dicken Scheit ist auch ein Walter Gezzi gegen den bewaffneten Boche chancenlos. Schwerbeladen geht es zurück. Das Wasser wird verteilt.

Am Abend trifft der Geisterzug in Bordeaux ein. In kleinen

Gruppen, die streng bewacht werden, dürfen die Gefangenen für ein paar Momente ihre rollenden Zellen verlassen. Kaum haben sie ihre Bedürfnisse verrichtet, werden sie zurückgeführt. Während der Nacht bleibt der Zug stehen.

Am frühen Morgen geht die Reise weiter. Es gibt Diskussionen über die Route. Angoulême, Poitiers, Tours, Paris – mit dem Durchgangslager Compiègne als Umsteigestation – erscheint vielen als die wahrscheinlichste Strecke. Doch sie wissen von der Befreiungsschlacht in der Normandie und daß in der Gegend von Tours Kämpfe stattfinden.

– Denen ist es doch egal, ob wir draufgehen. Mit Kanonen oder Motoren aus den Flugzeugfabriken von Toulouse an Bord würden sie dieses Risiko nicht in Kauf nehmen, argumentieren die einen.

– Stimmt schon, aber die Feldgendarmen wollen um jeden Preis nach Hause. Sie haben keine Lust, unter den Bomben der Royal Air Force zu sterben. Und bleiben sie stecken, müssen sie möglicherweise an die Front. Das wollen sie vermeiden. Wir, die Deportierten, sind ihre Geiseln. Deportationszüge haben Vorfahrt.

So laufen die Diskussionen an diesem Morgen. Tatsächlich geht es in Richtung Angoulême. Aber seit zehn Uhr steht der Zug wieder einmal still. Stundenlang. Auf einem Abstellgleis in der Nähe des Bahnhofs von Parcoul-Médillac. Es sind weder Reisende noch Bahnarbeiter zu sehen. Gegen vier Uhr nachmittags zerreißen starke Motorengeräusche die Stille. Der Lärm kommt aus dem Westen. Vier oder fünf Flugzeuge überfliegen Parcoul-Médillac in rund tausend Meter Höhe und verschwinden am Horizont.

Den Deutschen fährt die nackte Angst in die Knochen. Wie Hasen rennen die Feldgendarmen aus dem Zug und verstecken sich in den umliegenden Feldern. Schuster ist der erste, der Fersengeld gibt. Ihm folgt seine kleine Führungsmannschaft und die ganze Truppe. Jeder trägt etwas mit sich, einen Koffer, eine

Reisetasche, das Maschinengewehr. Zweihundert Meter vom Zug entfernt verstecken sie sich in den Feldern. Nur vier Wachtposten bleiben näher dran und richten aus einem Weinberg die Gewehre auf ihre Mitreisenden.

Alle hören die dumpfen Explosionsgeräusche: Die englischen Flugzeuge haben irgendwo ihre Bomben abgeworfen. Plötzlich sind sie wieder da. Raymond Lévy versucht, aus Kleidungsstücken eine Fahne in den Farben der französischen Trikolore anzufertigen, um den Piloten zu zeigen, daß es sich um einen Gefangenentransport handelt. Ein Flugzeug verläßt seine Staffel und überfliegt den Geisterzug in seiner ganzen Länge.

Die Deutschen eröffnen das Feuer.

«Von einem Flugzeug auf offenem Feld beschossen zu werden, ist etwas äußerst Ungemütliches, ich habe diese Erfahrung im Spanischen Bürgerkrieg mehrmals gemacht. Aber man ist frei, um wegzurennen, wohin man will, sich auf den Boden zu legen, in einen Graben zu springen oder hinter eine Ecke. Oder sich unter einem Baum zu verstecken. Man kann die Hoffnung und die Illusion nähren, daß der Schütze einen nicht sieht. Aber in einem Holzwagen eingeschlossen zu sein, mitten in einem kleinen Bahnhof abseits der Welt, zu wissen, daß der eigene und alle anderen Waggons eine ideale Zielscheibe darstellen, zur Unbeweglichkeit verdammt zu sein, und dazu, fatalistisch auf die Kugel zu warten, die nun wirklich trifft und einen von diesem Alptraum erlöst – das ist eine beängstigende Geschichte.»[2]

In den Bahnwagen drängen die Insassen an die Seitenwände. Sie liegen aufeinander und ersticken sich fast gegenseitig. Oder sie versuchen verzweifelt, sich mit Koffern und Holzkisten zu schützen. Meyer Kokine hat sich wegen der Hitze wie die anderen aller Kleider entledigt und nur noch die Unterhose an. Er spürt eine zähe, warme Flüssigkeit, die über seinen Körper rinnt. Ist er getroffen worden? Schmerzen hat er keine. Das

Blut stammt nicht von ihm. Die Kugeln haben jene verletzt, unter deren Leibern er begraben ist. Einige sind tot.

Im Wagen der M.O.I.-Partisanen kommt es nach der explosionsartigen Erschütterung zu einer starken Rauchentwicklung. Raymond Lévy nimmt sich vermengende Körper wahr. Alle versuchen, sich unter den Mitgefangenen zu verstecken, geraten in Atemnot und wollen ebenso verzweifelt wieder freikommen, um Luft zu schnappen. Um gleich wieder in das Gemenge einzutauchen. Sein Kamerad Bastien singt «La Paloma». Raymond Lévy sucht ihn mit den Augen – und sieht, wie seine Eingeweide aus dem Bauch hervorquellen. Bastien blubbert irgendwas und verstummt. Der deutsche Soldat, der in fünfzig Meter Entfernung die Bewachung übernommen hat, liegt auf dem Boden und zielt auf ein Flugzeug, dem er mit seinem Blick folgt – bis er den dreifarbigen Stoffetzen, der den Piloten warnen soll, wahrnimmt. Lévy sieht gerade noch das Aufflackern des Gewehrlaufs. An Hals und Schultern fühlt er einen brennenden Schmerz.

Ein Streifschuß.

Haben die britischen Flugzeuge Lévys verzweifeltes Zeichen erkannt? Ist ihnen die Munition ausgegangen? Der Spuk hat nur ganz kurze Zeit gedauert. Kaum verschwinden die RAF-Maschinen am Horizont, kommen die Deutschen aus ihren Verstecken hervor. Gefangene, die in den Wirren des Fliegerangriffs ausgestiegen sind und wahrscheinlich zu fliehen gedachten, werden an den Bahndamm gestellt und erschossen. Auf dem Bahnsteig liegt ein schwerverletzter Deutscher, für den jede Hilfe zu spät kommt.

Die Tür des Wagens, in dem sich die M.O.I.-Kämpfer befinden, wird aufgeschlossen. Der Feldgendarm weicht entsetzt zurück – Lévy sieht, wie er sich erbricht. Zwei Soldaten kommen. Sie halten sich die Hand vor den Mund: der Kot, Bastiens Eingeweide, der Urin und der Schweiß produzieren einen unerträglichen Gestank. Über den Dolmetscher wird mitgeteilt, daß die Toten in den kommenden Stunden aus den Wagen geholt würden. Niemand scheint sie zu zählen. Dem spanischen Chirurgen Dr. Parra, der in Le Vernet drei Jahre lang Lagerarzt war, und Dr. Van Dyck wird erlaubt, die Verletzten zu pflegen. Ihre Visite dauert mehrere Stunden. Erneut legt sich die bleierne Schwere einer unerträglichen Hitze über die Gefangenen und erstickt das Aufkommen jeglicher Gefühle – der Trauer, des Entsetzens, der Revolte – im Keime. Sie haben nur Durst, unerträglichen Durst. Durst, der nicht gestillt wird.

Auch die elektrische Leitung ist getroffen worden und die Lokomotive, welche von den Briten zuerst unter Beschuß genommen worden war, zerstört. An eine Weiterfahrt ist vorerst nicht zu denken. Ein Feldgendarm haut Raymond Lévy den Gewehrkolben ins Gesicht. Seine Brille geht in die Brüche. Die Deutschen untersagen es ihm, das Rote Kreuz um Hilfe zu bitten: «Da, wo die Reise hingeht, brauchst du deine Brille nicht. Wir schlagen dir sowieso bald die Fresse ein.» Ohne seine Brille ist der extrem kurzsichtige Lévy verloren. Nur ein Glas blieb intakt. Er versucht, es wie ein Monokel zu tragen, kommt aber nicht zurecht damit. Als Folge der Einschüsse liegen zahlreiche Holzsplitter herum. Mit ihnen und ein paar Zentimeter Faden – sorgfältig trennt er seine Hemdknöpfe ab – repariert Lévy das Gestell. Es hält nicht. Raymond Lévy ist verzweifelt. Ein Kollege schlägt vor, die Brille in einem Wassereimer aus dem Zug zu schmuggeln. Sie wägen ab: die Chance, daß er sie zurückbekommt, ist vielleicht eins zu einer Million. Man rechnet immerhin nicht mit einer schnellen Abfahrt, die Toten müssen ausgeladen, die Verletzten gepflegt und die Lokomotive ersetzt werden.

Die Deportierten wollen die Alliierten benachrichtigen, um weitere Bombardierungen zu verhindern. Gleichzeitig soll die Résistance informiert, zur Sabotage der Gleise und Befreiung der Geiseln ermuntert werden. Diese Botschaft wird auf ein Blatt Papier geschrieben – das man mit den Leichen heimlich dem Roten Kreuz zu übergeben gedenkt. Doch einen direkten Kontakt lassen die Deutschen nicht zu. Die Helfer bleiben auf Distanz, die Leichen werden ausgeladen und an den vereinbarten Ort gebracht, wo sie erst nach dem Weggang der bewachten Deportierten abgeholt werden. Daß jemand in den zerfetzten Klamotten der halbnackten Toten nach Kassibern sucht, scheint eher unwahrscheinlich. Nach der gleichen Vorgabe erfolgt die Wasserversorgung. Die leeren Eimer werden hingestellt. In einem liegt Raymond Lévys Brille – sie ist weg, als der Kübel mit Wasser gefüllt zurückkommt.

Am nächsten Morgen wird erneut Fliegeralarm gegeben. Die Deutschen beziehen wie auf Kommando ihre Verstecke – die Türen der Waggons bleiben verriegelt. Nichts passiert. Die Nacht war fürchterlich: «Die Leiden werden immer schlimmer, und am schlimmsten ist der Wassermangel. Kein einziger hat geschlafen, nie habe ich so sehr unter Schlafmangel gelitten wie in diesem Zug. Es gab kaum Platz zum Sitzen, und man mußte höllisch aufpassen, die Beine nicht zu weit auszustrekken, um zu verhindern, daß man dem Nachbarn in die Quere kam. Der Nachbar! Wir befanden uns in Hautkontakt. Tag und Nacht vermengte sich unser Schweiß in der Berührung unserer praktisch nackten Körper. Um vier Uhr morgens mangelte es an Luft, die Hitze war so stark wie mittags. Das Holz hatte keine Zeit zum Erkalten. Dieser gräßliche Raum war ein Hochofen. Wir hatten versucht, uns über ein Rotationssystem zu einigen. Zwanzig Männer sollten sich während dreier Stunden liegend ausruhen können, dann wiederum zwanzig. Die anderen warteten stehend oder sitzend, bis sie an die Reihe kamen. Aber wie in allen Gemeinschaften kam es zu Meinungsverschiedenheiten, kleinen Diskussionen, aus denen Streitereien entstanden. Viele Kameraden waren alt und krank, andere nervös, übermüdet. Am Morgen betrachteten wir uns gegenseitig, und wir sahen bleiche, abgemagerte, schreckliche Gestalten. Unsere Bärte wuchsen, die Haare waren lang und ungepflegt.

Wir sahen wirklich so aus, wie man sich Banditen im Zuchthaus vorstellt.»³

Vor vier Tagen hat der Geisterzug in Toulouse seine Fahrt angetreten.

Regelmäßig fallen Gefangene in Ohnmacht und werden, sobald sich die Türen öffnen, auf den Bahnsteig gelegt. Halluzinatorische Krisen, Anfälle von Wahn und Delirien kommen immer öfter vor. Der Überlebenskünstler Walter Gezzi verteidigt mit Titonel seinen Fensterplatz gegen alle Anfechtungen. Er hat in einem Brett des Verschlagwagens auf eineinhalb Meter Höhe einen Knoten entdeckt, der sich ein bißchen bewegen läßt. Mit einem Nagel kann er ihn entfernen. Es entsteht ein kleines Loch von vielleicht zwei Zentimeter Durchmesser. Und während die anderen schier krepieren, preßt er seinen Mund stundenlang auf diese Öffnung. Während eines kurzen Gewitters kann er einen Becher durch die Fensterluke halten, der schließlich halb voll ist. Die Brühe, die über das Wagendach floß, ist schwarz wie Kaffee. Zu viert teilen sie sich die paar Tropfen. Ihre ausgetrockneten Zungen nehmen keinen Geschmack mehr wahr.

Parcoul-Médillac verläßt der bombardierte Geisterzug am Nachmittag des 6. Juli. Schuster nimmt einen Richtungswechsel vor, der strategisch bedingt ist. Die Deutschen haben Angst vor dem Widerstand, der auf breiter Front in Gang gekommen ist. Die Fahrt geht ins Landesinnere, nach Coutras. Die ganze Nacht schieben Zweier- und Dreierpatrouillen Wache, bei jedem Rascheln eines Baumes, wann immer sich in der Dunkelheit etwas bewegt, zucken sie zusammen: «Halt!»

Die nächste Station des «Schiffes ohne Kapitän, das die Wellen mal an ein Ufer, dann wieder aufs Meer hinaus treiben»⁴, heißt Charmant. Und sogar seine abgestumpftesten Passagiere bringt der Name des Ortes zum Schmunzeln. Zwei Tage Aufenthalt. Stundenlang bleiben die Türen geöffnet, es gibt Wasser zum Trinken – erstmals seit achtundvierzig Stunden – und Nahrung, die von jungen Rote-Kreuz-Helferinnen gebracht wird. Der Anblick, der sich ihnen offenbart, erschreckt und überfordert sie. «Obwohl wir uns wieder angezogen hatten. Ich sah ihr an, als wir ein paar Worte wechselten, daß die ungezwungene Haltung, die ich annehmen wollte, um sie nicht noch mehr zu verstören, zum Himmel stank. Sie wirkte angewidert. Das war nur normal: Nach Tagen des Eingeschlossenseins in einem Backofen und ohne uns je auch nur ein bißchen waschen zu können, waren wir durch und durch dreckig, entstellt – und merkten es nicht einmal, so sehr hatten wir uns an unsere neuen Lebensumstände gewöhnt. Ich bat sie, meine Mutter zu benachrichtigen, das tat sie mit einem Brief, in dem sie schrieb, was ich ihr zu schreiben gesagt hatte: Es geht gut. Obwohl sie diese Auffassung nicht zu teilen schien.»[5]

Charmant ist nach dem unsäglichen Schrecken von Parcoul-Médillac eine der angenehmeren Etappen – trotz eines nächtlichen Gewitters. Der Regen dringt durch die Einschußlöcher, mehrere Waggons stehen unter Wasser.

Am frühen Morgen des 8. Juli wird Angoulême erreicht – auf der normalen Strecke sind es von Toulouse bis hierher dreihundertfünfzig Kilometer. Der Bahnhof präsentiert sich den Insassen des Zugs, der im Schrittempo durch den Tunnel einfährt, als Geisterlandschaft. Ausgebombte, ausgebrannte Lokomotiven, kaputte Eisenbahnwagen, ineinander verkeilt und von den unterbrochenen Schienen gesprungen. Die Gleise verlaufen im Zickzack, andere ragen gegen den Himmel. Das Hauptgebäude, alle Hallen und Warenlager sind zerstört. Es ist ein apokalyptischer Anblick. Zwischen den Ruinen und den aufgebrochenen Schienen sind Arbeiter mit Schaufeln und Pikkeln dabei, die Trümmer in kleine Schubkarren zu laden. Ein Zug ist das letzte, was sie erwartet haben, seit Tagen fuhr hier schon keiner mehr durch. Ungläubig bestaunen sie den Konvoi. Sie dürfen sich ihm nicht nähern. Für die Deportierten gibt es keine Verpflegung und keinen «Ausgang». Sie bleiben den ganzen Tag in Angoulême eingeschlossen; die Deutschen haben eine geradezu hysterische Angst vor der Résistance. Fünfzig Kilometer ist Oberleutnant Schuster auf der Heimfahrt im Durchschnitt täglich vorwärts gekommen. Man nähert sich unweigerlich der Front der Befreiungsschlacht, die dem Geisterzug entgegenkommt. In Angoulême – bis Oradour sind es weniger als hundert Kilometer – müssen die Deutschen einsehen, daß sie nicht mehr weiterkommen.

Am Abend entscheidet Schuster: Der Geisterzug fährt zurück. Zurück nach Bordeaux.

Die Hitze. Der Durst. Durchfall. Ein kleines Loch, das jene, die stehen können, zum Pinkeln benutzen, wird gestopft. Albert Lautmann, der Philosoph, erzählt keine Geschichten mehr.

Gleis Nummer eins. Der Zug kommt wieder einmal zum Stillstand. Auf dem Bahnsteig sind Menschen zu sehen. In der Gruppe Meyer Kokine, Walter Gezzi, Titonel wird ein Chef gewählt, der Straßenbauingenieur Noël Peyrevidal, auch er ein Freund von Pierre Bertaux, der ihn aus dem Maquis kennt. «Wir hätten uns gegenseitig zerfleischt, wir waren Wilde geworden.» (Meyer Kokine) Peyrevidal gelingt es, «uns zu bändigen». Aus dem Wagen spricht er einen Passanten an. Noël Peyrevidal geht in die Hocke und zieht aus seinem Hintern ein Röhrchen, in dem wahrscheinlich einmal eine Zigarre steckte, hervor. Jetzt enthält es Geldscheine, mit denen Peyrevidal ein kleines Kistchen Pfirsiche kauft. Es sind kaum ein Dutzend saftige Früchte. Ganz allein und ohne Hetze zerschneidet sie der Ingenieur in kleine Stücke – jeder bekommt, der Reihe nach, ein Viertel von einem Pfirsich.

«Wenn ich an dieses unglückselige Abenteuer zurückdenke, das für so viele der lieben Leidensgenossen tragisch ausging, erstaunt mich die unvorstellbare Anpassungsfähigkeit des Menschen am meisten. Wenn man zehn Männer in eine Zelle einsperrt und ihnen nur wenig Wasser und Nahrung gibt, werden sie schrecklich leiden, das ist gewiß. Aber nach und nach werden sie sich an diese unmenschlichen Lebensumstände anpassen, kleine Gewohnheiten entwickeln und jeden Tag die unerträgliche Angst der ersten Augenblicke ein bißchen weniger empfinden. Wenn man dann weitere zehn Männer in diese Zelle sperrt und ihnen noch weniger Brot und jedem alles in allem nur ein Glas Wasser gibt, werden sie schlimmer leiden denn je. Dann vergehen die Tage, und die unerträglichen Leiden werden zur Gewohnheit. So ging es uns: sechzig waren wir in unserer fahrenden Zelle, praktisch ohne Luft, den übelsten Behandlungen ausgesetzt. Ohne Schlaf und Ruhe – und im Begriff, uns diesem Horror anzupassen. Im Menschen wurde das Tier wiedergeboren. Viele schliefen in der Hocke, auf einem Quadratmeter Raum, in einer verpesteten Atmosphäre, die Hände am Boden aufgestützt. Und sie schnarchten. Andere diskutierten mit leiser Stimme. Oder sangen. Ja, die Spanier hatten den Mut zum Singen. Man sagt, daß der Spanier zu singen anfängt, wenn die Dinge schlecht laufen. Ich war von Kameraden umgeben, die ich schon lange kannte. Mit Pedrini, einem von ihnen, habe ich am meisten Eindrücke ausgetauscht. Er war ein geborener Optimist. Ein unbändiger Glaube beseelte ihn. In den schlimmsten Augenblicken munterte und heiterte er uns auf. Für ihn war ganz klar: nie und nimmer würde es den Deutschen gelingen, mit einem Transport wie dem unseren nach Hause zu kommen. Man mußte warten. Und hoffen. Immer hoffen. Auch andere Kameraden blieben zu Späßchen aufgelegt.»[6] Francesco Nitti faßt sie in seinem Tagebuch zusammen: «‹Wir sind eine Art von mobiler Kommission, welche den Zustand der Gleise überprüft›, sagte ein Italiener. ‹Wir fahren an zerstörten Bahnhöfen vorbei und sehen endlose Berge von kaputtem und aufgegebenem Material. Die Deutschen lotsen uns durch Frankreich, um uns die Stärke ihrer Gegner vorzuführen.›

Und so war es; wir konnten uns mit eigenen Augen von der Schlagkraft der alliierten Flugstreitkräfte überzeugen.

Der Begriff von der Kommission zur Schienenkontrolle wurde im ganzen Zug zum geflügelten Wort. Der Zug war unser schlimmstes Gefängnis. Aber er hatte mit den ‹immobilen› Gefängnissen zumindest etwas gemein: Obwohl es streng verboten war, mit den Gefangenen der anderen Wagen zu sprechen, gelang es uns, miteinander zu kommunizieren. Einen Nachrichtendienst aufzubauen, über den die Informationen ziemlich genau und schnell zirkulierten. Was uns am meisten interessierte, waren natürlich die Nachrichten vom Kriegsgeschehen. Wir lebten ausschließlich in Erwartung der Meldungen von der Front, die uns über den Vormarsch der Alliierten unterrichteten. Man wird leicht verstehen, daß die Kenntnis der Ereignisse nicht nur für unsere politischen Diskussionen von Bedeutung war, sondern auch unsere Hoffnungsnahrung darstellte. Unsere Leben und unsere Freiheit hingen in diesem Monat Juli des Jahres 1944 von den Fortschritten der alliierten Armeen auf französischem Festland ab. Unser Transport war gewiß einer der letzten, vielleicht der letzte, mit politischen Gefangenen, den man aus Frankreich zu bringen versuchte. Unser Schicksal lag in den Händen des Generals Eisenhower und seiner beherzten Truppen. Seine großartigen Luftstreitkräfte hatten das Eisenbahnnetz, das der Feind benutzte, zerstört. Die Straßen bombardiert, Brücken zum Einstürzen gebracht. Unsere Aussichten, in Frankreich zu bleiben, waren alles andere als schlecht.

Und da gab es auch noch den Widerstand, der den Deutschen permanent eine panische Angst einflößte. Sie wähnten ihn allüberall auf der Lauer. In der Tat: Unser endloses Warten auf offenem Feld oder in abgelegenen Bahnhöfen war oft von den tapferen Soldaten des Maquis bewirkt worden. Wie oft überraschten wir unsere Wärter bei Gesprächen zu diesem Thema. Die Terroristen waren überall. Regelmäßig waren unsere Stopps durch den Widerstand bedingt, der uns auch zu den vielen Umwegen zwang. Auf Hunderten von Metern waren die

Schienen zu Schrott gemacht worden. Die Reparaturen führten zu Verzögerungen, und das alles bedeutete eine Verzögerung, einen Zeitgewinn zu unseren Gunsten. Unsere Leiden waren fürchterlich, aber wir erduldeten sie im Hinblick auf unser höchstes Gut: die Freiheit.»[7]

Die Rückfahrt nach Bordeaux verläuft ohne größere Zwischenfälle. Von neuem beginnt das endlose Warten im Stillstand. Die Wagen bleiben verschlossen. Draußen steigt die Temperatur auf vierzig Grad. Das Rote Kreuz bringt Trockenbiskuits und Wasser. Ausgerechnet im Eimer, der für den hauptsächlich mit den M.O.I.-Maquisards belegten Waggon bestimmt ist, liegt eine Brille. Sie ist funkelnagelneu, ihre Gläser entsprechen genau den Sehwerten Raymond Lévys, der wegen ihres Verlusts schon auf jeglichen Fluchtgedanken zu verzichten begonnen hatte.

Drei Tage bereits befindet sich der Zug auf einem Abstellgleis in Bordeaux. Der interne Nachrichtendienst kolportiert ein neues Gerücht: Wir bleiben, man wird uns in eine Kaserne oder so bringen. Die Quelle wird als verläßlich eingestuft: Juan de Pablo, der Sprecher der Internierten in Le Vernet, wird auch von den Gefangenen aus Saint-Michel als Autorität akzeptiert. Seit mehreren Etappen ist de Pablo in intensive Diskussionen mit einem jungen Offizier verwickelt. Der Spanienveteran erzählt dem Deutschen vom Krieg der Internationalen Brigaden und schildert ihm Dinge, die der überzeugte Nazi nicht glauben mag. Der «Rote», der «spanische Bolschewik», der jüdische Untermensch doziert über den richtigen Einsatz der Artillerie und verblüfft seinen Gesprächspartner mit militärischen Kenntnissen. Seit bald zwei Wochen ist man zusammen unterwegs. Die Feindseligkeit wird nicht geringer, aber eine gewisse Vertrautheit stellt sich ein, auf beiden Seiten. Unter dem Siegel der Verschwiegenheit erfährt Juan de Pablo, daß ein Aufenthalt in der Stadt organisiert werde.

Es ist der 12. Juli. Um halb drei Uhr in der Frühe werden die

Türen entriegelt. Es ist stockfinster und am Himmel kein einziger Stern zu sehen. «Raus, schneller.» Überall stehen bis auf die Zähne bewaffnete Soldaten herum. Sie sind aus der Garnison zum Spezialeinsatz abkommandiert worden. Auch die Gestapo von Bordeaux hat ihre Leute geschickt. Die Gefangenen verlassen ihre Wagen – «mit Gepäck», lautet der Befehl, der einige erschauern läßt und andere wiederum eher beruhigt. Koffer, Taschen, Reisesäcke. Aber erst einmal atmen sie richtig durch. Gierig ziehen sie die frische Luft ein. Was für ein Gefühl! Laute Befehle, ein Schuß – zur Warnung. «Vorwärts, Marsch!» In Fünferkolonne geht es durch die Nacht und über eine Brücke, Bordeaux schläft. Nur die Schritte von sechshundert erschöpften Gefangenen und die Schreie der Soldaten sind zu hören. Die Frauen gehen voran. Sie tragen ihre Habe und werden zu größerer Eile angetrieben, auch in Bordeaux sind die Zeiten unsicher geworden. Und die Besatzer hypernervös. Das Fort du Hâ, die Gefängnisse und Kasernen der Stadt platzen aus allen Nähten. Der nächtliche Marsch endet in der Rue Laribat.

KAPITEL 5
Konzentrationslager Synagoge

Zum erstenmal in ihrem jungen Leben betreten Raymond und Claude Lévy eine Synagoge. Ihre Verblüffung ist groß: auch Fournera weilt unter ihnen, der brutale «flic» der Achten Polizeibrigade in Toulouse, der Claude, den «kleinen Juden aus Paris», zusammengeschlagen und tagelang verhört hat – es ist nicht viel mehr als ein halbes Jahr her. Die Insassen aller Wagen leben jetzt zusammen unter einem Dach. Sie machen neue Bekanntschaften und stoßen auf alte Bekannte. Meyer Kokines Lagerstätte ist nicht weit von jener des Kommissars Raymond Heim entfernt.

Die Synagoge besteht aus einem großen Saal und verschiedenen Nebenräumen. Am Boden liegt schmutziges Stroh. Die Deutschen machen den israelitischen Tempel zum Lager für siebenhundert Terroristen.

Zwei Arme des prachtvollen Leuchters sind beschädigt. Die Orgel ist kaputt. Die Hygienekübel werden neben die Bimah gestellt. Zwei religiöse Schrifttafeln aus Marmor sind zertrümmert worden. Auch die schweren Türen aus geschnitztem Holz weisen Spuren der Zerstörung auf. «Sei gesegnet, wenn du eintrittst, sei gesegnet, wenn du weggehst» steht über dem Eingang. Der Fußmarsch vom Bahnhof hat keine zwei Stunden gedauert. Francesco Nitti verfällt sofort in einen tiefen Schlaf. Nach zehn Tagen und zehn Nächten im Geisterzug kann er seine Beine ausstrecken. Neben ihm wird bereits geschnarcht. Von der Empore aus überwachen die Besatzer die trügerische

Ruhe ihrer Opfer. Permanent sind die Maschinengewehre auf die Versammlung gerichtet.

Ein neues Leben beginnt. Meyer Kokine, den die Deutschen «schwarzer Teufel» rufen, und Walter Gezzi sind große, kräftige Burschen: Sie werden als «Gameliers» zum Verpflegungsdienst beordert. Dadurch bekommen sie Kontakt mit der Außenwelt. Gelegentlich sind Schaulustige um die Synagoge versammelt. Jeden Mittag holen Gezzi und Kokine die Suppe ab, die nach Spülwasser schmeckt und kaum etwas enthält. Beide spielen das gleiche Spiel: Sie tun so, als ob sie die ganze Brühe kräftig umrühren würden, hüten sich aber davor, bis ganz auf den Grund des Topfs zu gehen – wo die fetten Stücke bleiben. Jeder bekommt seine dürftige Ration – den «Gameliers» bleibt der Rest. Nicht einen – fünf Suppenlöffel behalten sie für sich. Manchmal stoßen sie auf eine Kartoffel, ein bißchen Kraut, ein Stückchen Fleisch, die sie etwas schamhaft verdrücken. Aber satt werden auch sie nie. Nicht einmal an jenem Sonntag, da vom Roten Kreuz ein Voressen aufgetischt wird. Als Gezzi die Töpfe zurückbringt, bittet er den Koch, der auf dem Gehsteig mit seiner fahrenden Küche wartet, um ein paar Knochen. Er bekommt sie, sie sind noch richtig warm, wickelt sie in sein Hemd und verzieht sich in eine stille Ecke der Synagoge. Jedes Stück nagt er blank, nichts bleibt zurück: kein Fleisch, keine Nerven, keine Haut. Dann leckt er sie auch noch. Ein Feldgendarm schaut ihm belustigt zu. Gezzi darf sogar zur Toilette, um sich und sein Hemd notdürftig zu waschen.

Die hygienischen Zustände sind nicht besser als im Geisterzug. Der Schmutz, in dem sie seit Ende Juni leben, und das Stroh, auf dem sie schlafen, sind ein leichter Nährboden für vielerlei Ungeziefer. Die Deportierten haben die Krätze und werden am ganzen Körper von Flöhen und Läusen heimgesucht. Würmer befallen sie. Es juckt sie und es reizt sie. Stundenlang wird gekratzt und die Jagd auf die Parasiten zum sinnvollsten Zeitvertreib. Die Tierchen, deren sie habhaft werden, kommen in kleine Büchsen und werden beim Gang zur Suppe oder sonst bei einer passenden Gelegenheit unbemerkt auf die Feldgendarmen losgelassen: Terroristen bleiben Terroristen.

Pedrini, der unverbesserliche Optimist, gibt sich zuversichtlich. Der Dreck hier ist unzumutbar, man wird uns rausholen und in eine Kaserne bringen, wo es uns viel besser gehen wird, sagt er zu Nitti. Marucci, der Künstler und Porträtist, der in Le Vernet stets guter Laune war und seine Leidensgenossen mit seinen Zeichnungen zerstreute, zeigt sich in der Synagoge nur noch griesgrämig. Er ist für ein nacktes Überleben ohne jegliche Ästhetik nicht gewappnet.

Die Gefangenen aus Le Vernet machen mit den ehemaligen Insassen von Saint-Michel Bekanntschaft. Francesco Nitti ist über ihr jugendliches Alter erstaunt. Er sieht ihnen an, daß sie gefoltert worden sind. Nitti diskutiert regelmäßig mit Albert Lautmann, dessen menschliche Würde und Intelligenz ihn beeindrucken. «Wir verbrachten lange Stunden zusammen auf dem Stroh, zusammen mit Salavera, Velasco und weiteren Freunden. Wir erzählten uns unsere Geschichte und entdeckten, daß wir gemeinsame Freunde haben.»[1] Sie reden über Pierre Bertaux und Jean Cassou, mit denen Nitti Widerstand leistete und im Gefängnis saß. Lautmann kennt beide. Der Philosoph, der mit seinen Reiseerzählungen den ganzen Wagen in seinen Bann zog, ist noch wortkarger geworden: «Ein einziges Mal hat er etwas länger und engagierter geredet: als er uns seinen Ausbruch aus dem Lager in Deutschland schilderte. Als Artillerieoffizier war er gefangengenommen worden, mit mehreren seiner Kameraden gelang ihm eine kühne Flucht. Ein Schleier von Melancholie verdeckte oftmals sein Gesicht. Eines Tages wirkte er noch trauriger als sonst. Ich fragte ihn:

– Sind Sie krank?

– Nicht mehr als die anderen, antwortete er. Ich glaube nur, daß das alles für viele von uns nicht gut ausgehen wird.

Ich versuchte, diese Gedanken in ihm zu bekämpfen:

– Warum das? Sie gehören zu einem Transport, der nach Deutschland soll. Zusammen mit Männern, denen man dies und das vorwirft. Und vor allem mit zahlreichen Männern aus Le Vernet, die mit ihrem Alter und in ihrem Gesundheitszustand keinerlei Gefahr darstellen können. Wir werden nach Deutschland fahren oder auch nicht, aber ich bin überzeugt, daß man uns bis dahin in Ruhe lassen wird.

Lautmann war mit mir nicht einverstanden. Er schüttelte skeptisch seinen Kopf und sah mir in die Augen. Vielleicht wollte er mir etwas sagen, aber er schwieg und ging weg. Bei anderer Gelegenheit machte er ebenfalls den Eindruck, daß sich etwas zusammenbraute. Er war voller Vorahnungen.»[2]

Mossolin hat einen Platz ganz oben auf einer Treppe. Der Antifaschist – mit berühmter Familie – ist ein ebenso überzeugter Demokrat wie gläubiger Katholik. Als Anwalt mit dem Spezialgebiet kanonisches Recht ist er in Italien eine angesehene Persönlichkeit. In den Diskussionen – auch mit den Wärtern – vertritt er einen stets juristisch geprägten Standpunkt. Er hat eine Bibel im Gepäck, in der er täglich mehrere Stunden liest – neben seinem Gepäck sitzend, mit einem Monokel auf der Nase. Zu genau festgelegten Zeiten leiht er die Heilige Schrift in italienischer Sprache dem Sozialisten Nitti aus, der sich mit Interesse in die Evangelien vertieft.

Mit der Gegenwart stehen die Gefangenen der Synagoge, die nach den ersten Tagen systematisch abgeriegelt wird, über verschiedene Kanäle in Verbindung. Ein älteres Paar im Haus gegenüber verläßt seine Wohnung zufälligerweise immer dann, wenn die «Gameliers» auf dem Gehsteig die Suppentöpfe abholen – und versorgt sie mit neuesten Nachrichten. Eine Frau notiert die Fortschritte der Alliierten auf einer Schiefertafel, die man von der Synagoge aus lesen kann. Regelmäßig bekommen die Feldgendarmen die Zeitung «Soldaten am Atlantik», von der stets einige Exemplare geklaut werden. Über einen bestechlichen Feldgendarmen gelingt es, Zigaretten und gelegentlich eine Ausgabe der «Petite Gironde» in die Synagoge zu schmuggeln.

Auch die Spanier haben Fournera wiedererkannt. Er war in Toulouse ein Spezialist für die Verfolgung «antinationaler Umtriebe». Sein ideologischer Eifer und seine Methoden hatten ihn berüchtigt gemacht. Als er die Brigadisten folterte und Claude Lévy verhörte, war er noch ein fanatischer Kollaborateur. Als sich der Verlauf der Geschichte umkehrte, suchte er Anschluß an den Widerstand. Es war Raymond Heim, der Kommissar, der Fournera in die Organisation «Morhange» einschleuste, für die er selber seit 1942 tätig war. Heim tut es auf Druck von Freunden und voller Mißtrauen, denn er kannte Fournera als eitlen Schwätzer, der denn auch bald schon Geheimnisse ausplauderte – seine Unvorsichtigkeit spielte bei seiner Verhaftung eine Rolle. In der kurzen Zeit seiner Mitarbeit bei «Morhange» hatte Fournera der Organisation, die von de Gaulles Geheimdienstchef Colonel Rémy geleitet wurde und sich mit der physischen Eliminierung von Doppelagenten und Gestapo-Angehörigen befaßte, wertvolle Dienste erwiesen – bis er aufflog und die Nazis ihn verhafteten.

«Ich bin doch hier, weil ich zu euch gehöre!» versucht Fournera die Spanienkämpfer, die er gefoltert, ins Gefängnis gesteckt und in die Deportation geschickt hatte, zu beschwichtigen. Sie zerren ihn hinter die Bimah und schlagen zu, wie er einst zugeschlagen hat. Unbarmherzig – die toten Genossen vor Augen, die erlittenen Schläge im Körper. Und dennoch «schweigend, leidenschaftslos, fast ohne Haß, wie Verfechter der Gerechtigkeit», so der Eindruck von Claude Lévy, der ihnen dabei zuschaut.

Am 14. Juli wollen drei Viertel der Gefangenen den französischen Nationalfeiertag ostentativ begehen. In ihrem Gepäck kramen sie nach Papierresten und kleben diese behelfsmäßig zu Trikolore-Abzeichen zusammen, die sie sich auf die Brust heften. Noël Peyrevidal steigt auf die Bimah und hält eine kleine Ansprache. Es ist mäuschenstill in der Synagoge. Peyrevidal drückt seinen unerschütterlichen Glauben an den Sieg über die Barbarei aus und lädt die Anwesenden ein, der im Kampf Gefallenen zu gedenken. Sie stimmen die Marseillaise an. Die Feldgendarmen nehmen die patriotische Zeremonie erst zur Kenntnis, als sie fast schon vorbei ist, und geben sich großmütig.

Am 20. Juli 1944 feiert Damien Macone in der zum Konzentrationslager umfunktionierten Synagoge von Bordeaux Geburtstag. Es ist sein zwanzigster. Christian de Roquemaurel, der den legendären Maquis von Bir Hakeim im Languedoc und in den Cevennen aufgebaut hatte und zum Tod verurteilt wurde, ist zu seinem besten Freund geworden. Zusammen hecken Macone und Roquemaurel einen Fluchtplan aus. Sie versuchen, über den Heizungskeller zu entkommen, und sind dabei, eine Kanalisation, die als Tunnelverbindung in Frage kommt, zu inspizieren. Dem Feldgendarmen, der sie dabei überrascht, erzählt Macone, er habe nur eine im Stroh gefundene Kippe rauchen wollen.

Zwischen den deutschen Soldaten bricht eine Schlägerei aus. «Ich habe gesehen, wie sie sich geschlagen haben. Sie stritten sich, einige wollten aufgeben. Aus einer Maschinenpistole sind Schüsse losgegangen, die in die Decke einschlugen. Erst ein Vorgesetzter hat sie zum Aufhören gebracht.» (Meyer Kokine) Vom Attentat gegen Hitler und seinem Scheitern erfahren die Gefangenen aus der Zeitung «Soldaten am Atlantik».

Der Lüftungsschacht der Heizung erweist sich nach einer neuerlichen Abklärung endgültig als Sackgasse. Christian de Roquemaurel und Damien Macone schmieden andere Pläne: durch die Fenster auf der Empore und dann über die Dächer von Bordeaux. Eines Tages konkretisiert sich die Gelegenheit. Die Gefangenen, deren Gepäck auf der Empore aufbewahrt wird, dürfen ihre Sachen holen. Macone und Roquemaurel gehen mit ihnen hinauf und verstecken sich in einem kleinen Raum – in dem sie bleiben, als das Hin und Her längst vorbei ist. Sie warten auf die Nacht, um den Ausbruch zu wagen. Nach zwei oder drei Stunden hören sie Lärm: man sucht sie. Und sie werden gefunden. Mit einem triumphierenden Lächeln holt sie ein Deutscher aus ihrem Réduit. De Roquemaurel wird in ein Zimmer geschleppt, in dem sich vier oder fünf Feldgendarmen mit seinem Fluchtgefährten befassen.

Faustschläge, Fußtritte. In der Ecke liegt ein lebloser Körper. Roquemaurel bekommt Hiebe ins Gesicht. An die weiteren Schläge kann er sich nicht mehr erinnern. Er wird bewußtlos geprügelt und wacht erst am nächsten Tag wieder auf. Als er zum Verhör muß, weiß er, daß es um sein Leben geht. Aber der Deutsche, der ihn befragt, ist selber aus Rußland geflohen und anerkennt Fluchtversuche in der Gefangenschaft als legitim. Strafe jedoch müsse sein. Macone, Roquemaurel und ihre Komplizen werden im Hof der Synagoge gegen eine Wand gestellt, die sie nicht berühren dürfen. Bei jeder Bewegung gibt es einen Schlag in den Nacken, so daß ihr Gesicht gegen die Mauer klatscht. Am Morgen ist der Hof im Schatten. Wer umfällt, wird auf die Beine geprügelt.

Die Strafübung dauert bis zum Einbruch der Nacht – Roquemaurel ist gerade noch in der Lage, seine Bettstatt zu Fuß zu erreichen: «Wir dachten, daß wir unser Leben wieder einmal den Problemen des deutschen Befehlshabers zu verdanken hatten, der wohl kein Interesse daran hatte, eine Nachlässigkeit in der Überwachung melden zu müssen, die erneut vier Exekutionen erfordert habe. In der Folge kamen wir eher zum Ergebnis, daß uns der ehemalige Gefangene geschont hat und es vielleicht so etwas wie Solidarität zwischen entflohenen Soldaten, die ihren Henkern entkommen konnten, gibt. Vom nächsten Tag an haben wir die Jagd auf die Parasiten mit der noch größeren Glückseligkeit von Genesenden, die einer tödlichen Krankheit entkommen sind, wiederaufgenommen.»[3] Und damit gibt es auch wieder Munition für die Ungeziefer-Attentate auf die arischen Übermenschen.

Es ist keine besondere Zuneigung, die Christian de Roquemaurel, der junge Kämpfer und Mann der Tat, für Albert Lautmann empfindet. In der Synagoge sind sie Nachbarn geworden. Roquemaurel lernt den Philosophen als höflich und leicht mürrisch, manchmal kalt kennen – nie aber ist Lautmann abweisend: «Er hielt uns mit tiefer, trauriger Stimme Vorträge, die auf seinen Vorlesungen beruhten. Seine Sätze waren flüssig und verständlich. Ich erinnere mich ganz besonders an eine Causerie über die Freiheit, das Thema schien ihm den Umständen zu entsprechen. Sein tägliches Verhalten war von Resignation gezeichnet: er machte sich ständig Sorgen wegen seiner Familie. Er nahm mich zur Seite und redete mit seiner Gedrücktheit auf mich ein. Tag und Nacht war er seiner Angst ausgeliefert. Er sah keinen Ausweg aus unserer Lage. Ich fühlte, wie er fast gierig auf meine Reaktionen lauerte und auf Argumente, die ihm ein bißchen Aufheiterung bringen konnten. Die Schwarzmalerei ist in meinem Naturell nicht vorgesehen. In allen schlimmen Situationen, in die mich das Schicksal verschlagen hat, habe ich mich nie als Toten empfunden. Ich bin kein Pessimist – aber auch kein barmherziger Samariter. Eines Tages ertrug ich die Düsterheit der Bilder, die er ständig an die Wand malte, nicht. Wütend erwiderte ich ihm: ‹Aber ja, Professor, selbstverständlich wird keiner hier lebend herauskommen. Wir müssen uns damit abfinden, na und!›»[4]

Die Fluchtversuche aus der Synagoge – sie sind ausnahmslos zum Scheitern verurteilt – und die sich häufenden Attentate in der Stadt machen die Deutschen noch nervöser. Sie reagieren mit einer Mischung aus Hysterie, Brutalität und Starrköpfigkeit. Am 24. Juli werden die Gefangenen unter der Empore zusammengetrieben. Ein Wachposten auf der Straße will den Lärm einer Feile wahrgenommen haben. Falls diese nicht binnen zehn Minuten zum Vorschein komme, würden zehn «Terroristen» an die Wand gestellt – aber nicht, wie unter der gleißenden Sonne im Hof, zur Prüfung ihrer Standfestigkeit. Der Mann am Maschinengewehr amüsiert sich mit Zielübungen und entsichert wiederholt und hörbar das Maschinengewehr. Alle schweigen. Die Zeit verrinnt. Soldaten teilen Gewehrhiebe und Fußtritte aus, beschimpfen und bespucken ihre Gefangenen. Nach weiteren zehn Minuten wird ein Ultimatum gestellt – mit dem Zusatz, daß man sie die ganze Nacht lang stehen lassen werde. Schließlich präsentiert ein Deportierter eine so lächerlich kleine Holzfeile, daß zu befürchten ist, die Deutschen könnten meinen, er wolle sie auf den Arm nehmen. Damit habe er nicht die zwei Meter dicken Mauern der Synagoge zu Fall bringen wollen, sondern den Stiel seines Löffels geschärft, um mit ihm Brot schneiden zu können – ein in Gefängnissen verbreiteter Brauch. Der Schuldige wird abgeführt, die Feile – mitsamt dem Löffel – beschlagnahmt. Dem Befehlshaber genügt die Erklärung tatsächlich nicht, stundenlang werden die stehenden Männer hingehalten. Es ist längst tiefe Nacht. Das Maschinengewehr ist nur noch durch die Geräusche der Sicherung wahrnehmbar. Für seine Einschüchterungen benutzt der SS-Mann auf der Empore jetzt eine starke Taschenlampe, mit deren Scheinwerfer er einzelnen Deportierten ins Gesicht leuchtet – «als ob es darum ginge, eine Zielscheibe auszuwählen», hat Nitti den Eindruck.[5]

In der Zwischenzeit wird die Synagoge durchsucht. Kein Strohhalm bleibt auf dem anderen. Die Koffer werden geleert. Als die Gefangenen in der Dunkelheit zu ihren Schlafplätzen zurückgeschickt werden, haben sie die größte Mühe, sich einigermaßen zurechtzufinden.

Eine Woche vergeht. «Die Läuse waren in dieser Nacht besonders angriffslustig», schreibt Francesco Nitti am 31. Juli in sein Notizbuch. Die Sonnenstrahlen dringen in die Synagoge ein. Nitti erfreut sich an ihrem Spiel im Prisma der farbigen Glasfenster. Um sechzehn Uhr wird eine Liste verlesen. Zehn Namen werden aufgerufen. Borios, der Sohn eines Garagenbesitzers in Bordeaux. Ein siebzehnjähriger Junge, den alle mögen und mit dem sich auch Nitti angefreundet hat. Meyer Ko-

kine will vortreten, er glaubt, seinen Namen gehört zu haben –
sein Nachbar haut ihm den Ellbogen in die Rippen: du bist
nicht gemeint. Bei Noël Peyrevidal liegt gewiß ein Mißverständnis vor. Aber welcher mathematische Zufall, welche phi-
losophische Notwendigkeit hat Albert Lautmann auf die Liste
gebracht? Außer dem – manchmal falschen – Namen, dem Ge-
burtsdatum und vielleicht noch dem Zivilstand wissen die
Deutschen nichts über die Taten und «Vorstrafen» ihrer Opfer.
Man befiehlt den zehn Ausgewählten, umgehend ihre Sachen
zusammenzupacken. Roquemaurel und Lautmann sagen sich
schweigend auf Wiedersehen. Der Offizier macht sich Vorwürfe wegen des Unmuts, mit dem er auf den Pessimismus und Fa-
talismus des Philosophen reagiert hatte: «Er war es, der recht
hatte.» Lange kämpft er mit seinen Schuldgefühlen.

Und was fühlten die Spanier, als sie sahen, daß auch ihr bru-
taler Peiniger Fournera von den Nazis abkommandiert wird,
denen er bis zu seiner «Umdrehung» und auch noch danach so
eifrig gedient hat?

«Das Schweigen war total. Die Blicke aller richteten sich auf
unsere Leidensgefährten. Sie waren von der Last ihrer Schmerzen und armseligen Gepäckstücke gebeugt, welche sie bis hierher begleitet haben mit den letzten Resten dessen, was eine
liebende Frau, Mutter, Gattin oder Verlobte für sie hatte zu-
sammenpacken können – ärmliche Reste nach einer Reise wie
der, die wir gemacht hatten. Uns war das Motiv für die Abreise
unserer Kameraden nicht bekannt, aber eine düstere Vorahnung lag in der Luft, und die Haltung unserer Wärter und ihre
Gesten bekräftigten unsere traurige Gewißheit. Vier oder fünf
mit einer Maschinenpistole bewaffnete Gendarmen überwachten die Vorbereitungen zur Abreise, drängten und schrien:
‹Schnell, schnell, wir müssen uns beeilen!›

Wir sahen sie weggehen, sie gingen an uns vorbei und
schüttelten die Dutzende von Händen, die sich ihnen entge-
genstreckten. Sie umarmten ihre engsten Freunde unter den

Zurückbleibenden. Ich sah Lautmann, wie er zügigen Schrittes die Halle durchschritt und auf den Ausgang zuging. Er wirkte ruhig und gelassen. Ich konnte ihm nicht die Hand drücken, denn ich stand nicht an seinem Weg, und die Deutschen erlaubten uns nicht, unsere Plätze zu verlassen. Den ganzen Tag über bleiben wir unter dem Eindruck dieses Weggangs.»[6]

Die Vorahnung wird noch düsterer, als sie am nächsten Morgen entdecken, daß der Ingenieur Noël Peyrevidal, der Philosoph Albert Lautmann und der zur Résistance gekommene «collabo»-Polizist Fournera sowie ihre sieben Schicksalsgefährten ihr Gepäck in der Synagoge zurückgelassen haben.

Das kann nichts anderes bedeuten als in Saint-Michel. Sie werden in der Tat nicht in die Deportation geschickt. Man bringt sie ins Fort du Hâ und von da mit einer Gruppe von fünfzig Geiseln weiter nach Souge. Das Massengrab ist bereits ausgehoben. Doch im Chaos der Libération und des beginnenden Rückzugs hat man offenbar vergessen, das Exekutionskommando zu organisieren. Die Todgeweihten werden ins Gefängnis zurückgeführt.

Auch am Tag danach fehlen die Todesschützen.

Beim dritten Versuch sind sie da.

In der Synagoge nimmt das Leben Anfang August – zwei Monate nach der Landung der Alliierten – seinen gewohnten Lauf. Das Wetter ist so trüb wie die Stimmung. Es regnet – ein Regen, der nicht erfrischt, sondern nur noch depressiver macht, notiert Nitti. Die Gerüchte und Nachrichten sind nicht schlechter als in anderen Zeiten dieses hoffnungsvollen Sommers der französischen Befreiung. Ein Gerücht bewahrheitet sich: die Frauen, die seit Toulouse im Geisterzug mitfuhren, werden ebenfalls in die Synagoge gebracht. Das läßt sich als Signal zur Weiterfahrt deuten. Die Frauen befinden sich in einem abgeschlossenen Nebenraum. In der Nacht schleicht sich Meyer Kokine an die Tür: ist eine Alice hier? Alice Bessou –

meine Frau? Seit ihrer Kassiber-Kommunikation mit schmutzigen Taschentüchern in Toulouse haben sie nichts voneinander gehört. Keiner von beiden hatte geahnt, daß sich auch der Ehepartner im Zug befand. Kokines Frage wird weitergeleitet.

Und auf einmal ist Alice da. Auf der anderen Seite der Tür. Sie können sich nicht in die Arme nehmen. Sie können sich nicht in die Augen sehen. Aber die ganze Nacht lang reden sie miteinander. Pausenlos. Sie schmieden Pläne für die Flucht und das Leben danach. Der «schwarze Teufel» erfährt, daß er Vater werden wird. Alice ist schwanger.

Noch einmal erleben die Gefangenen die deutsche Vorliebe für den Appell. Am 9. August dauert er einen ganzen Tag lang. Man beginnt von vorne und mit dem Buchstaben A – A wie Alvarez. Ange Alvarez. Der als erster geflüchtet war. Als sein Name aufgerufen wird, schreit einer: «Ich wünsche ihm viel Glück!» Er wird nicht gefunden. Auch andere fehlen.

«Langsam und peinlich genau hakte die SS den Namen eines jeden Deportierten auf einer Liste ab. Plötzlich rief der Übersetzer einen Namen, der den Feldwebel hochspringen ließ. Der Name gehörte einem Spanier und lautete Sole Sedo Bismarck. Bismarck! Er glaubte seinen Ohren nicht zu trauen. Er ließ diesen unpassenden Familiennamen wiederholen und betrachtete amüsiert den Träger des Namens. Dann schritt er, immer noch lächelnd, die traurige Gruppe ab. Jeder spürte, wie sich eine absurde, aber vielleicht schreckliche Sache entwickelte. Der deutsche Offizier gab dem Übersetzer ein Zeichen und flüsterte ihm einige Worte zu. Der Übersetzer drehte sich zu den Deportierten um. Er rief ihnen auf französisch und spanisch zu:

‹Wer kann sagen, wer Bismarck ist, der große deutsche Bismarck?› Alle schwiegen. Wie sollte man auf diese dumme Frage antworten? Oben auf der Tribüne, wo die Frauen während des Gottesdienstes Platz nahmen, waren zwei Maschinengewehre auf die schweigenden Gefangenen gerichtet. Die SS wartete nur auf ein Zeichen zum Abdrücken. Der Feldwebel rauchte, in der Nähe des Allerheiligsten sitzend, entspannt eine Zigarette. Die Sekunden verstrichen langsam, unendlich.»[7]

Einer tritt vor – es ist Claude Lévy. Um ihn herum wird es leer. Mit ruhiger Stimme sagt er in die Stille der Synagoge: «Bismarck, das ist der Name eines deutschen Kreuzers, den die Engländer versenkt haben.»

«Ein ersticktes Murmeln durchlief die Gefangenen. Sie dachten, eine solche Unverschämtheit käme teuer zu stehen und der Mann würde erschossen. Aber der Dolmetscher rettete die Situation. Er stellte den nazistischen Hochmut mit seiner Übersetzung zufrieden. Das peinliche Zwischenspiel war beendet. Der Appell ging bis zum Abend weiter. Als die Nacht hereinbrach, verließen die Deportierten die Synagoge und erreichten die Gare Saint-Jean.»[8]

Christian de Roquemaurel und Damien Macone erfahren beim Weggehen von einem Deutschen, daß ihr Fluchtversuch von einem tschechischen Mitgefangenen verraten worden war. Eine Gelegenheit zur Rache gibt es jetzt nicht mehr. Der Rückmarsch – erneut in Fünferkolonne – von der Synagoge zum Bahnhof wird um zwei Uhr in der Früh angetreten. Es geht durch die gleichen Straßen, an den gleichen Häusern mit ihren verschlossenen Fensterläden vorbei, über die gleiche Brücke zurück. Ein neuer Zug wartet. Zu sechzig, siebzig werden sie für die Reise eingeteilt. Nitti fährt wieder mit ein paar Bekannten aus Le Vernet: mit Juan de Pablo, mit Pedrini und Mossolin, der sich nicht Giovanni, sondern Juan oder Jean nennen läßt. In Raymond Lévys Wagen liegen zehn Zentimeter gelöschten Kalks. Seine Kumpane fürchten, daß man ihnen noch schneller und endgültig die Luft abschneiden will. Mit den Hemden wischen sie den Boden sauber. Und sind erstaunt, auf Marc Brafman zu stoßen, den Freund aus dem bewaffneten Widerstand in Toulouse, der nach Bordeaux ins Gefängnis geschickt worden war.

KAPITEL 6
Odyssee durch die Schienenschlacht

Ist der neue Geisterzug ein Papon-Expreß? Ohne die logistische Unterstützung und die Zustimmung der Präfektur, in der Maurice Papon die Deportation organisiert, ist die Weiterfahrt des Geisterzugs nach den drei Wochen Zwangsaufenthalt in der Synagoge undenkbar. Auch Maurice Papon, der kalte Kollaborateur aus Opportunismus und bürokratischem Übergehorsam, der unter Giscard d'Estaing auch noch Minister werden wird (und den man erst 1999 zu einer Gefängnisstrafe wegen Verbrechens gegen die Menschlichkeit verurteilt), hat inzwischen vorgesorgt und Kontakte zur Résistance geknüpft. Er leistet ihr durchaus nützliche Dienste, und aus Sorge um sein Alibi beschützt er ein paar Juden. Es kann ihm nur willkommen sein, wenn Leute, die zuviel wissen – egal ob Partisanen oder Kollaborateure – in die Konzentrations- und Vernichtungslager verschwinden, denn sie könnten in der Stunde der Abrechnung, die bald schlagen wird, zu belastenden Zeugen werden.

Als die Marschkolonne am Bahnhof eintrifft, steht an diesem frühen Morgen ein zweiter Konvoi, der nach Deutschland soll, auf dem Nebengleis. Francesco Nitti notiert, daß auch seinem Zug mindestens hundert neue Gefangene aus Bordeaux hinzugefügt werden. Unter ihnen macht er französische Polizisten in Uniform und einen jungen Priester aus. Ihnen beigestellt sind etwa siebzig Frauen. Sie kommen – wie Marc Brafman – aus dem Fort du Hâ. Eine SS-Kompanie, die aus Bordeaux weg will, nimmt ebenfalls im Zug Platz.

Einige der neuen Passagiere des Geisterzugs sind eben erst verhaftet worden. Möglicherweise haben sie im Maquis des Médoc gerade noch gegen Oberleutnant Schuster gekämpft, der während des Aufenthalts in der Synagoge mit seiner Truppe einen Abstecher zum Krieg der Besatzer gegen den Widerstand im Weinparadies machte. Zur Abfahrt nach Deutschland ist er pünktlich zurück. Schuster versucht gar nicht erst, in nördlicher Richtung durchzukommen – auf der Strecke über Paris-Compiègne ist kein Durchkommen mehr.

René Lafond war vor drei Wochen gleichzeitig mit dem Geisterzug in Bordeaux angekommen. Er kam aus Pauillac, wo er die Résistance aufgebaut hat. Seine Gruppe hat neun amerikanische Piloten, die abgestürzt sind, gerettet und versteckt. London ließ wissen, daß man sie dringend brauche. Lafond will ihre Rückreise organisieren. Sein Zug erreicht Bordeaux mit großer Verspätung. Die Sperrstunde ist längst um, und Lafond vermeidet es, sich in der ausgestorbenen Stadt sehen zu lassen. Sonst wäre er möglicherweise einer langen Kolonne ausgemergelter Gestalten auf dem Weg in die Synagoge begegnet – mit der er einen knappen Monat später die Weiterreise nach Dachau antreten wird. Seine Verhaftung erfolgt bereits im Laufe des Tages. Während des Verhörs bei der Gestapo wird er von zwei Männern festgehalten, während ihn ein dritter mit Fausthieben und Fußtritten bearbeitet. Der Feind, dem er als wehrloses Opfer vorgesetzt wird, ist Anton Enzelsberger: ein Boxchampion und langjähriger Trainer von Max Schmeling.

Auch Renée Lacoude war jung zum Widerstand gekommen. Verraten wurde sie von einem Juden ihrer eigenen Organisation, der den Deutschen in die Hände fiel und im Auto der Gestapo saß, welches Renée Lacoude abholte. Ihr Vater war acht Tage früher unter ähnlichen Umständen verhaftet worden. Als der Zug aus Bordeaux wegfährt, kann Renée Lacoude ihren kleinen Sohn und ihre Schwester erkennen, die auf dem Bahndamm des Vororts Bègles den Deportierten traurig nachwinken. Ein Familienmitglied folgt dem Zug mit dem Fahrrad – und auch die Résistance versucht, seine Spur nicht zu verlieren.

Die Frauen sind etwas weniger gedrängt: fünfundfünfzig. Sie reden zunächst wenig miteinander, sie kennen sich kaum. Auch haben sie Angst vor den «moutons», den Agentinnen, welche die Gestapo gelegentlich in die Transporte einschleusen soll. Wenn wir nicht durchkommen, erschießen wir alle, drohen die Deutschen den Frauen, von denen manche bereits die Bomben von Parcoul-Médillac erlebt haben. An Fluchtversuche denken sie kaum. Später singen sie und erzählen sich Geschichten. Streit gibt es vor allem beim Schlafen in Reihen und «Kopf an Fuß». Die Erschöpfung führt zu Nervosität – nach zwei Monaten Gefängnis. Mit dem Hunger finden sie sich ab; der Durst bleibt eine tägliche Qual. Manchmal können sie nicht mehr sprechen, so ausgetrocknet sind ihre Kehlen. Alice Bessou befindet sich im zweiten Wagen mit den Frauen.

Die noch nicht ganz siebzehnjährige Janine Lejart ist die Jüngste im Geisterzug. Sie stammt aus Dijon und wurde als Mitglied des kommunistischen Widerstands festgenommen.

Die Fahrt geht zügig vorwärts. Walter Gezzi starrt auf die Luke – und entdeckt, daß ein Querholz mit einer Schraube, die nicht wie die anderen aussieht, montiert wurde. Er macht sich an die Arbeit. Die Schraube ist völlig verrostet. Mit ein wenig Speichel ließe sie sich vielleicht etwas lockern. Doch Gezzis Mund gibt nichts her. Stundenlang und heimlich bearbeitet er mit seinem Daumen das Holz und die Schraube – er will von den anderen nicht bemerkt werden. Sie haben sich gegen einen Fluchtversuch ausgesprochen: Wenn einer geht, werden zehn erschossen, wurden sie von den Feldgendarmen wieder einmal gewarnt. Gezzis Finger bluten – und das Blut erzeugt endlich die Wirkung, die er sich vom Speichel erhofft hatte. Nach Stunden gibt die Schraube nach. Gezzi muß nur noch den Gitterstab wegstoßen und springen. Er verbindet sich mit einem

Stück seines Hemdes den schmerzenden Daumen. Der Lokomotivführer bremst, im Schrittempo fährt der Zug in Montau-
ban ein. Offensichtlich wird man die Nacht hier verbringen.
Um zwei Uhr in der Früh setzt sich der Konvoi unvermittelt
wieder in Bewegung. Aber es ist taghell: Schuster und seine
Crew haben das Aufgehen des Vollmondes abgewartet. Gezzi
will dennoch weg. Er wartet auf Büsche, auf ein Maisfeld, in
dem er sich verstecken kann. Gezzi springt.

Er landet in einem metertiefen Graben, an den er nicht gedacht hatte. Das rote Schlußlicht wird immer schwächer, bis es
vollends ausgeht. Lange bleibt er auf den Knien. Dann schreit
er laut «Mama» in die Mondnacht hinaus. Gezzi nimmt einen
Schatten wahr, der sich ihm nähert. Ein deutscher Soldat
schiebt Wache, und das, was funkelt, ist das auf dem Gewehr
aufgepflanzte Bajonett. Es ist zu spät, um in den Wald zu rennen. Gezzi legt sich auf den Boden. Der Deutsche geht an ihm
vorbei, berührt ihn fast; gesehen hat er ihn nicht. Zehn Meter
weiter stellt der Mann sein Gewehr an den Bahndamm, öffnet
den Gurt und geht in die Hocke. Gezzi nähert sich ihm auf allen vieren, macht eine falsche Bewegung – noch bevor der kak-
kende Deutsche ihn wahrnimmt, rennt er auf ihn zu und
schlägt ihn mit der nackten Faust zu Boden. Gezzi macht sich
aus dem Staub – aber was ist, wenn der Soldat allzu schnell
wieder zu sich kommt? Vorsichtig kehrt Gezzi zurück und
stößt dem noch immer Bewußtlosen den Dolch der Wehrmacht
in die Brust. In aller Ruhe zerrt er den Leichnam in die Büsche.
Leichten Schrittes (und Herzens) geht er die nächsten Kilometer: «Es schien mir, als würde ich fliegen wie ein Schmetter-
ling.»

Noch in der gleichen Nacht fährt der Geisterzug ohne Halt
durch Toulouse, von wo er fünf Wochen zuvor gestartet war,
durch Carcassonne, Béziers, Montpellier. Mossolin versucht,
seinen Mitpassagieren den Sinn ihrer Odyssee mit Bibelstel-
len zu erklären – und protestiert bei den Bewachern gegen die

Verletzung internationaler Konventionen. Nitti sieht durch die Dunkelheit, wie Mossolin den jungen Tuberkulosekranken, der Blut spuckt und kaum mehr atmen kann, zum Fenster hochhebt, um ihm ein bißchen Luft zu verschaffen. Leise stöhnt und röchelt er. Die Leiden der Alten sind unermeßlich. Für sie kann jede Befreiung nur noch durch den Tod kommen. Bei einem längeren Halt in der Nähe von Nîmes gibt es wieder einmal Wasser – nie genug –, trockenes Brot und verdorbene Konfitüre. Alles ist ungenießbar. Meyer Kokine behält den Kübel, in dem der Brotaufstrich war. Er faßt drei Liter. Jedesmal, wenn es eine Möglichkeit zum Waschen und Trinken gibt, nimmt er ihn mit und füllt ihn mit Wasser. So legt sich der «Gamelier» der Synagoge, der sich damals ein wenig mehr Nahrung zuschlagen konnte, eine kleine Reserve an und hat oft ein bißchen mehr zu trinken als die anderen.

Kokine bittet den Medizinstudenten Philippe Toureille aus Bordeaux, mit den deutschen Soldaten über einen Besuch bei den Frauen zu verhandeln. Er möchte Alice sehen. Anstelle einer Antwort bekommt Toureille einen Schlag mit dem Gewehrkolben. Doch eine Stunde später kehrt der Wärter zurück und erlaubt es Toureille, «seine Frau» aufzusuchen. Nur halbwegs gelingt es ihm, dem Soldaten das Mißverständnis zu erklären: «Erst du, dann Kokine.» Die Gelegenheit zu einem kleinen Spaziergang nimmt er gerne wahr. Eine Baskin begleitet ihn, die sich ebenfalls über die unverhoffte Ablenkung freut – und der Soldat mit seiner Knarre. Später dürfen sich Meyer Kokine und Alice Bessou ein wenig die Füße vertreten.

Francesco Nitti leidet unter Gelenkstarre – keine Bewegung, stundenlanges Verharren in der gleichen Position. Gnadenlos strahlt die Sonne auf die Wagen ein, welche zumeist verriegelt bleiben, und treibt die Temperatur gegen den Siedepunkt. Die Anfälle von Tobsucht und Wahn häufen sich – fünf, sechs sind es in jedem Waggon. Die Gefangenen hämmern an die Tür: wir drehen durch, wir werden verrückt. Sie sind überzeugt, daß man sie verdursten lassen will und wird. Man hört den Lärm der Bomben, die auf Nîmes – der Bahnhof ist bei der Durchfahrt zerstört – und das ferne Avignon fallen. So unerwartet, wie er anhält, setzt sich der Geisterzug wieder in Bewegung. Nach kaum mehr als zwanzig Kilometern kommt er erneut zum Stehen.

In jedem Wagen werden zwei Männer mit dem Wasserholen beauftragt. Sie kehren mit vollen Eimern zurück. «Alle warten voller Ungeduld darauf, mit ihrer Büchse oder ihrem Becher daraus zu schöpfen. Aber wir führen uns wie Tiere auf, und unser Ungestüm führt zu einem Gerammel, das eine richtiggehende Schlägerei auslöst, in deren Verlauf die meisten Behälter umgestürzt werden. Die Wärter nehmen dies zum Anlaß, uns erneut einzuschließen.»[1]

Remoulins, fünf Tage Aufenthalt

Léon Cigaroa leitete die Filiale der Banque de France in Arcachon. Seit ein paar Tagen verweigert er aus Protest die Aufnahme jeglicher Nahrung. Schuster will die beiden Ärzte dazu bringen, Cigaroa mit einer Spritze ins Jenseits zu befördern. Parra und Van Dyck weigern sich, die Euthanasie zu praktizieren – er soll ihn doch wegen Ungehorsams erschießen lassen. Es ist nicht mehr nötig: bei der Ankunft in Remoulins ist Cigaroa tot – verdurstet, an Erschöpfung gestorben. Er wird in einer Grube an der Bahnlinie verscharrt.

Auf den anderen Gleisen stehen mit Kriegsmaterial beladene Züge herum. Erneut kommt es zu Auseinandersetzungen über Fluchtmöglichkeiten. Meyer Kokine ist kategorisch: hier nicht, in den Containern ist Munition gelagert, ein einziger Schuß könnte eine gewaltige Explosion auslösen. Fast zu jeder Tages- und Nachtstunde überfliegen alliierte Geschwader den Geisterzug. Die Deutschen bewachen ihn aus sicherer Distanz und lassen sich in den umliegenden Häusern nieder. Schuster und seine Führungsmannschaft sehen die Gefangenen nur während der Ablösung der Wachtposten. Die Gesichtszüge der Feldgendarmen sind von Angst gezeichnet, ihre Blicke dem Himmel zugewandt. Wenn am Bahnhofsplatz der Motor eines Lastwagens anspringt, zucken sie zusammen – schon wieder Fliegeralarm. Jeweils nur kurz dürfen die Deportierten ihre Zellen verlassen.

Auch die Schwerstbehinderten des Lazaretts werden in Remoulins ausgeladen. Voller Abscheu für ihre unbarmherzigen Peiniger beobachtet Raymond Heim die halbnackten Krüppel, die in Unterhosen zum Pinkeln getrieben und getragen werden – «als würde man die halbe Etage eines Krankenhauses ins Freie verlegen und die Leiden der sterbenden Kranken als Schauspiel vorführen». Als die Geiseln des Geisterzugs wieder einsteigen, bringen sie einige Grasbüschel mit, die sie zwischen den Gleisen ausgerissen haben. Alle wollen davon haben. In René Lafonds Gruppe muß ein Chef bestimmt werden, um eine neuerliche Schlägerei zu verhindern und den Verteilungskampf zu zivilisieren. Man wählt Isenberg, der aus Bayonne stammt. Isenberg sammelt das Gras ein, zählt die Halme und teilt sie gerecht unter den Anwesenden auf. Jeder bekommt fünf oder sechs, «die er umgehend verschlingt, soweit war es mit uns gekommen». (René Lafond)

In Remoulins erreicht sie die Kunde von der Landung der amerikanischen und französischen Truppen am 15. August in Sainte-Maxime am Mittelmeer. Schuster unternimmt offensichtlich ausgiebige Erkundungen der Gegend. Wie kann er mit seinem Troß über die Rhône kommen – und danach das Rhônetal hinauf, über das auch die Amerikaner marschieren wollen? Alle Eisenbahnbrücken über den Fluß sind bombardiert.

Das Gleis, auf dem der Zug abgestellt ist, grenzt an das Grundstück der Villa «Les Roses». In diesem Haus wohnt Marie Damiani. Der fünfzehnjährige Sohn ist im Widerstand schwer verletzt, der andere nach Dachau gebracht worden. Madame Damiani will den Gefangenen Wasser bringen und wird von den Bewachungspatrouillen schroff zurückgewiesen. Sie verlangt, zu Schuster vorgelassen zu werden. Nach langem Hin und Her bekommt sie das Zugeständnis, daß den Eingeschlossenen Essen und Trinken gebracht werden darf – aber nur vom Roten Kreuz. Dessen lokaler Delegierter ist ein notorischer Kollaborateur, der sich weigert, die «Mutter von Terroristen» zu empfangen – und erst recht, jenen im Zug Nahrung zukommen zu lassen. Marie Damiani kennt seinen Vorgesetzten, den Hauptmann Blin, der kurz zuvor zwei Wehrmachtsangehörige, die desertieren wollten, bei ihr untergebracht hat und in die Résistance einschleusen konnte. Blin ist für das gesamte Departement zuständig und wohnt in Nîmes. Züge fahren keine mehr, Autos wagen sich kaum auf die Straßen, die fast nur noch von Militärfahrzeugen befahren und regelmäßig bombardiert werden. Zu Fuß macht sich Marie Damiani auf den Weg, zwanzig Kilometer hin, zwanzig Kilometer zurück. Mit einer schriftlichen Bewilligung Blins kehrt sie zurück. Auch die verscharrte Leiche Léon Cigaroas wird unter ihrer Aufsicht ausgegraben und auf dem Friedhof von Remoulins begraben.

Sorgues, 18. August 1944

Schuster hat eine Möglichkeit ausgespäht. Am 18. August geht die Odyssee des Geisterzugs weiter. Zwischen Remoulins und Théziers öffnet ein für die Stellung der Weichen zuständiger Bahnarbeiter den Riegel des zweiten Wagens hinter der Lokomotive. Im Tunnel von Aravon ergreifen drei Passagiere die Flucht. Sie gelingt weiteren Zuginsassen auf den wenigen Kilometern bis Roquemaure. Einige der Geflohenen kehren in die Villa «Les Roses» zu Marie Damiani zurück.

Roquemaure ist ein kleines mittelalterliches Städtchen an der Rhône, das seine Blütezeit in der Epoche der Kreuzzüge erlebte. Schuster läßt den Zug, dessen Länge auf achthundert bis tausend Meter geschätzt wird, im Bahnhof von Roquemaure anhalten. Die Versehrten werden aus dem Lazarettwagen auf einen Kleinlaster verladen. Dann geht es nochmals ein kurzes Stück weiter. Schuster führt den Konvoi in eine tiefe Schneise, auf beiden Seiten steigt der Fels praktisch senkrecht an. Alles aussteigen. An dieser Stelle, wo er vor Bombardierungen und Maquis-Angriffen besser geschützt ist als auf jedem Abstellgleis, wird der Zug zurückgelassen – tagelang bleibt er stehen. Bis zur Befreiung. Leer. Keinem versperrt er den Weg, keiner fährt an ihm vorbei – der Verkehr liegt lahm.

Die Feldgendarmen sind eine erfahrene Einheit, die mit dem schnellen Verladen von Material aller Art wertvolle Erfahrungen gesammelt hat. Die Gefangenen des Geisterzugs buckeln ihre eigene Habe und werden mit dem Gepäck ihrer Peiniger beladen. Sie tragen die Kisten voller Weinflaschen, welche die Deutschen aus Bordeaux mitgenommen haben. Unter der stechenden Sonne dieses Augusttages, an dem kein Mistral weht, geht es auf einem Feldweg der Rhône zu. Links und rechts der Viererkolonne bewachen die Deutschen den Marsch der Deportierten, die seit 48 Stunden nichts gegessen haben. An der Spitze gehen die Frauen, denen man das Kleingepäck aufgebürdet hat. Eine Schlange von siebenhundert Gefangenen, dazu einige hundert Deutsche. Auch Philippe Toureille wird mit wertvollem Stückgut beladen und ist deshalb einer ganz besonders aufmerksamen Bewachung ausgesetzt. Die Deutschen haben kaum viel mehr geschlafen als ihre Opfer, sind ebenfalls erschöpft, durstig, nervös – und entsprechend aggressiv. Wer zusammenbricht, wird auf die Beine geprügelt; es gilt, keine Zeit zu verlieren, der Weg ist lang. Manchmal kommt es an der Spitze des Zugs zu Diskussionen über die Richtung.

«In unserer Gruppe kam Pineberg, ein Drucker aus Arcachon, der sie mit seiner eindrücklichen Persönlichkeit ganz eigentlich zusammengehalten hatte, nicht mehr mit. Glücklicherweise fanden wir am Wegrand einen Pflock, an den wir ihn aufbinden und tragen konnten. Je länger wir marschierten, um so weniger sind uns die Orte, die wir durchquerten, ins Bewußtsein gedrungen. Ich habe nur zwei Eindrücke, die mir geblieben sind. Die Hitze und die Weinberge. Ich weiß nicht mehr genau, wo wir die Rhône überquerten. Ich erinnere mich an eine große Brücke aus Holz, die an vielen Stellen Löcher aufwies, welche von den Bomben gerissen worden waren. Jedes wurde von zwei oder drei Soldaten bewacht. Keiner konnte hier die Chance zur Flucht ergreifen.»[2] Für den Kleinlaster mit den Invaliden legen sie Bretter auf die Löcher – auch er kommt über die Brücke, die einzige weit und breit. Schuster und sein Troß sind die allerletzten Passanten, am nächsten Tag wird die Brücke von den Bomben der Alliierten vollends zerstört.

Über der Viererkolonne in den Weinbergen der Côtes du Rhône gehen Flugblätter nieder: Deutsche, ergebt euch, es ist eure letzte Chance. Die Deportierten verstehen die Botschaft, die ihnen neue Kräfte gibt. Sie sind dem Zusammenbruch nahe, aber voller Hoffnung – ihre Lage scheint bei realistischer Einschätzung weniger aussichtslos zu sein als jene ihrer Bewacher. Vor drei Tagen sind die amerikanischen und französischen Truppen am Mittelmeer gelandet und ziehen ohne große Widerstände gegen das Rhônetal.

Einen, zwei, drei … sieben Kilometer ist die Marschkolonne schon unterwegs. Links und rechts locken die Trauben. Im heißen Sommer des Jahres 1944 sind die Beeren an den Reben früh reif und genießbar. Ihr Konsum wird von den Deutschen untersagt. Und tatsächlich geahndet.

Um elf Uhr überfliegt eine Patrouille der Alliierten die Gegend und zieht die Aufmerksamkeit der SS auf sich. Geistesgegenwärtig nutzt ein Deportierter die Gelegenheit zur Flucht: unbemerkt läßt er sich in den untiefen Graben neben dem Weg fallen.

«Wenn die Flugzeuge über uns kreisten, mußten wir uns

hinlegen. Ich konnte eine Weintraube erfassen und die Beeren über dem Mund von Marcel Dugar auspressen. Dugar war Krankenpfleger in Montpellier und hatte in der Hitze das Bewußtsein verloren. Langsam tröpfelt der Saft in seinen Mund. Wir haben ihn während des ganzen Marsches gestützt und mit uns gezerrt.» (Damien Macone)

Raymond Lévy geht neben dem kaum zwanzigjährigen Jean Marty, dem ein Deutscher mit dem Gewehrkolben die Zähne einschlägt. Beim zweiten Zusammenbruch erhält Marty einen Schlag auf den Kopf – eine mehrere Zentimeter große Wunde ist die Folge. Seine Lippen bluten, seine Augen sind geschwollen. Marty muß getragen werden. Am Ende des Marsches verliert sich seine Spur.

Auch andere vermögen in ihrer Erschöpfung dem Zug nicht mehr zu folgen – Christian de Roquemaurel erinnert sich: «Die Feldgendarmen zogen sie zur Seite. Ich weiß nicht, was aus ihnen geworden ist. Links und rechts der Kolonne waren bewaffnete Soldaten, wir waren von allen Kräften verlassen und marschierten wie ausgeleierte Automaten. Es kam zu einer Flucht, die von einer unglaublichen Geschicklichkeit und Aufmerksamkeit zeugte. Vor mir ging einer meiner Nachbarn aus der Synagoge. Ein junger Mann von ungefähr 25 Jahren, arrogant, unsympathisch, den wir alle gemieden hatten. Seit seinem Eintreffen protestierte er dagegen, mit Terroristen verwahrt zu werden, denn er habe sich lediglich Schwarzmarktgeschäfte zuschulden kommen lassen. Er bezeichnete uns als Trottel, weil es in diesen Zeiten doch wie nie zuvor möglich sei, Geld zu scheffeln. Er zeigte uns seine Verachtung, und wir verachteten ihn. Er war auch gar nicht bestrebt, sich mit uns seine Langeweile zu vertreiben. Bis nach Roquemaure war er in einem anderen Wagen als ich gewesen, jetzt ging er unmittelbar vor mir, am rechten Rand der Kolonne. Wir kamen zu einer sehr engen Haarnadelkurve. Während eines ganz kurzen Augenblicks konnte uns weder der Soldat vor uns noch jener, der unmittelbar folgte, sehen. Wie eine Katze sprang er in das Unterholz. Ich ging instinktiv einen Schritt vor, um die Lücke zu schließen. Niemand hatte etwas bemerkt. Ich war voller Bewunderung über die geniale Inszenierung – und ärgerte mich, daß das Glück einem derart widerlichen Menschen zugelächelt hatte.»[3]

Acht, neun, vielleicht zehn Kilometer hat die erbärmliche Truppe schon hinter sich gebracht. Die Kunde von ihrem Eintreffen erreicht Châteauneuf-du-Pape. Meyer Kokine überholt alle. «Schöne Frau, schöne Frau», bemerken die SS-Soldaten, die Kokine bei seinem Vorrücken an die Spitze des Zugs aufhalten wollen und denen er das Bild seiner Angetrauten hinhält. Er trägt es in einem selbstgefertigten Medaillon um seinen Hals. Sie kennen ihren «schwarzen Teufel», den großgewachsenen, kräftigen «Gamelier» aus der Synagoge, und sie lassen ihn durch. Jetzt geht er neben Alice und trägt ihr Gepäck. Mit Gewalt stoßen die Deutschen Dorfbewohner zur Seite, die sich dem Defilee der elenden Gespenster zu nähern oder gar Wasser zu bringen versuchen. Die Fensterläden sind – nicht nur wegen der Hitze – geschlossen: wo sie offenbleiben und Neugierige sichtbar werden, schießen die Deutschen auf die Scheiben. Raymond Heim will eine Kippe auflesen, die ein Soldat fortgeschrittenen Alters mit seinen Militärschuhen zertritt, ohne auf Heims Hände Rücksicht zu nehmen: «Die ist nicht für deine Schnauze», raunzt er den deportierten Kommissar an.

Das berühmte Weindorf wird auf der Route Nationale Nummer sieben, die jetzt nach dem «Maréchal Philippe Pétain» benannt ist, durchquert. Heim, der in der Synagoge vergeblich versucht hatte, durch das Toilettenfenster zu fliehen, ist erschöpft, seine Reaktionsfähigkeit geschwächt. Zu spät realisiert er, daß er gerade an einer geöffneten Haustür vorbeigekommen ist – und macht sich bittere Vorwürfe. Auch Meyer Kokine erkennt die Chance und beschwört Alice wegzugehen. Problemlos, glaubt er, und unbemerkt könnte er sie in eine Wohnung drücken und später ebenfalls die Flucht ergreifen. Sie ermuntert ihn dazu – will selber aber nicht weg. Kokine bleibt an ihrer Seite.

Am Ausgang von Châteauneuf-du-Pape stürzt sich René Lafond gierig in den Rinnstein und trinkt eine schwarze Pfütze leer. Er kassiert einen Tritt in den Hintern. Siebzehn Kilometer sind zurückgelegt. Am späten Nachmittag trifft die Marschkolonne in Sorgues ein. Schuster weiß, daß Avignon regelmäßig bombardiert wird und für einen Aufenthalt viel zu gefährlich ist. Im ländlichen Vorort zehn Kilometer nördlich der Stadt wartet tatsächlich ein neuer Zug. Bisher sind die Deportierten immer nur mit ausgewählten und vereinzelten Personen in Kontakt gekommen. In Sorgues erleben Hunderte von Einwohnern ihre Ankunft.

Die kommunistische Zahnarztgehilfin Valentine Mouton überholt die Deportierten mit dem Fahrrad und ruft ihnen «Mut» zu: «Sie sind gelandet!» Sie begibt sich umgehend zu einer Kontaktperson, um den Widerstand zu informieren.

Der Schüler Charles Teissier wohnt in der Avenue d'Avignon. Er vertreibt sich mit seinen elf- und zwölfjährigen Kameraden vor dem Elternhaus die Zeit. Ein Schauspiel, wie sie es nie mehr vergessen werden, unterbricht ihre Vergnügungen. Zuerst nehmen sie die Frauen wahr. «Das sind Deportierte», flüstert jemand – Teissier kennt die Bedeutung des Wortes nicht. Er sieht ausgemergelte Gestalten, die schwer beladen sind. Ihre Blicke prägen sich ihm ein. Einige gehen barfuß, andere haben Lumpen um die Füße gewickelt. Wortlos ziehen die ersten vorbei. Ein paar Minuten später glaubt Teissier, fremde Sprachen zu vernehmen. Der Halbwüchsige erkennt französische Gendarmen in Uniform sowie drei Priester, die mit Beschimpfungen und Kolbenhieben zu mehr Eile angetrieben werden. «Rein in die Häuser und alles zu!» schreien die Deutschen. Der eine oder andere Schüler erinnert sich an Handgreiflichkeiten. Trotz ihrer panischen Angst öffnen die Jungen die Fensterläden zumindest einen Spalt weit.

Ein «distinguierter, gut gekleideter Herr» folgt dem Zug, beobachtet Nitti. Ein Polizist der Feldgendarmerie befiehlt ihm, wegzugehen. «Ich bin der Bürgermeister von Sorgues und habe das Recht, zu wissen, was in meiner Gemeinde geschieht.» Der Mut des Gemeindepräsidenten Joseph Gleize erstaunt seine Mitbürger, denn sie kennen ihn als Verfechter der Nationalen Revolution und feurigen Anhänger des Maréchal Philippe Pétain, dem er sein Amt verdankt. Gleize war nie gewählt, sondern nach der Absetzung seines Vorgängers, der die Kollaboration nicht intensiv genug betrieb, von Vichy in die kommunale Exekutive und schließlich an die Spitze delegiert worden.

Die Tage sind unsicher geworden. Wer immer kann, hebt möglichst weit von seinem Haus einen Schutzgraben aus, in dem man sich bei jedem Bombenalarm verkriecht – vor allem entlang der Route Nationale 7 leben die Menschen in permanenter Angst. Am meisten Sicherheit verspricht der Hügel hinter dem Friedhof. Das ganze Departement – Avignon ist seine Hauptstadt – beklagt seit dem Ausbruch der Befreiungsschlacht sechshundert Tote und tausend Schwerverletzte. Zumindest ebenso hoch ist die Zahl der zerstörten Häuser. An diesem 18. August notiert der Konservator der lokalen Archive in seinen Aufzeichnungen, daß es kaum noch Zeitungen gibt. Früchte sind problemlos zu bekommen, auch die Versorgung mit Gemüse ist gesichert. Das Brot ist rationiert, Wasser zur Mangelware geworden, Strom und Gas fallen ganz aus. Bombenabwürfe werden an diesem Tag keine verzeichnet. Um sechzehn Uhr sei ihm gewissermaßen offiziell der Abzug der Deutschen mitgeteilt worden, hält der Dorfchronist weiter fest. Mit ihnen versuchen die Angehörigen der lokalen Miliz, die sich als willige Helfer der Gestapo zur Verfügung gestellt und mehrere Mitbürger in die Deportation ausgeliefert haben, wegzukommen. Jede Mitfahrgelegenheit ist willkommen.

Sorgues hat die schmerzlichen Konflikte der Besatzungszeit erlebt. Das Dorf kennt die Kollaboration und den Schwarzmarkt, die Entbehrungen und den Widerstand und die Denunziation. Mit der Befreiung – in einer Woche, wenn die Amerikaner kommen und mit ihnen die französische Armee – werden die Wunden erst recht aufgerissen. Aber am 18. August 1944 steht seine aus dem alltäglichen Trott der Okkupation gerissene Bevölkerung praktisch geschlossen auf der Seite der Schwachen. In Sorgues sind die Schulferien nicht zu Ende; das ganze Dorf ist auf den Beinen und die Lage für die Besatzer kaum noch überschaubar. Man improvisiert, wo immer es geht, eine Hilfe, welche die Deutschen nicht mehr wirklich verhindern können. Sorgues weiß, was vor mehr als zwei Monaten in Oradour geschah – und fürchtet sich nicht wirklich. Tatsächlich haben die Besatzer längst andere Sorgen. Seit dem 11. November 1942 machen sie zwischen fünfzehn und zwanzig Prozent der Bevölkerung aus. Und haben nur noch einen Wunsch: sie wollen zurück. Marc Brafman beobachtet heftige Auseinandersetzungen, die mit gezückter Pistole beendet werden: Schuster weigert sich, seine Landsleute mitzunehmen, denn ihretwegen hätte er Deportierte freilassen müssen. Der Haß der arischen Obermenschen auf die gefährlichsten Feinde des Regimes ist größer als die rassische und nationale Solidarität – das erweist sich in der Stunde der Niederlage. Aber Schuster braucht seine Deportierten auch als Geiseln: sie sollen ihn vor den Bomben der Alliierten schützen, machen die Résistance vorsichtig und verschaffen ihm möglicherweise einen Vorteil bei der Zuteilung des Rollmaterials. Der neue Zug wartet auf dem Gleis Nummer zehn, im Güterbahnhof, wo die Weinflaschen verladen werden.

Rund um den Bahnhof ist ein unübersichtliches Gedränge entstanden. Die Bevölkerung bringt Kleider, Nahrungsmittel, Medikamente. Auch Getränke – nicht nur alkoholfreie. Wein und Aperitifs sind dabei. Die Deutschen lassen gewähren. Und konfiszieren schließlich die Flaschen, denen sie dann selbst rege zusprechen. Ihre Aufmerksamkeit läßt nach: die Hitze, der Alkohol, die Unübersichtlichkeit auf dem Bahnhofsplatz … Die Einwohner geben sich als Rote-Kreuz-Helfer aus und bringen jene, die fliehen, in Sicherheit.

Die Résistance kümmert sich um sie. Robert Establet ist als Gruppenführer, dem ein Dutzend Männer untersteht, für die Anwerbung neuer Mitglieder zuständig. Dabei kommt ihm sein Beruf zu Hilfe: Als Briefträger kennt er viele Leute und ihre politischen Sympathien. Die Pétainisten, die es bis Mitte August geblieben sind, hält er nicht für sehr gefährlich. Doch bei den fanatischen Sympathisanten der «Neuen Ordnung» ist er vorsichtig. Mit den Franzosen, die noch immer in deutschen Uniformen promenieren, vermeidet er jeden Kontakt. Auf seiner täglichen Tour durch Sorgues bringt der Briefträger die geheimen Botschaften. In seiner Tasche versteckt er unter einem doppelten Boden seinen Revolver. Mitbewohner, die er mit «viel Psychologie» in Gespräche verwickelt, lassen sich manchmal sehr spontan zum Gegner der Kollaboration bekehren. Establet muß in diesen Tagen wenig Post austragen. Aber mit seiner Maquis-Truppe ist er ständig auf Trab. Sie plündern das Munitions- und Waffendepot der Deutschen im Château de Brantes und fallen um ein Haar den Deutschen in die Hände. Schon vor der Landung der Alliierten in der Normandie hatte Establet per Fallschirm abgeworfene Waffen abgeholt. Er wird bis zur Befreiung seines Dorfs auch an der Verhaftung von vierzehn Deutschen auf dem Rückzug teilnehmen.

Vom Eintreffen der Marschkolonne aus Châteauneuf-du-Pape wird die Résistance nicht nur durch Mademoiselle Mouton informiert. Ein bewaffneter Angriff auf dem Bahnhofsplatz kommt nicht in Frage: die Kräfteverhältnisse erlauben es nicht, ein Blutbad wäre unvermeidlich, und aus London ist Anfang des Monats die Order gekommen, militärische Operationen nur mindestens vier Kilometer außerhalb jeder Ortschaft zu unternehmen, um Repressionsmaßnahmen gegen die Bevölkerung zu vermeiden. Doch Jean Pina, bei dem ein aus Österreich stammender Jude nach der Flucht aus dem Zug Unterschlupf findet, und René Vache beschließen angesichts des Elends, das sie auf dem Bahnhofsplatz antreffen, in den frühen Abendstunden an den Schienen nördlich von Sorgues mehrere Sprengsätze zu legen.

Die neue Lokomotive, die von den Bahnarbeitern in Avignon geschickt worden ist, erweist sich als defekt: sie verliert ihr Wasser. Um sie aufzufüllen, schicken die Deutschen ihre Gefangenen zum Bach hinunter. Einigen gelingt es, beim Wasserholen zu entkommen. Die Bahnarbeiter sind ihnen dabei behilflich. Doch längst nicht alle leisten der Aufforderung des Personals zur Flucht Folge. Die Umstände eignen sich für improvisierte Einzelaktionen. Gegen sie haben sich die Kommunisten aus ideologischen Gründen, aber auch weil sie Repressionen fürchten, ausgesprochen. Kein einziger der M.O.I.-Partisanen nutzt das Chaos auf dem Bahnhofsplatz von Sorgues zum Entkommen.

Nitti bleibt, weil er Mossolin nicht allein lassen will. Ein Einheimischer gibt ihm Papier und einen Bleistift. Nitti schreibt dem Schwager seines Freundes einen Brief, der tatsächlich ankommt. Nachdem es mehreren Deportierten gelungen ist, auf dem Gang zur Wasserstelle oder zur Toilette wegzukommen, versucht auch René Lafond sein Glück – und wird erkannt: ein Wärter schreit Halt!, Lafond dreht sich um und sieht ein Gewehr, das auf ihn gerichtet ist. Er stellt den Eimer ab und kehrt zurück. Einwohner von Sorgues, die mit ihren Nahrungsmitteln – von denen auch die Deutschen zehren – bis zu den Deportierten vordringen, versuchen, diese auf dem Rückweg mitzunehmen. Sie drücken ihnen eine leere Kiste unter den Arm oder einen Eimer in die Hand. Ein erster kommt problemlos aus dem Viehwagen. Ein zweiter wird erkannt – aber die Bevölkerung stellt sich dem Soldaten, der ihn verfolgen will, in den Weg. Philippe Toureille, der den gleichen Trick versucht, kann mit seinem Aussehen – ungewaschen, unrasiert – seine Herkunft nicht verleugnen und wird gefaßt. Mehr Glück hat einer, dem Bahnarbeiter eine Uniform überziehen.

Auch Raymond Heim will in Sorgues endlich in die Freiheit entkommen. Er schließt sich einem Bahnarbeiter an, der ihn geistesgegenwärtig als Kollege behandelt. Heim verschwindet in einer Seitenstraße, rennt, rennt und hört mit Entsetzen schnelle Schritte hinter sich. An seine Fersen haben sich nicht die Deutschen geheftet – es ist André Champagne, der ebenfalls die Flucht ergriffen hat. Um nicht aufzufallen, trennen sie sich. Und Heims dritter Fluchtversuch gelingt. Er betritt ein Haus, in dem der Kommissar eine ältere Dame aufschreckt. Keiner der Bewohner sieht sich imstande, ihn aus dem Dorf zu bringen. Doch sie leihen ihm einen Strohhut und Arbeitskleidung, erklären ihm den Weg zur Gendarmerie und geben ihm ein Fahrrad, mit dem Heim als Gärtner verkleidet zu den Kollegen fährt – offenbar hat er keine Angst, daß sie Kollaborateure sein könnten. Der Polizeichef versteckt ihn im Hühnerhof hinter dem Haus, seine Tochter versorgt Heim mit einer «herrlichen provenzalischen Mahlzeit»: Tomaten, Früchte und Getränke werden gereicht. Mit der anbrechenden Dunkelheit begibt sich Heim zu einer Maquis-Einheit, deren Baracke in der Nacht in Flammen aufgeht: der Kommissar beendet seine erste Nacht nach wochenlanger Gefangenschaft im Freien. Von Verbindungsagenten der Résistance wird er nach Aix-en-Provence geleitet, wo er sich der Armee des Generals Delattre de Tassigny, die das Rhônetal aufrollt, anschließt. In einem ersten Rapport nach dem Krieg schreibt er von dreißig Deportierten, denen in Sorgues die Flucht gelingt. Ihre genaue Zahl bleibt so unbestimmt wie jene der Opfer während des langen Fußmarsches.

Meyer Kokine ist an der Spitze der Marschkolonne in Sorgues eingetroffen. Die Frauen werden umgehend in einen Güterwagen gebracht. Kokine begibt sich in den Waggon daneben. Ein SS-Mann holt ihn heraus, pfeift zwei Spanier herbei und nimmt sie mit, um Stroh zu holen. Man kennt sich, noch sind längst nicht alle da, man hat ganz schön Zeit – wie auch immer: der deutsche Soldat spendiert seinen Gefangenen eine Runde im Bistro am Bahnhof von Sorgues. Kokine stellt fest, daß sein Zechkumpan gar nicht bewaffnet ist – und macht die beiden anderen diskret darauf aufmerksam. Sie sind nicht willens, den Deutschen zu überwinden. Unverrichteter Dinge geht es zurück – und in den Wagen. In einem Zustand von Trance verteilt Meyer Kokine seine Siebensachen an die Gefährten. «Ich haue ab, ich fliehe», erklärt er ihnen. Nur seinen Dreilitereimer für das Wasser nimmt er mit. Meyer Kokine begibt sich auch noch in den Wagen nebenan, zu den Frauen: «Alice, ich gehe weg. Ich versuche mein Glück. Wir werden uns zu Hause wiedersehen.» Unbehelligt kommt er zweihundert Meter weit, an einigen Deutschen vorbei, denen er nach gut sechs Wochen Zusammenleben auf engstem Raum offensichtlich nicht mehr besonders auffällt. Mit der gleichen Unverfrorenheit erreicht Kokine den Ausgang des Bahnhofs und steht unvermittelt auf den Straßen von Sorgues – mit nur seinem Eimer in der Hand. Er betritt ein Haus, in dem sich zehn SS-Leute von der Begleitmannschaft waschen. Sie schreien den «schwarzen Teufel» an, aber am meisten ist Meyer Kokine selbst über seine Ruhe und Schlagfertigkeit verblüfft: «Wasser, Wasser.»

«Ja, ja, Wasser, aber schnell. Und dann zurück!»

Meyer Kokine vergißt nicht einmal, seinen Eimer mit Wasser zu füllen. In einem zweiten Haus, in das er wenig später wie ein Einbrecher eindringt, trifft er auf eine schwangere Frau, die voller Panik ihre Mutter ruft. Der Gatte droht, Kokine hinauszuwerfen: «Wir wollen nicht erschossen werden.» Die Frauen beschwichtigen ihn, Kokine erzählt von seiner Reise und fragt, wohin denn die jungen Männer gehen würden, welche sich der Zwangsarbeit entziehen wollen. Zur «Ferme bleue», wird ihm beschieden, zum Hof der Familie Combe. Der unfreiwillige Gastgeber ist Bahnarbeiter. Er leiht dem Eindringling seine Arbeitskleider und eine Schubkarre, die mit Heu beladen wird. Zu Fuß gelangt Meyer Kokine zur «Ferme bleue» der Combes. Seine pechschwarzen Haare versteckt er unter einem Béret. Er wird in der Scheune empfangen, mit Nahrung, Flüssigkeit und Tabak versorgt. Am Abend meldet sich ein deutscher Soldat – aber er will nur etwas Stroh für den Zug. Robert Establets Leute, die sich um die Entwichenen kümmern, befragen Meyer Kokine zwei Stunden lang. Sie nehmen ihn in ihre Einheit auf, die an der Befreiung von Sorgues teilnehmen wird.

Am Abend setzt sich der neugebildete Geisterzug wieder in Bewegung. Establets Maquis meldet seine Abfahrt an die Freunde weiter nördlich. Der Vorsprung auf die amerikanischen Bodentruppen wird immer geringer. Von ihrem Wagen aus haben Conchita Ramos und Alice Bessou noch gesehen, wie Meyer Kokine durch die Absperrungen kommt und sich im Dorf unter die Passanten mischen kann.

Die Zeugen erinnern sich an eine Länge von zwischen gut zwanzig bis knapp dreißig Wagen. Der Zug ist ein wenig kürzer als zwischen Bordeaux und Roquemaure, das Gedränge entsprechend größer. Und trotz aller Vorsicht von Schuster ist es – wie gelegentlich an anderen Orten – nicht nur französischen Kollaborateuren, sondern auch Deutschen gelungen, als mehr oder weniger blinde Passagiere den Geisterzug zu besteigen. Es befinden sich inzwischen mehrere Gefolgsleute des französischen Faschistenführers Jacques Doriot und seines Parti Populaire Français (PPF) an Bord. Die Kollaborateure sind leicht erkennbar – von ihren antifaschistischen Landsleuten, die nur noch Lumpen am Körper haben, unterscheiden sie sich durch ihre korrekte Kleidung.

In dieser ersten Nacht nach dem langen Fußmarsch von Roquemaure nach Sorgues bricht ein Gewitter aus. Es verschafft den Gefangenen im Zug ein wenig Erleichterung. An den «Fensterplätzen» werden die Becher ins Freie gestreckt. Erneut kommt es zu verbalen Auseinandersetzungen, schließlich zu Handgreiflichkeiten. Der Zug bewegt sich nur langsam durch die angebrochene Nacht, immer wieder muß er anhalten, die Gleise sind in schlechtem Zustand. Eine einzige Spur ist befahrbar. Doch Jean Pina und René Vache haben keine Bomben gelegt. Sie verzichteten auf ihr Vorhaben, nachdem man ihnen mitgeteilt hatte, die Lokomotive sei kaputt und an eine Weiterfahrt des Zugs nicht zu denken. Bis zum Morgen legt er keine dreißig Kilometer zurück. Ungefähr jede Stunde muß er seine Fahrt unterbrechen.

Pierrelatte, 19. August

Im Laufe des Vormittags beschleunigt der Zug seine Geschwindigkeit. Gegen sechzehn Uhr kommt er in der Nähe des kleinen Bahnhofs von Pierrelatte zum Stehen. Ein Kugelhagel geht über die Wagen nieder. Die Soldaten rennen weg und überlassen ihre eingeschlossenen Geiseln dem Angriff eines alliierten Geschwaders, das den Zug vier- oder fünfmal in Längsrichtung überfliegt und beschießt. Die Gefangenen halten erneut ihre Trikoloren aus den Luken. Aus einem blauen Pullover, einem weißen Hemd und einem roten Halstuch wird sie in Nittis Wagen zusammengeknüpft. Aber von den Flugzeugen aus sind die Flaggen wohl kaum sichtbar. Im Wagen der jungen M.O.I.-Widerstandskämpfer wird Jacques Insel von einer Sprengkugel getroffen. Langsam, ohne ein Wort, ohne einen Schrei auszustoßen, gleitet er auf die Knie, den Mund mit blutigem Schaum gefüllt. Im Rücken klafft an der Einschußstelle ein riesiges Loch. Vergeblich versucht Jacques Insel etwas zu sagen. Seine Augen bleiben geöffnet, «wie von einem riesigen Erstaunen erfüllt». (Claude Lévy)

Bei jeder neuen Salve schwingt François Lafforgue die Trikolore. Er wird am Kopf getroffen. Mit nackten Händen reißt er den Stacheldraht von der Fensterluke weg und springt auf das Gleis. Von außen öffnet er die Tür und wird von den zurückkehrenden Deutschen niedergeschossen – deren Kugeln im Wagen weitere Opfer fordern. Lafforgue fällt nach hinten, mit zerplatztem Kopf, von Blut überschwemmt, das Gehirn verspritzt.

Claude Lévy «schloß erneut die Augen. Das Rempeln des Zugs nahm ihm den Atem. Als er seine mageren Glieder berührte und die Hand auf seine Brust legte, dachte er ‹ich lebe› und war erstaunt, dort unter dem Hemd Wärme zu spüren. Er dachte ‹mein Körper› und taumelte ins Glück über dieses sture Leben, das halsstarrig daran festhielt, in ihm zu pochen. Er bemühte sich tastend, sich von den durcheinandergewühlten Körpern zu befreien und sich einen Moment dem furchtbaren Geruch, der durch den Waggon strömte, und dem endlosen Gestöhn der Sterbenden zu entziehen.»[4]

René Lafond sitzt neben seinem Freund Jardel, der die Knie an sein Gesicht gezogen hat. Überall sind Einschußstellen zu sehen – aber keine Kugeln zu finden. Lafond ist blutverschmiert und dennoch unverletzt. Es ist der Mann neben Jardel, der getroffen wurde. Aus seinem Hals strömt Blut, das Loch im Oberarm stammt wahrscheinlich von einer Kugel, die schließlich im Schenkel Jardels steckenblieb. Und genausogut mich hätte treffen können, sagt sich René Lafond.

Dem Höllenlärm ist eine minutenlange Totenstille gefolgt. Erst jetzt sind die Schreie des Schmerzes und der Angst zu hören. Die Deutschen haben es nicht eilig, die Türen zu öffnen und mit der traurigen Inventur zu beginnen. Auch einer der Ihren ist umgekommen. Sie wickeln ihn in eine Decke und schaufeln ihm ein Grab. Parra und Van Dyck werden auf ihre Tour geschickt. In Francesco Nittis Wagen sind wiederum keine Opfer zu beklagen. Bei René Lafond gibt es neben Jardels Nachbar noch einen Schwerverletzten. Insgesamt sind es über zwanzig. Die Toten werden neben die Gleise gelegt. Die Lokomotive ist zerstört, zischend entweicht der Dampf aus den Einschußlöchern: Nach der Apokalypse keimt neue Hoffnung auf.

Auch die Deutschen stellen sich auf einen längeren Aufenthalt ein. Mit geschultertem Gewehr sucht ein Feldgendarm den Dorfarzt von Pierrelatte auf: «Schnell, schnell, es hat Tote und Verwundete gegeben.» Hélène Jaume begleitet ihren Mann Gustave: «Auf dem Boden lagen fast nackte Körper, acht oder zehn. Alle waren jung. Mit ihren Augen flehten sie nach Hilfe. Ohne meinen Mann anzuschauen, habe ich begriffen, daß er nicht mehr viel für sie tun konnte. Ein kräftiger Bursche hatte eine riesige Wunde im Oberschenkel, aus der unaufhörlich Blut floß. Ein anderer hielt die Hände über den Bauch, aus dem die Eingeweide quollen. Die übrigen waren in keinem besseren Zustand. Einer stammelte unaufhörlich vom Tod. Ich holte Wasser, Milch und Schnaps in einem benachbarten Hof: ein ärmlicher Totentrank für die Sterbenden. Nur mit unseren Augen konnten wir versuchen, ihnen etwas Hoffnung zu machen, ohne selber daran zu glauben. Die Wagen, aus denen man sie getragen hatte, waren schmutzig. Sie lagen in ihren Exkrementen. Ich habe ihre verschwitzten, stinkenden Gesichter mit Tüchern gewaschen. Über uns kreisten unaufhörlich Kampfflugzeuge, die Alliierten dachten zweifellos, es handle sich um einen deutschen Militärkonvoi.

Zwei Stunden ging das so ...

Die deutschen Wachtposten bewegten sich kriechend, auf dem Bauch. Sie hatten Angst.»[5]

Sie versuchen verzweifelt, die Lokomotive zu reparieren und den Wasserkasten zu füllen. Erst im letzten Moment merken sie, daß Nuncio Titonel ihre Verwirrung benutzt, um das Weite zu suchen. Sie eröffnen das Feuer, verfolgen ihn aber nicht. Titonel wird getroffen, rennt weiter. Ein Bauer bringt den italienischen Antifaschisten ins Krankenhaus von Montélimar.

«In den ersten Wagen waren die Frauen. Sie befanden sich

in einem Zustand höchster Erregung und schrien nach Wasser. Der Zug war sehr lang.»[6]

René Lafond nimmt wahr, daß eine Lokomotive – aus Montélimar, das nur wenige Kilometer weit entfernt ist – einfährt. In höchster Eile laden die Deutschen die Verwundeten und die Toten wieder ein. Als der Geisterzug fast schon außer Sichtweite ist, entdecken Hélène und Gustave Jaume den verletzten Spanier Raphaël Gimenez, den die Deutschen in der Hektik ihres Aufbruchs vergessen haben. In seiner Brust steckt eine Kugel. Dr. Jaume leistet Erste Hilfe und läßt den Patienten in einem Heuwagen ins Krankenhaus von Valréas einliefern.

Vergeblich hatte Gustave Jaume von den Deutschen gefordert, ihm zumindest die Verletzten zu überlassen. Seinen spanischen Kollegen versuchte er zum Bleiben zu überreden. Doch auch Parra steigt wieder ein, er will seine Kranken und Schicksalsgenossen auf ihrer Reise, die wieder einmal weitergeht, nicht allein lassen. «Sie werden nie und nimmer lebend in Montélimar ankommen», seufzt Jaume bei der Abfahrt zu seiner Frau. Umgehend benachrichtigt er Madame Vallette-Viallat von der dortigen Rote-Kreuz-Sektion.

Sieben Wochen sind seit der Wegfahrt aus Toulouse vergangen. Im Wagen der M.O.I.-Brigade, die mehrere Opfer beklagt, sind die jungen Partisanen «Tote auf Bewährung unter den Toten» – Claude Lévy sinniert: «Wenn es ihm gelänge, diesen schrecklichen Leidensweg bis zum Ende durchzustehen, sein Leben Tropfen für Tropfen oder gar Monate lang zu erhalten, so wußte er doch genau, daß der Tod am Ende der Reise auf ihn warten würde. Abhauen, vom Zug springen. Selbst wenn das Wahnsinn war.

In seinen Hautfalten brannte der Schweiß wie Säure. Die Läuse hatten an seinem Hals, am Bauch und unter den Armen große brennende Flecken hinterlassen. Er hatte sich Brust und Schenkel aufgekratzt, als er den Juckreiz zu lindern versuchte, aber der Eiter ließ jetzt den Schorf aufplatzen.

Er fühlte, wie er durch die Berührungen mit den anderen Körpern verrückt wurde.

Vom Zug springen, das bedeutete, dieser unermeßlichen Hölle aus Schmerzen zu entfliehen, saubere Luft zu atmen, Wasser zu trinken, irgend etwas zu essen, schlafen zu können und die Beine auszustrecken. Aber diese Freiheit bedeutete auch fast den sicheren Tod. Er hatte sich geschworen, diesen Termin so weit wie möglich hinauszuschieben.

Ein anderer Körper preßte sich gegen seinen, und er hatte dem keine Aufmerksamkeit geschenkt. Wahrscheinlich war es einer der Jungen, die halb eingeschlafen herumrollten. Er spürte, wie eine Hand seine Fessel umfaßte und am Bein hochkletterte. Er wollte sie zurückstoßen, aber die Hand suchte seine Hand und hielt sie schwach gepreßt. Er öffnete seine Augen und erkannte den Mann.

– Ach du bist es, der Junge aus Sarlat, sagte er leise. Hast du geschlafen?

– Wer bist du, fragte der andere.

Die Stimme war nur ein Atmen.

– Bist du es?

Der Mann schwieg einen Augenblick. Er hörte ihn weinen.

– Du weinst.

– Nein, nein, ich ersticke.

– Denk nicht dran, Alter. Versuch, dich aufzurichten.

– Die Flugzeuge, wie lange ist das her?

– Das war heute nachmittag gegen vier Uhr.

– Wer ist tot?

– Jacques (Insel), eine Sprengkugel in seinem Rücken. François (Lafforgue), in den Rücken geschossen. Zwei andere. Es gibt einen Haufen Verletzte, die gerettet werden könnten, die aber ebenfalls sterben werden.

– Mir geht es nicht gut. Ich schaffe es nicht mehr bis morgen. Bleib …

Er hörte das Geräusch der ausgetrockneten Lippen, die verzweifelt ein wenig Feuchtigkeit suchten. Der Mann versuchte wieder zu sprechen.

– Wirst du springen?

– Ja, ich glaube, es muß sein.

– Aber der Zug kann in jedem Augenblick befreit werden ... Ihr werdet für nichts zerschmettert werden.

Er schloß die Augen.

– Ich werde draufgehen ... Weißt du, was ich habe? Ich pisse Blut. Ich habe meine Hand druntergehalten, um es zu sehen. Ich kann nichts mehr machen. Deshalb werde ich abkratzen. Nicht wegen des Beins ...

Er dachte an das Knie, das er am Nachmittag gesehen hatte. Ein Brei, aus dem Nerven, blutige Muskelstränge und Sehnen quollen.

– Und du hast nichts?

– Nichts.

– Du darfst nicht springen! Versuch auszuhalten!

Er befreite langsam seine Hand und richtete sich auf. Er begann mit dem Weg zum hinteren Teil des Waggons und vermied es, auf die ausgestreckten Körper zu treten, indem er mit dem Fuß den Boden suchte. Ein Ruck ließ ihn straucheln. Er setzte seinen Weg auf allen vieren fort, kroch über die Leiber, und es gelang ihm, sich wieder aufzurichten. Er suchte seine Genossen, die kleine Gruppe Männer, die beschlossen hatten zu fliehen. Es war eine schwierige Angelegenheit, das durchzusetzen. Über die Hälfte der Deportierten wollte von Flucht nichts wissen, sei es nun aus Angst oder aus Resignation oder weil sie die harten Unterdrückungsmaßnahmen gegenüber denen fürchteten, die nicht springen konnten. In der Hölle des Waggons endete die Diskussion beinahe mit einer Schlägerei.»[7]

Montélimar, 19. August

Seit sechs Tagen greifen die Forces Françaises Libres (F.F.L.) und zwei Bataillone der Forces Françaises Intérieures (F.F.I.) die Deutschen an. Deren Rückzug aus Frankreich hat begonnen. Bei Montélimar ist das Rhônetal sehr eng. Die Route Nationale sieben und die Eisenbahnstrecke sind heftig umkämpft. Unerwartet schnell stoßen die amerikanischen Streitkräfte gegen Norden vor. Doch die 7. Amerikanische Armee hat sich Grenoble als Ziel gesetzt. Sie steht bereits vor Sisteron. Um sie zu unterstützen, werden gewisse F.F.L.-Verbände aus dem Rhônetal abgezogen. Zwischen dem 13. und dem 18. August wäre der Geisterzug unmöglich durch die Schlacht von Montélimar gekommen. Die Menschen haben seit Tagen keinen fahrenden Zug mehr gesehen. Durch den Abzug der F.F.L. wird der Riegel allerdings gelockert.

In diesem Moment erreicht der Geisterzug die Stadt. Am 19. August. Er rollt auf dem rechten Gleis, das eigentlich für die Fahrt in den Süden vorgesehen ist, und hält deshalb am Bahnsteig Nummer eins. Nach ihrer Benachrichtigung durch den Arzt Dr. Jaume aus Pierrelatte hat sich Madame Vallette-Viallat auf ihrem Fahrrad umgehend zum Bahnhof aufgemacht. Als der Konvoi eintrifft, wartet sie zwischen zwei deutschen Offizieren. Auch der Gestapo-Chef von Montélimar, Richter, ist gekommen. Er befiehlt der Rote-Kreuz-Chefin, die Toten zu übernehmen.

«Ich bin dazu bereit, aber ich will auch die Verletzten.»

Richter: «Nein, nur die Toten, das ist ein Befehl.»

Vallette-Viallat: «Dann nehme ich die Toten auch nicht.»

Die Deutschen halten Rat und geben nach.

Richter: «Sie sind für die Verletzten verantwortlich. Nach ihrer Genesung werde ich sie abholen.»[8]

Von seinem Wagen aus beobachtet Francesco Nitti, wie die Toten und die Verletzten aus dem Zug getragen werden. Die Leichen werden in den Wartesaal gelegt. Eine Ambulanz des

Roten Kreuzes fährt bis zum Bahnsteig vor und nimmt die Verletzten in Empfang. «Es war ein trauriges Schauspiel, die leblosen Körper unserer Gefährten, die bis hierher ihre Schmerzen und ihre Leiden mit uns geteilt hatten, zu sehen. Eine Gruppe von Bahnarbeitern stand an der Tür zum Wartesaal und schaute dem Geschehen ebenso niedergeschlagen wie hilflos zu. Die Deutschen, bis zum Ende ihren Befehlen gehorchend, vertrieben sie mit Gewalt. Wir sahen uns gegenseitig an, wechselten einige Worte und gedachten unserer verstorbenen Kameraden. Wir verfluchten ihr unseliges Schicksal und wurden uns bewußt, daß es sehr bald auch unseres sein könnte.»[9]

Die «kommunistischen Terroristen» Jacques Insel, François Lafforgue und die anderen – von den Deutschen mit französischer Hilfe deportierten, im alliierten Kugelhagel umgekommenen – Toten von Pierrelatte, unter ihnen zwei Schweizer, bekommen im Militärfriedhof von Montélimar ein faschistisches Begräbnis: Philippe Pétains Miliz salutiert, als ihre Särge – über die man eine französische Nationalflagge gelegt hat – vor den Augen von Madame Vallette-Viallat von den deutschen Soldaten der Erde übergeben werden. Ihre Verletzten pflegt sie zu Hause und in einer Klinik. Unter ihnen befindet sich Titonel – der seinen Augen nicht traut, als er im Krankenhaus seinem über die Felder geflüchteten Sohn begegnet. Um ihren Patienten möglichst viel Ruhe und Sicherheit zu gewährleisten, streut Frau Vallette-Viallat das Gerücht aus, sie seien an Typhus erkrankt. Vom Gestapo-Chef Richter hört sie jedenfalls nie mehr etwas.

Auch die Résistance ist von Pierrelatte aus informiert worden. Gerüchte eines bevorstehenden Angriffs gelangen bis zu den Gefangenen, denen das Rote Kreuz ein wenig Nahrung bringen kann. Ansonsten darf sich niemand dem Zug nähern, vor dem permanent deutsche Wachtposten patrouillieren. Sie befinden sich in einem Zustand extremer Nervosität. Bomben fallen auf Montélimar. René Lafond beobachtet durch eine Ritze, wie sich die deutschen Zugbegleiter auf Pakete und Kisten, die auf ihren Abtransport warten, stürzen. Sie reißen sie auf und leeren die Flaschen. Während einer Stunde scheinen sie nur zu saufen. Mehrere, hat René Lafond den Eindruck, sind betrunken.

Der Widerstand bleibt nicht untätig. Er untersteht der Leitung von Colonel Paris, der im bürgerlichen Leben Lucien-Edouard Dufour heißt. In der Nacht schickt Colonel Paris ein Beobachtungskommando in die Stadt. Auf der Route Nationale 7 herrscht emsiger Verkehr, ein Eingreifen ist ausgeschlossen. Dufour erteilt den Befehl, die Gleise zu sprengen. Der englische Offizier Jack Pall, der im Fallschirm über Frankreich abgesprungen war, entdeckt gegen sechs Uhr morgens einen Zug. Sein Kommando bekommt von Dufour den Auftrag, in den Bahnhof einzudringen. Im gleichen Moment fahren drei deutsche Kleinlastwagen mit rund sechzig Mann vor. Die überraschten Widerstandskämpfer eröffnen das Feuer. Ein Laster geht in Flammen auf, der Fahrer wird getötet. Die demoralisierten Deutschen verteidigen sich kaum. Doch angesichts ihrer zahlenmäßigen Übermacht ordnet Pall den Rückzug an. «Trotz aller unserer Anstrengungen und den Angriffen der alliierten Flugwaffe, die vielleicht ein bißchen spät kamen, war es uns nicht möglich, den Zug mit den Deportierten aufzuhalten.»[10]

Der Geisterzug war tatsächlich zwei oder drei Stunden zuvor aus Montélimar weggefahren. Am 20. August versucht Pall etwas nördlich – in La Coucourde – noch einmal, zu den Gleisen vorzurücken. Erneut macht die starke feindliche Präsenz einen Angriff unmöglich. Am Tag darauf erreichen die amerikanischen Truppen unter General Butler den Ort. Der Riegel von Montélimar geht wieder zu. Die Schlacht dauert noch ein paar Tage. Die Deutschen hissen französische oder amerikanische Flaggen auf ihre Panzer, um aus dem Kessel zu entkommen. Sie verlieren zahlreiche Soldaten, viertausend Fahrzeuge und lassen fünftausend Gefangene zurück.

Vorgestern war der Marsch nach Sorgues, gestern die Angriffe durch die alliierten Flugzeuge in Pierrelatte und der Wegtransport der Leichen mit der Angst vor einer Bombardierung während des mehrstündigen Aufenthalts in Montélimar: die Gruppe um Christian de Roquemaurel ist entschlossener denn je, die Flucht zu ergreifen. Es ist ihr gelungen, eine Eisenstange an Bord zu schmuggeln. Das Werkzeug erleichtert die Arbeit an den Bodenbrettern. In Montélimar konnte sie ungestört vorangetrieben werden. «Es gab keine Überwachung mehr. Die Deutschen waren mit sich selber beschäftigt und lagen, von der Hitze erschlagen, vom Alkohol benebelt, auf dem Bahnsteig. Wir hatten den Eindruck, daß es dem Ende entgegenging. Es schien unmöglich, noch lange ohne immense Verluste so weiterzufahren. Wir spürten, daß wir so schnell wie möglich – und welches die Risiken sein mochten – wegmußten, solange uns noch ein Minimum an Kraft blieb.»[11]

Seit Tagen diskutieren sie über die Gefahr, nach dem Sprung von Teilen des Untergestells – wie dem Bahnräumer – oder möglicherweise an Weichen erschlagen zu werden. Schon bald ist eine Planke gelockert. Roquemaurel knotet seine Sachen zu einem Bündel zusammen, das er Damien Macone übergibt: er soll es ihm nachwerfen. Nach Roquemaurel wollen Toussaint – wegen dessen körperlicher Fülle ein zweites Bodenbrett gelöst werden muß –, Silberfeld, Macone und noch fünf weitere Gefangene springen. Die Gegner eines Fluchtversuchs scheinen zu schlafen.

Bei einer Fahrgeschwindigkeit von etwa dreißig Kilometern pro Stunde läßt sich Christian de Roquemaurel auf die Bahntrasse fallen. Der Aufschlag auf den spitzen Steinen bewirkt einen leichten Schmerz in den Knien und auf der Brust. Er spürt, wie die Räder ganz sanft seine Schultern berühren, fast streicheln. Er macht sich so klein wie möglich. Erst als der letzte Wagen vorüber ist, hebt er den Kopf und schaut dem Schlußlicht nach. Er darf keine Zeit verlieren, die Bahnstrecken werden regelmäßig von Patrouillen kontrolliert. Mit einem Satz springt Roquemaurel auf die Beine. Seine Füße verheddern sich im Kabel zwischen zwei Signalen. Er strauchelt, rutscht einen Abhang hinunter und fällt in einen Bach. Das Bad tut ihm gut, das Wasser beruhigt. An das Kleiderbündel, das ihm Damien Macone nachgeworfen hat, denkt er nicht mehr. Zu Fuß macht er sich in Richtung Montélimar auf, von dem sich der Geisterzug erst wenige Kilometer entfernt hat. Er denkt an den Widerstand zurück, an das Todesurteil, dem er entgangen ist, an den gescheiterten, weil verratenen Fluchtversuch, an die Fahrt und die Bomben. Was mit Albert Lautmann geschah, weiß er in diesem Augenblick nicht.

Nach Roquemaurel springen Silberfeld und Toussaint. Der vierte, Robert, hat Angst, sich auf die Gleise fallen zu lassen, und läßt sich durchs Fenster hieven – er kommt beim Sprung in die Freiheit ums Leben. Dem nächsten, Revel, werden die Beine von den Rädern des Zugs zerquetscht. Damien Macone entkommt unverletzt. Als er sich aufrichtet, sieht er am Horizont ein Flammenmeer. Montélimar brennt: Beim Feuerwechsel zwischen Palls Widerstandskämpfern und den überraschend eintreffenden Deutschen ist im Bahnhof der mit Artilleriegeschütz und Munition beladene Konvoi, den das Maquis-Kommando irrtümlicherweise für den Geisterzug hielt, in Brand gesteckt worden.

Die Flucht der Roquemaurel-Gruppe bleibt unbemerkt. Brutal werden die Gefangenen nur wenig später aus den Wagen geholt. Sie sind in Loriol, wo im Frühsommer 1940 Golo Mann im örtlichen Auffanglager interniert war und der Zug losfuhr, der nach Les Milles ging, dann an die Atlantikküste und wieder zurück. Auch in Loriol wird die Befreiungsschlacht geschlagen. Die für den Rückzug der Deutschen wichtige Bahnbrücke über die Drôme ist von den Alliierten fast völlig zerstört worden. Nur zu Fuß kommt man hinüber. Der Fluß ist in diesem heißen Monat August ziemlich ausgetrocknet. Die Gefangenen tragen das Gepäck und die Helme der Deutschen. Claude und Raymond Lévy schleppen eine Kiste mit Weinflaschen. Der Soldat, der sie mit nach Hause nehmen will, begleitet die beiden Brüder mit gezücktem Dolch. Ein Deportierter kann drei Pakete Trockenbiskuits klauen, die er mit seinen Gefährten teilt. Zwei Fluchtversuche sind erfolgreich – aber alle Vorbereitungen in den Waggons, das Lockern der Nägel und Schrauben mit nackten Händen, waren vergeblich.

Am anderen Ufer steht, gegen Bombenangriffe durch Zweige getarnt, ein neuer Zug bereit. Schuster muß geahnt haben, daß die Brücke kaputt ist. Den Ersatz hat er wahrscheinlich bereits von Roquemaure aus organisiert. Der Konvoi ist zum Teil aus ungarischen Wagen zusammengestellt worden und kommt von einer Nebenstrecke aus den Alpen, aus der Gegend von Gap. Möglicherweise wartet er schon seit zwei, vielleicht drei Tagen auf seine Passagiere – auch hier verkehren längst keine fahrplanmäßigen Züge mehr. Francesco Nitti verschlägt es in einen Wagen, in dem viele seiner Freunde sind. Auch Hyla ist bei ihnen, sein alter Bekannter aus dem Lager Le Vernet d'Ariège. Nitti schätzt seine Würde und seinen Mut – mit Hyla kann er über politische Themen diskutieren: er war vor dem Krieg Parlamentsabgeordneter in Polen. Hyla ist über fünfzig und von seiner jahrelangen Internierung körperlich stark gezeichnet.

Auch für Conchita Ramos, die ebenfalls seit Toulouse dabei ist, geht die unerträgliche Reise weiter – Hunger, Durst, die Hitze, der Dreck: «Wir waren in einem rollenden Backofen eingesperrt.» Die Frauen müssen viele Demütigungen erdulden. Sie singen, lesen, diskutieren. Manchmal glauben sie an die bevorstehende Befreiung durch die amerikanischen Truppen, die einen bis zwei Tage Rückstand auf den Geisterzug haben. Dann folgen Augenblicke tiefster Niedergeschlagenheit.

Conchita Ramos schreibt eine Nachricht an ihre Familie, die tatsächlich bei ihrer Schwester ankommt: sie ist auf dem Weg in die Deportation, kann sie berichten, aber sie lebt. «Wir waren so sehr zusammengepfercht, daß sich in unserer Enge manchmal beim geringsten Anlaß Diskussionen und Streitereien entzündeten. Bei jedem Stopp hielten wir durch eine kleine Fensterluke Ausschau nach dem Ortsschild im Bahnhof und nach dem Roten Kreuz, von dem wir etwas zu essen bekamen, aber wir wollten vor allem Wasser. Manchmal konnten wir uns erfrischen, wenn die Dampfmaschine gefüllt wurde und man uns erlaubte, die Wagen zu verlassen. Wir stellten uns unter den Schlauch, das Wasser spritzte und warf uns um, wir tranken es gleichzeitig in vollen Zügen. Was für ein Genuß. Daß es kein Trinkwasser war, hatte keine Bedeutung, wenn man so schrecklichen Durst hatte wie wir.»

Eine einzige Frau hat sich auf der bisherigen Reise zur Flucht entschlossen. Sie ist auf dem Fußmarsch von Roquemaure nach Sorgues in die Büsche verschwunden. Ihre Gefährtinnen haben, um keinen Verdacht aufkommen zu lassen, die zurückgebliebenen Sachen mitgenommen. «Jede hatte sich ein kleines Plätzchen eingerichtet. Ganz in meiner Nähe war Yvonne Baudou, sie erzählte mir von ihrem taubstummen Sohn und ihrem Mann. Es kam zu kleinen Auseinandersetzungen, unsere Enge war unerträglich, ein Leben ohne jeglichen Komfort, ohne jede Hygiene auf derart wenig Raum. Mit der Hitze wird man extrem reizbar. Die neunzehnjährige Loulou aus dem Elsaß, blond und fesch, verstand sich überhaupt nicht mit Geneviève Dubreuil.» (Ginette Vincent Baudy)

Marie Bartette, eine heroische Figur des Widerstands in Arcachon, kann der Odyssee trotz ihrer Leiden positive Seiten abringen und versucht, sie als Experiment und extreme Erfahrung zu verstehen – «unter der Voraussetzung, daß es eine Rückkehr gibt».

«Die Deutschen sind auf ihren Flachwagen, die Maschinengewehre auf die Landschaft gerichtet. Sie haben ständig Angst, vom Maquis angegriffen zu werden. Deshalb zielen sie von

Zeit zu Zeit wahllos auf irgend etwas, das sich bewegt. Ein Flachwagen befindet sich gleich hinter unserem Waggon. Kurz vor Lyon ist unser Aborteimer voll. Wir halten den Kübel zum Fenster hoch und versuchen, ihn zu leeren. Die Soldaten bekommen mehr als nur Spritzer ab. Sie schreien und stoppen den Zug.»[12]

Valence, 20. August

Der Geisterzug fährt – nach wie vor im Schneckentempo – Richtung Valence. Immer wieder tauchen die Flugzeuge der Alliierten am Himmel auf. Aus Angst vor Bomben hält der Zugführer in einem Tunnel, wo der Konvoi eineinhalb Stunden wartet. In Raymond Lévys Wagen verlieren fast alle das Bewußtsein.

René Lafond berichtet: «Die giftigen Stoffe bleiben am Boden, der leichtere Sauerstoff, den man zum Atmen braucht, steigt. Wir müßten also permanent stehen bleiben, aber dazu ist kaum noch einer in der Lage. Auch jene, die genügend Kraft haben, halten nicht lange durch – nach wenigen Minuten fallen sie völlig erschöpft auf die anderen, die bereits am Boden liegen. Die Lage wird schnell sehr ernst.

Darauf ereignet sich etwas Seltsames. Nach einer Verteilung von Wasser beginnen alle Insassen des Wagens, außergewöhnlich stark zu schwitzen. Wir entledigen uns der letzten Kleider, die völlig durchnäßt sind. Aus den weit geöffneten Poren dringen große Schweißtropfen hervor. Nie zuvor haben wir so etwas gesehen. Die Spezialisten kennen dieses Phänomen, das durch die Dunkelheit noch verstärkt wird. Unter anderen Umständen hätte es uns beunruhigt, im Zustand der totalen Erschöpfung, in dem wir uns befinden, nehmen wir es praktisch gleichgültig zur Kenntnis. Beim nächsten Halt in Valence genügt ein Zug Luft, um uns trotz der Überhitzung ein bißchen Erleichterung zu verschaffen.»[13]

Francesco Nitti macht im Bahnhof von Valence ausschließlich Soldaten und Bahnangestellte aus. Sein Wagen kommt vor dem Büro des Stationsvorstands zum Stehen. In der Etage darüber befindet sich dessen Dienstwohnung. Eine Frau beobachtet das Treiben. Kaum haben sich die Gendarmen ein wenig entfernt, hält sie einen Karton ans Fenster. «Haltet durch! Paris ist umzingelt.»

In einem Wagen ziehen ungefähr fünfundzwanzig Deportierte ihre Kleider an. Einer nach dem anderen steigen sie aus – und kommen unbehelligt aus dem Bahnhof. Der kollektive Ausbruch bleibt ungeahndet, hat aber zur Folge, daß die Bewachung wieder sehr viel aufmerksamer wird. Zur Toilette werden die Gefangenen in Fünfergruppen geführt. Um weniger auffällig zu wirken, hat sich Philippe Toureille von einem Kollegen mit einer kaputten Rasierklinge den Bart abschneiden lassen. Sein Gesicht ist blutverschmiert. Er löst sich von seiner Gruppe und nähert sich einem Ausgang, vor dem ein bewaffneter Soldat steht. In Sorgues ist er gefaßt worden – hier bläst er freiwillig zum Rückzug. Und bereut es wenig später bitterlich. Der uniformierte Franzose, der vor dem Zug Wache schiebt, ist ein Sympathisant des Widerstands: «Keine Sorge, es gibt kein Durchkommen mehr, wir jagen alle Gleise in die Luft», flüstert er in Toureilles Wagen.

Die Stunden vergehen. Eine Mahlzeit wird bewilligt, den Rote-Kreuz-Helferinnen indes befohlen, sich dem Gefangenentransport nur mit gesenktem Blick zu nähern und die Nahrung mit ausgestreckten Armen hinzuhalten. Mit den Deportierten dürfen sie nicht reden, und sie sollen sie möglichst auch nicht sehen.

Durch das Glasdach der Bahnhofshalle dringen die Sonnenstrahlen. Die Böden in den Waggons sind schon wieder naß vom triefenden Schweiß. Eine Wasserverteilung, an der sich das Rote Kreuz beteiligt, wird lebensnotwendig. Ein Deportierter, der aus der Gegend stammt, steckt bei dieser Gelegenheit

der Hilfsorganisation seine Adresse zu: Wenn die Widerstandskämpfer in der Rue Châteauvert 117 vom Geisterzug und dem
Schicksal ihres gefangenen Genossen erfahren, werden sie ihn
nicht weiterfahren lassen.

René Lafond meldet sich freiwillig zum Wasserholen. Zwei-
oder dreimal kehrt er mit dem vollen Eimer zu seinen Gefährten zurück. Er ist entschlossen, die Flucht zu wagen. Nicht weit
vom Wasserhahn entfernt hat er eine Toilettentür ausgemacht.
In der Hoffnung, daß der Zug möglichst bald abfahren werde,
versteckt er sich auf dem Klo. Er hört Schreie, den Lärm quiet-
schender Räder, glaubt gar, ein Startsignal zu vernehmen ...
Brüsk wird die Tür der Toilette aufgerissen, Lafond bekommt
wieder einmal einen Fußtritt und wird gewaltsam zum Geisterzug geführt, der sich tatsächlich in Bewegung setzt. Die mit-
fahrenden französischen Kollaborateure im Zug hatten sein
Weggehen bemerkt und Lafond verraten. Fast noch größer als
die Enttäuschung über das Mißlingen des letzten Fluchtversuchs ist jene über den Verlust von Jardel als Reisegefährten:
Lafond hat es zu einer Gruppe von Spanienkämpfern verschlagen, die er nicht kennt.

Alles aussteigen: Nach der Drôme muß auch die Isère zwischen Valence und Lyon zu Fuß überquert werden.

Lyon, 21. August

Obwohl sich die Rote-Kreuz-Helferin erst am Tag danach in
die Rue Châteauvert 117 begibt, ist der Résistance die Anwesenheit des Geisterzugs bekannt. Die Informationen, die ihr
zugehen, sind extrem widersprüchlich. Aus Lyon, das hundert
Kilometer weiter nördlich gelegen ist, von heftigen Kämpfen
heimgesucht wird und dessen Durchfahrt mit großen Risiken
verbunden ist, wird gemeldet, der Zug sei eingetroffen – aber
leer. Sind die Deportierten in einer anderen Richtung unterwegs? Das Widerstandskommando begibt sich ins östlich von

Valence gelegene Romans – ohne Erfolg. Es kehrt zur Strecke nach Lyon zurück. In Tain l'Hermitage wird den Maquisards beschieden, daß sie ein paar Stunden zu spät kommen: «Der Zug wurde auf dieser Strecke bis Lyon von einem französischen Beamten des Depots Lyon-Mouche begleitet (es war unmöglich, seinen Namen in Erfahrung zu bringen). Wir verfolgten ihn bis Saint-Rambert-d'Albon, wo wir nichts Neues in Erfahrung bringen konnten. Es gab keine Zeugen der Durchfahrt. Man erklärte uns, daß sich vierundzwanzig Stunden zuvor der Bahnhofsvorstand und sein ganzes Personal dem Maquis angeschlossen und den Bahnhof verwaist zurückgelassen hatten. Ein deutscher Offizier, der niemanden vorgefunden hat, steckte den Bahnhof in Brand. Die F.F.I. in Lyon wurden informiert, aber ein Eingreifen war ihnen wegen der großen Zahl von Feldgendarmen nicht möglich.»[14]

Durch Lyon geht es im Schrittempo. Die Alliierten sind auf dem Vormarsch, gewisse Städte sind schon befreit, die zuversichtlich gestimmten Passanten rufen es den Deportierten zu. «Ihr werdet nie in Deutschland ankommen», lesen sie auf einem Plakat. Nur wenige Stunden später stecken die F.F.I. auf dem Flughafen von Lyon-Bron die Benzinreserven der Besatzer in Brand. Sieben Flugzeuge werden am Boden zerstört. Der deutsche Generalstab beschließt, die Stadt zu verlassen. Auf ihrem Rückzug werden die Truppen von Maquis-Verbänden angegriffen, können sich aber befreien und in Richtung Dijon bewegen – wohin der Geisterzug unterwegs ist. So nah war die Front noch nie.

Châlon-sur-Saône, Beaune, Dijon

Die Fahrt geht über Mâcon und recht zügig voran. In Châlon-sur-Saône kommt es erneut zu einem längeren Halt. Der Bahnhof ist stark beschädigt. Die Fliegertruppen auf dem Rückzug aus Lyon treffen praktisch gleichzeitig ein. Ein Oberst der

Luftwaffe beansprucht zumindest ein paar Wagen für seine Mannschaft: Soldaten, Waffen, Material seien ja wohl wichtiger für das Vaterland als die kaputten, krepierenden Kreaturen, die Schuster mit sich führt. Der Streit wird laut geführt und droht, in Handgreiflichkeiten auszuarten. Doch es gibt keine Freilassung von Deportierten.

Im Wagen von Raymond und Claude Lévy bekommt man von den Auseinandersetzungen nichts mit. Er bleibt verschlossen. Nur einmal öffnet sich die Tür für wenige Sekunden: drei blutjunge deutsche Soldaten, deren Gesichter sie noch nie gesehen haben, bringen ihnen ein paar Camemberts – seit Valence, seit sechsunddreißig Stunden gab es weder Wasser noch Brot. Der Käse wird von den solidarischen und straff organisierten Partisanen der M.O.I. gerecht verteilt.

In Beaune verpflegen das Rote Kreuz und die Bevölkerung die vom Durst gepeinigten Gefangenen. Die Hitze hat kaum nachgelassen, seit Tagen fiel kein Regen. Die Deutschen sprechen dem Burgunder zu. Als der Zug Beaune verläßt, sind sie ziemlich beschwipst. Sie schießen mit ihren Maschinengewehren auf die Häuser links und rechts der Bahnlinie, auf die Menschen in den Straßen, auf die Pferde – auf alles, was sich bewegt.

Dreißig Kilometer werden zurückgelegt. Erneut hält der Geisterzug an: Dijon – Endstation? Das Chaos im Bahnhof ist unbeschreiblich. Es fahren längst keine Züge mehr nach Norden. Die französischen Bahnarbeiter informieren die Deportierten und wollen den Deutschen die Weiterfahrt verweigern: die Schienenschlacht ist in vollem Gange und mehr als ein Zug ausgebrannt. Unaufhörlich fallen die Bomben. Schuster will nach Hause und setzt sich durch – gegen die Franzosen, gegen die eigenen Landsleute vor Ort.

Er kommt nicht weit: der Schienenstrang ist auf mehreren hundert Metern unterbrochen. Die Deportierten müssen beim Reparieren mit Hand anlegen. Die Feldgendarmen schützen sie dabei vor den befürchteten Angriffen des Maquis. Er wird für die Sabotage verantwortlich gemacht – und den Gefangenen zur Strafe bis zum Ende der Instandsetzung jede Wasseraufnahme verweigert.

Die Geisterfahrt führt durch eine gespenstische Mondlandschaft: «Der Anblick, der sich uns eröffnet, ist surrealistisch. Aufgeschlitzte und umgestoßene Lokomotiven, brennende Wagen, verlassene Bauernhöfe mit herumirrenden Hühnern, auf die von den betrunkenen Deutschen, die im Bahnhof Champagner gestohlen haben, geschossen wird. Aufgebrochene Schienen und losgelöste Querbalken liegen herum.

Seit Dijon greift der Maquis an. Jeden Abend kommt es zu Beschießungen durch die vorsichtigen F.F.I., die uns keinen Gefahren aussetzen wollen. Von ihren Flachwagen aus schießen die Deutschen zurück. Und trotzdem geht es voran. Aber wir erfahren, daß zahlreiche Gefangene entkommen sind. Dazwischen die Feuerstöße der Maschinengewehre – ziellos ballern die Deutschen in der Landschaft herum.» (Renée Lacoude)

Sie tun es mehr zur Beruhigung ihrer Nerven als zur Abschreckung der Résistance. Durchhalten gegen alle Hindernisse. Lothringen ist deutsch, die Grenze zum Reich rückt immer näher. Bis Saarbrücken sind es bald nur noch hundert Kilometer. «Der Zug rollte nun schon seit fast zwei Monaten. Er irrte mit seiner Ladung Toter, Sterbender und von Würmern und Fieber zerfressener Gestalten über gesprengte und bombardierte Schienen. Wer konnte in den beiden Schatten mit den abgezehrten Gesichtern und den schwarzen Bärten Raymond und Claude erkennen, die beiden Oberschüler, die beiden Jugendlichen, die den großen Pariser Razzien entkommen waren? Sie hielten sich niedergeschlagen in einer Ecke des Waggons auf. Raymond hatte nur noch ein Glas in seiner Brille, das andere hatte er durch ein Stückchen Karton ersetzt. Das Fieber nahm Besitz von ihren Körpern und ließ sie wahnsinnig werden. Manchmal begann ein Deportierter zu schreien, sich auf dem Boden zu wälzen oder sich auf seine Mitgefangenen zu werfen. Und dann verfielen alle wieder in eine niederschmetternde Trübsinnigkeit. Allmählich verloren die Männer ihre Kraft und versanken langsam in der eintönigen Hölle der Tage.»[15]

Die Grenze kommt immer näher. «Hitze, kein Wasser, wir hoffen, uns befreien zu können», notiert Francesco Nitti in seinem Tagebuch. Er denkt an Dostojewski – an «Die Brüder Karamasow». Und erinnert sich an ein Zitat des verehrten Dichters über die Bedingungen der menschlichen Existenz schlechthin: «Sich erkundigen, ob man liegend zwischen zwei Schienen bleiben kann, während der Zug bei voller Geschwindigkeit über einen hinwegfährt», hatte Nitti bei Dostojewski gelesen; in den Tagebüchern. Die Frage beschäftigt ihn – und alle, die an Flucht denken.

Die Reise in die Deportation ist an ihrem schlimmsten Punkt angekommen: «Wir waren extrem geschwächt, fast abgestumpft durch die materiellen Umstände, in denen wir lebten. Es gab keine Nahrungsreserven mehr. Unsere Körper waren geschmolzen – durch die Hitze, den Hunger, durch diese ganze Zeit, die wir in einem dermaßen eingeschränkten Raum verbrachten. Unsere Gesichter waren noch entsetzlicher geworden, bleich, mit hohlen Augen, langem Bart. Unsere Kleider waren dreckig und zerrissen. Seit dem 2. Juli haben wir Tag für Tag das Fortschreiten unseres physischen Zerfalls erlebt, und einige von uns waren auch mit den Nerven am Ende. Sie schlossen sich in ein wildes Schweigen ein, oder sie manifestierten durch unerwartete Ausbrüche die Störung ihres psychischen Zustands.»[16]

In Nittis Wagen zeigen sich rund dreißig der über siebzig Gefangenen zu einem Fluchtversuch bereit. Mit einer Schere, einer Nagelfeile und alten Messern machen sie sich an die Arbeit. Jede halbe Stunde lösen sich die Gruppen ab. Am Fenster vergewissert sich ein Wachtposten, daß die Geschwindigkeit nicht nachläßt. Bei jedem Halt, und sie häufen sich auf den letzten hundert Kilometern vor der Grenze, kontrollieren die Deutschen die Wagen. Mit großen Scheinwerfern leuchten sie die Schienen und Untergestelle aus. Inzwischen kennen sie alle Schliche ihrer Geiseln, die bei jedem Bremsmanöver die losgelösten Bretter wieder zurücklegen und unter Decken verstecken. «Nie werde ich die Nacht vom 23. auf den 24. August vergessen, als durch die Öffnungen im Boden die Freiheit in Sicht kam. In diesem Moment wurde sie von dem mit Schotter belegten Erdstreifen verkörpert, der – eingezwängt zwischen zwei Schienen – vor unseren Augen dahinflog.»[17]

In den frühen Morgenstunden fällt Francesco Nitti in einen tiefen Schlaf. Als er aufwacht, ist es zwei Uhr nachmittags. Er hat Durst, seine Glieder schmerzen. Der Geisterzug ist in Is-sur-Tille zum Stillstand gekommen. In kleinen Gruppen werden die Gefangenen unter strengster Bewachung an die frische Luft geführt. Nitti wechselt einige Worte mit dem ungarischen Genossen Armand Herz – der Deutsch spricht und seit Toulouse als Dolmetscher wirkt – aus dem Wagen der M.O.I.-Partisanen. Nitti erfährt, daß auch bei ihnen ein Fluchtversuch für die kommende Nacht organisiert wird. Gegenseitig wünschen sie sich viel Glück. In Is-sur-Tille wird weder Wasser noch Nahrung verabreicht. Nach drei Stunden Aufenthalt geht es weiter. Bald ist ein weiteres Brett aus dem Boden gelöst und die Öffnung für das Springen groß genug. Viele Gefangene sind zu erschöpft, zu resigniert – aber auch nicht mehr in der Lage, sich einem Fluchtversuch aus Angst vor Repressionen zu widersetzen. Stumm nicken sie ihren Kameraden zu, welche die Reihenfolge zu bestimmen beginnen.

Nitti sitzt auf seinem kleinen Köfferchen, in dem er mitführt, was ihm an persönlichen Dingen noch geblieben ist. Er zieht sich vollständig an, bindet seine Krawatte um und setzt das Béret auf den Kopf. Um zu verhindern, daß die Jacke beim Aussteigen irgendwo hängenbleibt oder vom Luftzug aufgeblasen wird, steckt er sie in die Hose. Die Socken zieht Nitti über die Hosenstöße. Gegen neun Uhr spricht er mit Hyla – man verabredet, daß man sich nach der Flucht zu treffen versuchen werde. Hyla gibt Nitti, der seit zwei Tagen nichts gegessen hat, sein letztes Stück Zucker.

Um 21 Uhr 30 fährt der Konvoi in der Nacht vor dem 24. August 1944 am Bahnhof von Lecourt – an der Strecke nach Neufchâteau und Nancy – vorbei. Montigny-le-Roi hat er soeben hinter sich gelassen. Die Gefangenen, die zum gefährlichen Sprung in die Freiheit ansetzen, stopfen sich, um nicht vor lauter Angst zu schreien, ein Taschentuch in den Mund. «Im Halbdunkel nahm ich die Schatten meiner Gefährten wahr. Der Zug fuhr langsam, es ging bergauf. Mir wurde bewußt, daß die Operation begonnen hatte. Durch die Öffnung drang ein schwaches Licht herein. Jetzt war es an mir. Zwei Kameraden hielten mich mit ihren Armen fest. Ich bückte mich nieder und befand mich zwischen den Rädern, die einen höllischen Lärm machten. Automatisch führte ich die Bewegungen aus, die ich in Gedanken schon unzählige Male durchgespielt hatte.»[18]

Francesco Nitti, der aus Mussolinis Gefängnis geflüchtet war, in Spanien und in Toulouse gegen den Faschismus gekämpft hatte, läßt sich auf den vorbeirasenden Schotter fallen.

«Ich fühlte einen Stoß in den Knien und lag unvermittelt bäuchlings zwischen den Schienen. Die Arme drückte ich an den Körper. Der Zug fuhr über mich hinweg. Ich wußte, daß siebzehn Wagen über mich hinwegdonnern würden, aber ich zählte sie nicht. Die Zeit schien mir lange. Ich guckte nach hinten und hatte den Eindruck, daß nur noch wenige Wagen zu überstehen waren. Tatsächlich, wenige Augenblicke später wehte mir die frische Landluft ins Gesicht. Ich lag immer noch unbeweglich am Boden und sah, wie das rote Schlußlicht des letzten Wagens mit unglaublicher Geschwindigkeit verschwand. Ohne mich zu bewegen, tastete ich meinen Körper ab.

Ich war unverletzt. Noch realisierte ich nicht wirklich, daß die Unendlichkeit der Nacht, die mich auffing, mir die Freiheit wiederbringen würde. Noch war das rote Signal zu sehen. Als es verschwand, hallte der dumpfe Lärm des Zugs noch lange durch die verschlafene Landschaft.»[19]

Im Laufe des Tages wird Hylas Rumpf gefunden. Der Kopf und die Beine sind von den Rädern zertrümmert worden. Fünf oder sechs Gefährten Nittis fanden mit der Freiheit den Tod. Zwei bleiben mit einem abgetrennten Bein auf den Schienen zurück. Juan de Pablo, der letzte Chef der Gefangenen in Le Vernet, später Botschafter seines Landes in der DDR, überlebt die Flucht ebenfalls unversehrt – nur seine Hose ist zerrissen, und notdürftig muß er seine Blöße kaschieren.

Im Wagen der M.O.I.-Brigadisten glauben trotz der Flugzeuge, die immer wieder zu hören sind, nur noch wenige an eine Befreiung durch die Alliierten. Zehn, vielleicht zwanzig Stunden dauert die Arbeit an den Bodenplanken. Ein Gauner aus Toulouse, der wegen Schwarzmarktgeschäften verhaftet worden war und den es zufällig unter die Helden des Widerstands verschlagen hat, tut sich dabei besonders hervor. Mit bloßen Fingern versucht er, die Nägel und Schrauben aus dem harten Holz zu ziehen. Die Haut seiner Hände ist richtiggehend durchlöchert, man kann die Sehnen und die Knochen sehen. Als Armand Herz das Bodenbrett entfernt hat, beugt sich ein Deportierter über das Loch. Der Luftwiderstand und der Höllenlärm lassen ihn erstarren: Der Zug fährt viel zu schnell. Ein ehemaliger Schienenleger im Wagen weiß, daß die Telegrafenmasten in einem Abstand von hundertfünfzig Metern aufgestellt werden. Sie stoppen die Zeit: rund sieben Sekunden. Und erreichen eine Geschwindigkeit von achtzig Kilometern pro Stunde. Eine Chance haben sie nur bei höchstens fünfzig. Fährt indes der Zug langsam, besteht die Gefahr, daß er anhält und die Flüchtenden entdeckt werden.

Die Deportierten bestimmen die Reihenfolge. Sie wird nach

politischen Kriterien festgelegt. An erster Stelle kommt die Schwere der Anschuldigungen durch den Feind. Familiäre Überlegungen, das Alter und die Funktion innerhalb der Gruppe spielen eine Rolle. Raymond Lévy wird die Nummer eins zugeteilt. Nach ihm soll sein Bruder Claude springen – beide sind des Mordes angeklagt und sollten vor ein Kriegsgericht gestellt werden. Marc Brafman bekommt ebenfalls einen der ersten Plätze. Doch Brafman kann nicht mehr.

Schon das Ankleiden ist die reinste Tortur. Die Körper sind von Läusen, Flöhen und anderem Ungeziefer befallen. Claude Lévy leidet überall unter Eiterbeulen. Darüber ein Hemd und eine Hose anzuziehen bereitet fürchterliche Schmerzen. Armand Herz, dem die Nummer neun zufällt, leitet die Operation. Als Belohnung für seinen vorbildlichen Einsatz bietet er auch dem kleinen unpolitischen Gauner unter ihnen die Flucht an: Du darfst springen, du verdienst es. Das Angebot wird abgelehnt: Ich bin es nicht wert, mit euch die Freiheit zu teilen, hört ihn Raymond Lévy sagen. Lévy spricht, bevor er sich als erster in Stellung begibt, Brafman Mut zu und versucht, ihn doch zum Fluchtversuch zu bewegen.

Auch die anderen haben Angst. Seit der Überquerung der Isère wissen sie nicht, ob sich die Lokomotive am Kopf oder am Ende des Geisterzugs befindet. Die Deutschen haben möglicherweise am letzten Wagen Eisenstücke befestigt, welche die Fliehenden in Stücke reißen könnten. Zur empirisch abgestützten Beantwortung von Dostojewskis Frage bezüglich der Überlebenschancen unter einem fahrenden Zug basteln die Kommunisten aus Stoffresten, Hemden und Papierfetzen eine Puppe, die von Gürteln zusammengehalten wird. Sie ist so groß, daß sie kaum durch die Bodenluke kommt. Ein Luftwirbel reißt sie nach unten. Es ist Nacht, aber der Mond scheint. Natürlich wissen sie nicht, was mit der Puppe wirklich geschieht – immerhin löst sie keine Maschinengewehrsalven aus.

Kaum ist Raymond Lévy gesprungen, bremst der Zug.

Claude, der seinem Bruder umgehend folgen will, wird mit Gewalt zurückgehalten und die Luke vorsichtshalber geschlossen. Fehlalarm: sie fahren über eine stark beschädigte Brücke und deshalb mit gedrosselter Geschwindigkeit. Erneut entfernt Armand Herz das Bodenbrett und legt die Öffnung frei. «Spring!» Claude Lévy «steckte zuerst ein Bein, dann das andere in die Öffnung. Jeannot faßte ihn unter den Achselhöhlen, hob ihn hoch und half ihm, durch die Öffnung zu gleiten. Nur der Oberkörper schaute noch heraus. Seine Hand tauchte weg und suchte tastend nach einem Halt. Er fand einen Holm und klammerte sich daran. Zusammengekrümmt hing er unter dem Waggon, mitten in dem Lärm, die Achse versperrte ihm die Sicht. Er hatte den Eindruck, durch die starke Luftströmung nach hinten gezogen zu werden und es niemals schaffen zu können, wieder hochzukommen … Er blieb einige Sekunden hängen und ließ dann seine Füße nach unten gleiten. Er merkte es nicht einmal, als seine Hände den Holm losließen.»[20]

Einer folgt dem andern, in der bestimmten Reihenfolge. Nachdem auch Armand Herz gesprungen ist, rafft sich Marc Brafman auf und entschließt sich doch noch zur Flucht. Schreit er, wird er gehört? Der Zug setzt zu einer Vollbremsung an. Armand Herz und ein Genosse, die noch unter dem stillstehenden Zug liegen, können sich eine halbe Stunde lang an der Aufhängung festhalten und werden von den Deutschen nicht entdeckt – obwohl diese mit Scheinwerfern nach ihnen suchen. Marc Brafman finden sie auf dem Gleis. Er wird zusammengeschlagen und bewußtlos in den Wagen zurückgebracht.

Nach seiner geglückten Flucht kriecht Raymond Lévy auf allen vieren zur Brücke hoch, bei der er in die Freiheit gesprungen ist. Eine Wachpatrouille marschiert die Gleise entlang. In der Vollmondnacht pfeift ein Soldat «Lili Marleen». Eigentlich war vorgesehen, daß Lévy auf seinen Bruder und die Freunde warten soll. Um zu verhindern, daß diese den Wachtposten an der Brücke in die Falle gehen, hangelt er sich auf die andere Seite. Lange – viel länger, als er es sich nach den vorgesehenen Intervallen der Abgänge gedacht hat – muß Lévy gehen, bis er auf Claude stößt. Er findet ihn in einem Gestrüpp aus Büschen und Brennesseln. Die beiden Brüder graben zunächst einmal eine Wurzel aus, die sie zu essen versuchen, doch ihr Magen macht nicht mit. Wie vereinbart schließen sie sich mit Joseph Girardi und Pierre Furlanetto zusammen. Girardi ist während einer Bombardierung des Zugs schwer verletzt worden und überlebt nicht mehr lange. Furlanetto leidet an Ruhr und redet ständig wirres Zeug. Sie wissen nicht, ob sie sich noch in Frankreich befinden oder schon im deutschen Lothringen. Die Okkupation ist an diesem 24. August in der Haute-Marne noch nicht zu Ende.

Auf einem abgeschiedenen Bauernhof vertrauen sie sich einem Einheimischen an. Sie stürzen sich auf die frische Milch – und müssen sich erneut übergeben. Die Gewöhnung an eine einigermaßen normale Nahrungsaufnahme dauert lange. So schnell wie möglich wollen sich Raymond und Claude Lévy dem Maquis anschließen. Man führt sie zu einer Widerstandsgruppe. Auf dem Fußmarsch brechen sie zusammen. Die beiden Brüder werden bis zur Befreiung von der Familie Bresson – deren Sohn in der Résistance kämpft – und den Nonnen des Nachbardorfs gepflegt.

Vierzig, vielleicht fünfzig dem Geisterzug entkommene Männer befinden sich in der Gegend. Sie werden versteckt und in den Widerstand eingeschleust. Nach wie vor sind die Partisanen schlecht bewaffnet. Sie beteiligen sich an der Befreiung der Dörfer und nehmen mehrere Soldaten der Besatzungsmacht gefangen. Die Maquisards der M.O.I.-Brigade aus Toulouse, die sich als ferner Arm der Roten Armee verstand, treffen in der französischen Provinz auf Soldaten des russischen Generals Wlassow. Wlassow hatte an der Verteidigung Moskaus teilgenommen, war aber nach seiner Gefangennahme durch den Feind von Stalin zu Hitler übergelaufen. Er sammelte eine Armee zur Befreiung Rußlands um sich. Sie kämpft mit den Nazis – und bei den allerletzten Feuergefechten vor der Libération werden zwei Partisanen der M.O.I. von den «Wlassows» erschossen.[21]

KAPITEL 7
Dachau-Ravensbrück

Als Marc Brafman, den die Lektüre von Hitlers «Mein Kampf» in den Widerstand geführt hatte, nach dem gescheiterten Fluchtversuch das Bewußtsein wiedererlangt, ist der Geisterzug in Nazideutschland angekommen. Wird die Grenze in Saarbrücken erreicht, wie manche der Passagiere vermuten, oder über Saarburg, wo praktisch zwei Monate zuvor der am gleichen Tag wie der Geisterzug losgefahrene «Train de la Mort» mit Joseph Rovan und fünfhundert Leichen an Bord vom Roten Kreuz verpflegt wurde? René Lafond: «Eines Abends, irgendwo im Osten, hält der Zug an. Man öffnet Türen, aber in der schwarzen Nacht ist es unmöglich, etwas zu sehen. Zu jedem Wagen bringen die Wachmannschaften einen Eimer, in dem sich eine – zweifellos vom Roten Kreuz gespendete – Suppe befindet. Statt sich um die Verteilung zu kümmern, schließen sie umgehend wieder ab. In der Dunkelheit stürzen wir uns mit offenem Mund auf den Eimer, es kommt zu panikartigen Szenen. Jene, die noch über eine Büchse verfügen, wollen diese um jeden Preis füllen – und kämpfen sich mit Fausthieben und Fußtritten vor. Während der Schlägerei werden die Behälter umgestoßen. Wie viele von uns haben letztlich etwas zu essen bekommen? Wir sind eine Hundertschaft von ausgehungerten Tieren, denen man in der Dunkelheit etwas zum Fraß vorwirft.»[1]

Dachau, 28. August

Einen oder zwei, «vielleicht drei Tage» (Lafond) lang ist der Geisterzug im Reich unterwegs – ohne Halt, Wasser und Nahrung. Seine Insassen sind deprimiert. Conchita Ramos reagiert jetzt völlig gleichgültig auf die Namen der Orte, an denen sie vorbeikommen. Ginette Vincent Baudy bewundert trotz aller Niedergeschlagenheit die Tannenwälder und Flußlandschaften – sie wähnt sich im Schwarzwald. Lafond wiederum ist der Meinung, auf dem Ortsschild eines Bahnhofs Frankfurt am Main gelesen zu haben. Es ist jetzt weniger heiß und das Gedränge nicht mehr so groß. In Philippe Toureilles Wagen können sich erstmals alle hinlegen. Bei der Ankunft schlafen sie.

«Raus, schneller, raus!»: Am 28. August in der Nacht geht die Fahrt des Geisterzugs zu Ende. René Lafond, der von den Vernichtungslagern im Osten nichts weiß und vor allem fürchtete, ins berüchtigte KZ Dachau deportiert zu werden, hatte «in Frankfurt» erleichtert gehofft, daß die Reise in den deutschen Norden führen würde. Im Bahnhof werden die Türen aufgerissen, Schreie, Scheinwerfer, Schläge: Konsterniert entziffert Lafond den Namen des Ortes, in dem sie angekommen sind: *DACHAU*. «Die Deutschen geben uns den Befehl, auszusteigen. Wir stellen fest, daß es nicht mehr die gleichen sind, sondern brutale Rohlinge, die uns kommandieren. Sie tragen ein Totenkopf-Abzeichen an der Uniform, schlagen mit einer Reitpeitsche auf uns ein und halten Schäferhunde an der Leine, denen sie ein bißchen mehr Auslauf geben, um sie auf uns zu hetzen.»[2] Lafond wird beim Aussteigen gebissen, hat bitterliche Schmerzen – und ist andererseits erfreut, seinen Gefährten Jardel wiederzufinden. Die Ankommenden müssen sich in Zehnerkolonnen reihen. Zu Fuß geht es ins Lager: «Arbeit macht frei» lesen sie über dem Eingang.

Stundenlang warten sie auf dem Appellplatz. Lange sieht sich Marc Brafman dem inständigen und lästigen Blick eines Deportierten ausgesetzt, der ihn schließlich anspricht. Es ist ein polnischer Priester, der in Brafman den Bruder eines Kollegen – der ebenfalls in Dachau ist – zu erkennen glaubt. Sie kommen ins Gespräch. Diskret gibt ihm Brafman zu verstehen, daß er keineswegs katholisch ist. Und präzisiert sogar seine jüdische Abstammung – nachweisbar über mehrere Generationen. Als Jude droht ihm die umgehende Weiterleitung in ein anderes Lager, denn Dachau ist «judenfrei». Der polnische Priester arbeitet in der Verwaltung und sorgt dafür, daß Brafman und drei seiner M.O.I.-Kollegen aus Toulouse auf der Liste der Neuankömmlinge nicht als Juden geführt werden.

543 «Zugänge» aus dem Geisterzug verzeichnet die Lagerbuchhaltung an diesem 28. August. Joseph Rovan, der seit Ende Juli die Aufgabe des Schreibers wahrnimmt, trägt ihre Namen in die Kartei ein: Brafman und René Lafond, Henri Jardel, Philippe Toureille, Henri Vayssettes, die Angehörigen der Familie Tillet aus Figeac, Mossolin – mit den Vornamen Giovanni Pietro, der unverbesserliche Optimist Pedrini. Man teilt den Männern die Nummern 93 897 bis 94 376 zu. Sie müssen sich ausziehen. Ginette Vincent Baudy beobachtet, wie sie aus den Baracken kommen. Man hat sie vollständig rasiert. Häftlinge, die zum Teil seit Jahren in Dachau leben, gesellen sich zu ihnen: «es dauert nicht lange, bis wir ihnen gleichen». Auch die Neuangekommenen werden in Lagerkleidung gesteckt. Man nimmt ihnen die letzten persönlichen Sachen, die ihnen während der Reise noch blieben, ab. Zum Beispiel die Eheringe. Sie machen sich mit der Struktur des Lagers vertraut und entdecken nach einer zwei Monate dauernden Odyssee die Regelmäßigkeit einer eisernen Disziplin, die ihnen ein gewisses Gefühl von Sicherheit, ja eine neue Zuversicht vermittelt. Das Essen ist grauenhaft, aber es wird zu festen Zeiten pünktlich verabreicht.

René Lafond hofft, daß die Gründlichkeit der Organisation den Aufenthalt im Lager doch einigermaßen erträglich machen kann. An diesen ersten – spätsommerlichen – Tagen in der Deportation ist zumindest das Wetter gut. Die Widerstandskämpfer aus Frankreich bilden erneut ihre Gruppen: Die verkrüppelten und kranken Veteranen des Spanischen Bürgerkriegs – einige kommen in den Block dreißig, in dem die Lebenserwartung sehr gering ist; die «Terroristen» aus Toulouse, die nicht fliehen konnten; die Maquisards des Médoc mit René Lafond und Henri Jardel. Tagelang sitzen sie untätig herum. Nur langsam gelingt es ihnen, wieder zu reden. Ihre Diskussionen drehen sich um die Mahlzeiten von früher, von zu Hause. Sie schwelgen in Erinnerungen an ihre Familien, sie schwärmen von ihren – bescheidenen – kulinarischen Vorlieben. Und träumen von ein bißchen Milchschokolade, einem Butterbrot, Kaffee oder Käse. Jeden Tag reden sie vom Essen und erzählen von den gleichen Mahlzeiten wie gestern. Kein einziger läßt ein Wort über die Reise in die Deportation, die sie hinter sich haben, fallen, keiner erzählt von ihrer Irrfahrt durch die Befreiungsschlacht.

Lafonds Wunde, die vom Hundebiß bei der Ankunft herrührt, heilt nur langsam. Medikamente bekommt er nicht. Philippe Toureille, der in Bordeaux ein Medizinstudium angefangen hat, verbindet sie notdürftig mit einer Art Toilettenpapier. Lafond hinkt und muß nicht simulieren – seine Verletzung rettet ihn vor der Zuteilung in ein Kommando. Zu seinem Entsetzen meldet sich Jardel freiwillig. Zwei Tage lang warten die Ausgewählten im Regen auf die Abfahrt, man hat ihnen ein Stück Brot und eine Konservenbüchse gegeben. Nach dieser Trennung werden sich Lafond und Jardel endgültig nicht mehr wiederfinden.

Im Konvoi, der am 9. September 1944 über zweitausend Deportierte aus Dachau nach Mauthausen bringt, befinden sich zweihundert Passagiere des Geisterzugs. Marc Brafman und drei seiner Kampfgenossen von der M.O.I. bleiben im «judenfreien» Männerlager, wo man sehr erstaunt war, als zwei Wagen mit Frauen eintrafen.

Die weiblichen Gefangenen verbringen eine Nacht in einem Raum mit den Duschen, in dem sie sich waschen können. Am nächsten Tag werden sie in einen Abstellraum gebracht: Ginette Vincent Baudy, Conchita Ramos, Renée Lacoude, Marie Santos, Janine Lejart und viele andere Schicksalsgefährtinnen. Und die schwangere Alice Bessou, die Frau des in Sorgues geflohenen Meyer Kokine. Für die Frauen ist die Große Reise in Dachau nicht zu Ende. Nach «einer Woche» (Conchita Ramos) Aufenthalt, «nach vielleicht fünf oder sechs Tagen» (Marie Santos), den Archiven in Dachau zufolge am 29. August werden sie erneut in einen Zug gesteckt. Die Bewachung ist weniger brutal, ein Wehrmachtssoldat sitzt mit dem Gewehr auf den Knien vor der geöffneten Tür. In Fürstenberg steigen sie aus, zu Fuß wird ein Tannenwald durchquert. In der Nacht ist das Glitzern eines Sees, in dem sich der Mond spiegelt, auszumachen. Vor einer Mauer mit einem großen Tor kommt die Marschkolonne der Frauen zu stehen: Ravensbrück. Marie Santos, deren Gatte in Dachau zurückgeblieben ist, wird von Kopf bis Fuß rasiert. Zur Desinfizierung führt man sie in den Duschraum. Sie bekommt eine notdürftige Kleidung und Schuhe. Conchita Ramos, in Dachau Nummer 93 887, wird im größten Frauenkonzentrationslager der Nazis als Häftling Nummer 62 480 geführt.

Die Französinnen bleiben zusammen. Ihre Zahl wird immer geringer. Es sind die Optimistischen, die Zuversichtlichen, die das alles durchstehen, beobachtet Renée Lacoude, die selber nie an ihrem Überleben zweifelt: «Wir versuchen zu überleben – wie Tiere. Zu solchen haben uns die Deutschen gemacht. Für das Leben im Lager gibt es keine Worte. Wenn wir durch Fürstenberg gehen, das von Ravensbrück durch einen See getrennt ist, sehen wir Häuser, Menschen, Familien. Und auf der anderen Seite des Lebens sind wir. Auch wir hatten früher unsere Häuser, Freunde, Familien. Der Mensch ist fähig, sich an alles anzupassen. Der Versuch zu überleben ist nicht eine Frage von

Stunden. Es geht darum, die nächste Sekunde zu erleben – sie dem Leben abzutrotzen.» Das Überleben wird für Renée Lacoude in Ravensbrück mehr als noch im Geisterzug zur «idée fixe». Sie weiß nicht, wie sie überleben wird, aber sie weiß, daß sie überleben will: «Das Schlimmste ist die Verzweiflung», und es sind die Verzweifelten, die im KZ als erste sterben. «Es ist das Tier, das spricht», wenn es um die Frage des Überlebens im KZ geht, eine Frage, «auf die man nicht antworten kann: das Tier, sein Instinkt zur Selbsterhaltung, kennt keine moralischen Überlegungen».

Die erste Regel dieses Überlebens ist die Vorsicht: «Den Schlägen der KZ-Wärterinnen entgehen, unauffällig bleiben – je weniger man einen zur Kenntnis nimmt, um so besser geht es einem. Menschliche Werte, so etwas wie Ethik – an so etwas kann man im Konzentrationslager nicht denken. Das existiert hier schlicht nicht und hat mit dem Leben, wie man es sich vorstellt, nichts zu tun. Man muß leben.» Renée Lacoude sieht, wie Lagerhäftlinge das Brot ihrer Schicksalsgenossinnen stehlen, um selber zu überleben. Sie tut es nicht und hat auch keine Gelegenheit dazu – und sei es, weil sie der Instinkt einer nationalen Zugehörigkeit, die sie mit ihren engsten Gefährtinnen teilt, davor bewahrt. «Mir bleibt», hofft sie, «ein Rest von Ehre, um nicht jene zu bestehlen, die neben mir krepieren. Obwohl sie uns in den Zustand von Tieren versetzt haben.»

Wissen die Deportierten in Dachau und im Vernichtungslager Ravensbrück, daß Frankreich längst befreit ist? Aus den Wochen werden Monate, während deren es immer mehr um jede einzelne Sekunde geht, die dem Tod abgerungen werden muß.

Am letzten Tag des Jahres 1944 – am 31. Dezember – bringt Alice Kokine-Bessou im «Revier» von Ravensbrück einen Sohn zur Welt. Sie nennt ihn Gérard. Der Krieg ist entschieden, das Ende des Schreckens absehbar. Meyer Kokines Stammhalter lebt zehn Tage. Am 10. Januar stirbt Gérard –

eines der Kinder von Ravensbrück, deren Mütter keine Milch haben und sich nicht um ihre Säuglinge kümmern dürfen – um ihre Kinder, die im Schmutz und der Kälte eine, vielleicht zwei oder drei Wochen auf dieser Welt sind, um von Ärzten misshandelt und ermordet zu werden.

Ihre meisten Zugehörigen verliert die Gruppe der Französinnen in den Außenlagern. In der Umgebung von Berlin, wo die Deportierten zur Zwangsarbeit verpflichtet werden, unternimmt Andrée de Pugnet aus Bordeaux einen Fluchtversuch. Sie spricht Deutsch und hat in der Hauptstadt des Reichs Bekannte, die sie zu finden hofft. Doch sie kommt nicht weit. Ihre Mithäftlinge haben sie verpetzt, in einem Kohlenkeller wird sie von den Wärterinnen aufgegriffen.

Ein «Kommando» von zweiundzwanzig Frauen, dem sich Renée Lacoude zu entziehen vermag, führt Conchita Ramos und Marie Santos in eine Fabrik bei Berlin. Später müssen sie beim Ausheben von Unterständen Hand anlegen. Während eines Bombenangriffs im April 1945 werden sie in das nächstgelegene Konzentrationslager gebracht, nach Sachsenhausen. Sie sind dabei, als die Nazis Deportierte erschießen. Am 24. April werden sie im Zuge der Lagerauflösung auf den Todesmarsch geschickt – der sie an die Küste des Baltischen Meeres führen und zu einem Schiff bringen soll, das die Nazis auf hoher See zu versenken gedenken.

Tagelang dauert der Marsch in den geplanten Tod. Das Leben auf Bewährung seit ihrer Verhaftung vor rund einem Jahr wird immer ungewisser. Nach der Hitze und dem Durst im Geisterzug und der Kälte, der Entbehrung, der Entmenschlichung im Konzentrationslager sind sie längst jenseits jeder vorstellbaren Erschöpfung angekommen. In den Nächten sinkt die Temperatur unter den Gefrierpunkt, meist regnet, manchmal schneit es. Wer nicht mehr mithalten kann, bekommt die Gnadenkugel in den Nacken. Die Deportierten auf dem Todesmarsch stützen sich gegenseitig, um nicht umzufallen. «Wir erlebten die stärksten Momente der Solidarität. Wenn eine Gefährtin am Zusammenbrechen war, wurde sie von zwei Kameradinnen daran gehindert, um das Schlimmste – den Tod – zu vermeiden. Wir spürten, daß das Ende nahe war und wir keine andere Wahl hatten, als aufrecht zu bleiben, um nach Frankreich zurückkehren zu können.» (Marie Santos)

Am 3. Mai stoßen sie in den Wäldern, durch die sie in Richtung Rostock gehen, auf Panzer der Roten Armee. Sie werden befreit und den Amerikanern übergeben. Conchita Ramos und Marie Santos haben durchgehalten. Relativ schnell und unkompliziert können sie nach Toulouse, das seit fast neun Monaten befreit ist, zurückkehren. Marie Santos wird von einer Freundin beherbergt und wartet nicht vergeblich auf die Rückkehr ihres Gatten (aus Dachau) und ihres Sohnes (aus Buchenwald).

Ginette Vincent Baudy hat in Ravensbrück überlebt. Odette Tillet ist bei einem Tauschhandel mit Schweden – Medikamente gegen Deportierte – befreit worden. Jeanne Tillet kehrt aus Sachsenhausen zurück, wo die meisten Angehörigen der Hoteliersfamilie aus Figeac und die Angestellten umgekommen sind. Von den zweihundert nach der Razzia vom 11. Mai 1944 Deportierten erleben sechzig eine wiedergefundene Freiheit.

Für Renée Lacoude dauert die Heimreise etwas länger. Sie führt ebenfalls über Schweden, dessen Rotes Kreuz sie noch vor der Kapitulation der Nazis aus dem Lager herausholt. Sie und ihre Leidensgefährtinnen werden in ein Luxushotel gebracht. Unterwegs bekommen sie ein Paket mit Nahrungsmitteln, die sie bis zu den letzten Brosamen verschlingen – gegen alle Warnungen der Krankenschwestern, die ihnen versprechen, daß sie fortan keinen Hunger mehr leiden müßten. Sie reisen quer durch Dänemark und werden an der Grenze von Pfadfindern in Empfang genommen: «Wir waren etwa dreihundert und in einem Zelt untergebracht. Man gab uns zu essen – achtzig von uns sind daran noch in der gleichen Nacht gestorben.»

Diese zweite Übergabe von Gefangenen an das schwedische Rote Kreuz erfolgte am 25. April 1945. Janine Lejarts beste Freundin im Lager, mit der sie das Bett teilt, wird bei diesem Tauschhandel (Deportierte gegen Medikamente) freigelassen. Die siebzehnjährige Kommunistin muß bleiben. Sie hat das Krankenrevier schon lange nicht mehr verlassen und an keinerlei Aktivitäten teilgenommen. Ihre Gefährtinnen aus dem Geisterzug besuchen sie trotz strikten Verbots regelmäßig und bringen ihr ein bißchen gestohlene Nahrung. Nach der Befreiung ihrer Freundin geht es ihr noch schlechter. Eine Belgierin kümmert sich um sie:

«Sie schlief die ganze Nacht. Während ein paar Tagen ließ sie sich pflegen, waschen. Sie akzeptierte ein wenig Nahrung, ein Glas Wasser. Doch das Essen machte ihr Mühe. Plötzlich fragte sie mich:

– Bist du von der Partei?

– Nein, antwortete ich ihr.

– Warum pflegst du mich dann? Warum liebst du mich?

– Weil wir Schwestern sind, weil du auch ein Teil der Schöpfung bist und weil ich zu Hause Kinder habe, die mir fehlen.

Sie erzählte mir von ihrer Herkunft in Dijon, von ihren Eltern, von der Mitgliedschaft in der Kommunistischen Partei. Am Abend brachte ihr eine Kameradin eine Portion Reis und einen schönen Kaffeelöffel. Nach zwei Bissen fragte sie mich, ob sie wirklich krank sei. Ich sagte ihr, daß sie nur sehr erschöpft sei.

– Beweise mir, daß ich nicht krank bin, indem du mit mir ißt.

So haben wir zusammen gegessen. Sie einen halben Löffel Reis und ich den Rest. Sie strahlte. Es war ihre letzte Mahlzeit. Am nächsten Tag hatte sie Mühe zu atmen. Sie bekam keine Luft. Am Abend sprach sie vor dem Einschlafen von meinen Kindern, mit denen sie sich jetzt identifizierte. Am Sonntag atmete sie noch schwerer. Sie hatte Blähungen. Noch einmal gelang es mir, sie auf meine Knie zu setzen. Sie umschlang mich mit beiden Armen. Das arme Kind erstickte, rang nach Luft. Dann drückte mich Janine ganz fest, und mit einem angsterfüllten Blick sagte sie mir:

— Ich werde nicht sterben!

— Nein, nein, meine Kleine, man stirbt nicht auf den Knien einer Mutter.

Sie drückte ihren Kopf in meinen Nacken. Ihre Finger krallten sich an mir fest, der Mund saugte an meinem Hals (die Flecken sind immer noch sichtbar), als würde sie versuchen, mein Leben in sich aufzunehmen. Ohne Erfolg versuchte ich, nicht zu weinen. Meine Tränen kullerten über mein Gesicht in ihre Haare und auf ihren Hals. Dann kam das Ende. Am Abend erschienen zwei Kameradinnen. Eine von ihnen war Marie-Claude Vailland-Couturier. Sie beschlossen, die Tote bei mir zu lassen, um zu verhindern, daß Janine auf den Leichenhaufen geworfen wird.»³

Janine Lejart, die jüngste Deportierte des Geisterzugs, ist die letzte Tote von Ravensbrück. Sie stirbt wenige Stunden vor der Befreiung des Konzentrationslagers.

KAPITEL 8
Die Zeit ist tot

«Blaß bricht der Tag an. Das Strandgut tritt allmählich aus der Dunkelheit heraus. Im Gang der Baracke die gedämpften Schritte der ersten, die auf die Latrine gehen. Es gibt keinen Appell mehr. Sich nicht mehr rühren. Sonst wollen wir nichts. Diejenigen, die nicht aufstehen, werden keine Brühe bekommen. Was solls. Liegenbleiben, sich nicht mehr rühren. Ich werde mich nie mehr rühren. Ich habe vorhin die Nase hinausgestreckt, als ich pinkeln ging; ich zitterte wie Espenlaub, ich bin wieder aufs Bett geklettert. Ich werde mich nicht mehr rühren. Man soll ja nichts von mir verlangen, man soll mich hier liegenlassen. Die Läuse haben heut nacht lange an mir gesaugt, dann haben sie sich beruhigt. Die entsetzliche Farbe auf den Gesichtern, tagsüber. Langsam lösen sich die Beine, die Gestreiften bewegen sich. Ein erschöpftes Leben versucht sich seit dem Erwachen freizumachen. Entstehung einer dichten, langsamen Welle. Man hört das Maschinengewehr ganz in der Nähe. Es ist ganz bestimmt für heute.»[1]

Heute ist der 29. April 1945. Robert Antelme ist erst vor kurzem in Dachau eingetroffen – sein Buch über die Deportation wird er nach seiner Rückkehr in die Heimat schreiben: «Das Menschengeschlecht».

Über dem Lager drehen amerikanische Flugzeuge ihre Runden. Immer tiefer fliegen sie. Der Lärm der Maschinengewehre wird stärker: die Kämpfe finden seit Tagen in unmittelbarer Nähe des Konzentrationslagers statt.

René Lafond hat – es ist ein Wunder – im Invalidenblock 30 mit der kürzesten Lebenserwartung überlebt. Am 26. April wurden dessen Insassen, soweit sie zum Gehen in der Lage sind, auf den Appellplatz beordert. Siebenhundert sind da, Deutsche, Russen, Italiener. In der Nacht geht ihr Todesmarsch los – ohne Lafond, der sich versteckt hat. Am 27. April hat man weitere Marschkolonnen gebildet.

Am Tag darauf kümmert sich die SS nicht mehr um die Häftlinge. Der Plan, das Lager zu evakuieren, wird aufgegeben. Am Morgen heulen die Sirenen. Die Gefangenen verstehen ihre Botschaft.

«Die Gestalten der SS-Leute waren noch auf den Wachtürmen. Jetzt weiß ich nicht, ob sie noch dort sind. Es gibt keine Arbeit. Keinen Appell. Die Zeit ist tot. Keine Befehle. Keine Prognosen. Keine Freiheit.

Zum ersten Mal, seit es Dachau gibt, ist die Nazi-Uhr stehengeblieben. Die Baracken sind voller Menschen, der Stacheldraht umgibt sie noch. Noch eingeschlossen innerhalb der Umzäunung, verfaulen die Körper ohne ihre Herren. Reif, reif zum Sterben, reif, um frei zu sein. Reif der, der krepieren wird, und reif der, der davonkommen wird. Reif für das Ende.»[2]

Um fünf Uhr nachmittags am 29. April ertönen Schreie und Gesänge. Fast gleichzeitig mit dem Einmarsch der amerikanischen Truppen strömen die Gefangenen aus ihren Baracken auf die Hauptallee. Lafond muß von zwei Kumpanen gestützt werden, um sich von seiner Lagerstätte erheben zu können. Unter großen Anstrengungen kann er ein paar Schritte machen und den Block 30 der Invaliden – am Ende des Lagers – verlassen. Die Soldaten der Befreiungsarmee kommen ihm entgegen. Sie sind mit einer Maschinenpistole bewaffnet. In ihrer Mitte nimmt er eine junge Frau wahr. Man erklärt ihm, daß es sich um eine Kriegsberichterstatterin handelt.

«Meine Kräfte erlauben es mir nicht, noch weiter zu gehen. Mein Ausflug ist zu Ende, ich komme nicht bis zum Lagereingang, wo ein richtiggehendes Fest gefeiert wird. Bei der Rückkehr zu meinem Block sehe ich, daß sechs oder sieben Leichen von SS-Männern am Boden liegen. Sie sind von Deportierten mit Waffen, die ihnen die Amerikaner geliehen haben, abgeknallt worden. Sie werden nicht die einzigen bleiben. Einige Deutsche haben ihre Uniformen abgelegt und sich in zivilen Kleidern in die Menge gestürzt, um sich als Deportierte auszugeben. Sie werden schnell entlarvt und eingesperrt.»[3]

An diesem 29. April ist auch François Mitterrand, der spätere französische Staatspräsident, in Dachau. Er begleitet eine Delegation, die zusammen mit den Amerikanern an der Öffnung des Lagers teilnehmen soll. Ein halbes Jahrhundert später erinnert er sich in seinen Memoiren: «De Gaulles Wahl fiel auf mich. Ich nahm also, zusammen mit den Amerikanern, Besitz von den beiden Lagern Landsberg und Dachau. Ich habe es berichtet, und ich habe es geschrieben: Was wir sahen, war schlimmer als alles, unbegreifbar, grauenhaft.

Es war ein Tag des Wahnsinns.

In Landsberg: kein einziger Überlebender. Zu Tausenden mit Flammenwerfern verbrannte Leiber. Wir öffneten Gräben, in denen Tausende von Leichen aufgereiht nebeneinander lagen. Acht- bis zehntausend. Die Gesichter verschmolzen bereits mit der Erde.

In Dachau war der Tod überall: die Gehängten, die Krematorien, die Erschossenen. Zu den Qualen der Überlebenden kam noch eine Typhusepidemie hinzu. Ich war dabei, als deutsche Soldaten, die bei der Ankunft der Amerikaner festgenommen worden waren, hingerichtet wurden. Bei jedem Feuerstoß warfen die Deportierten ihre Mützen in die Luft und johlten vor Freude. Ich sah zu, wie zwei junge deutsche Soldaten erschossen und dann in Löcher geworfen wurden. Ich trat näher heran: sie röchelten noch, stöhnten, und zur gleichen Zeit gab es irgendwo in Deutschland jemand, der sie liebte, für sie betete und hoffte. Dieser Schmerz war gewiß nichts im Vergleich zu

159

den Qualen, die die Deportierten hatten ertragen müssen. Aber ich konnte nicht anders, ich mußte daran denken.»[4]

Es wird gelacht, gejubelt, gejauchzt, gesungen: die Nationalhymnen ertönen. Der einarmige José Artime, Offizier der republikanisch-spanischen Armee, ein Freund Francesco Nittis seit der Internierung in Le Vernet, ist an Typhus erkrankt. Noch kann er nicht aufstehen. Er hört die Schüsse und die «Marseillaise». Sein Compagnon Marlot (Nummer 103 272) berichtet ihm von der Befreiung: «Wir sind wie zwei Brüder geworden. Ich kann ihn nicht mehr länger warten lassen. Lange, ganz lange umarmen wir uns. Der unerweichliche Artime kann seine Tränen nicht zurückhalten. Wir weinen zusammen. Aus Freude. Dies ist der schönste Tag meines Lebens.»

Bei seinem Rundgang durch das Lager wird François Mitterrand erkannt: von Robert Antelme, dem Gatten von Marguerite Duras, mit dem er in der Résistance tätig war und bei dessen Verhaftung er den Deutschen in Paris beinahe auch in die Fänge geraten wäre: «Es ging ihm so schlecht, daß er bereits zu den Toten geworfen worden war. Als wir über die Leichen gesprungen sind, hat er mich gesehen, meinen Namen gerufen, vielmehr meinen Vornamen. Aufgrund der Typhusepidemie erhielt ich von General Lewis nicht die Erlaubnis, ihn noch am selben Abend mit in unserem Flugzeug zurückzunehmen. Nachdem ich nachts in Paris gelandet war, habe ich sofort Dokumente drucken lassen, die denjenigen ähnelten, mit denen ich das Lager hatte betreten dürfen. Für derartige Aktionen hatten wir eine gewisse Geschicklichkeit erworben. Drei meiner Kameraden, Dionys Mascolo, Jacques Benet und Georges Beauchamp, sind in einen Wagen gesprungen und haben Dachau in einer Gewalttour erreicht. Sie fanden Antelme noch an der angegebenen Stelle. Er lebte noch. Sie zogen ihm GI-Kleidung an und trugen ihn wie einen Betrunkenen. Durch ein verstecktes Tor kamen sie ungehindert hinaus.»[5]

In der Nacht auf den 30. April – Adolf Hitler nimmt sich in

seinem Führerbunker in Berlin das Leben – gehen im Lager die Lichter nicht aus. Viele Häftlinge bleiben im Freien. René Lafond bringt kein Auge zu: «Der Lärm der Menge auf den Straßen hält uns wach. Sie spricht viele Sprachen. Einige Polen, die sich als Wärter aufspielen, wollen uns in unsere Verschläge zurückdrängen. Aber ihre Drohungen werden nicht beachtet. Am nächsten Morgen finden bei strahlendem Wetter auf dem Appellplatz zahlreiche Manifestationen statt. Unter anderem eine Messe, der eine immense Menge beiwohnt. Aber die Bewohner unseres Blocks sind außer Kräften. Wir müssen im Lager bleiben und realisieren noch nicht wirklich, daß die Tore offen sind.»[6]

Aus Angst vor dem Typhus verhängen die Amerikaner eine Quarantäne. Immerhin – das Leben im Lager ist nun ohne Angst und von besserer Qualität: «Die Suppe wird dicker und enthält Gemüse. Doch das Weißbrot, das offenbar von der Armee besorgt wird, gefällt uns nicht: es sieht aus, als wäre es aus Gips. Die meisten von uns lehnen es ab, bevor sie sich doch daran gewöhnen. Im Bestreben, unsere Ernährung zu verbessern, begehen die Amerikaner Ungeschicklichkeiten. Indem sie zum Beispiel Konservenbüchsen mit einem Kilo Fleisch verteilten. Sie stammten aus einer Fabrik in der Umgebung von Dachau und waren ursprünglich für die deutschen Soldaten bestimmt. Vor allem die ausgehungerten Bewohner der geschlossenen Blöcke haben sie richtiggehend verschlungen, jene, die wie ich noch über einen Rest an gesundem Menschenverstand verfügten, haben nur ein paar Bissen zu sich genommen. Wir konnten uns ja ausdenken, daß man uns in der Freiheit nicht verhungern lassen würde. Doch so dachten nur wenige. Nachdem sie ihre Dosis gegessen hatten, bettelten sie um unsere Reste. Ich habe mich geweigert, ihnen etwas zu geben, und habe das, was ich nicht selber aß, in die Toilette geworfen. Wie voraussehbar, waren die Folgen verheerend: die geschrumpften Mägen, die nur noch an Flüssiges gewöhnt waren, ertrugen diese viel zu stark gewürzten Fleischkonserven nicht. Die Anzahl der Todesfälle verdoppelte sich.»[7]

Zwei oder drei Tage später suchen zwei Schwestern der vatikanischen Mission den Block 30 auf, den die Amerikaner, die eine Ansteckung mit Typhus fürchten, nicht zu betreten wagen. Sie bleiben mehrere Stunden und nehmen die Personalien der Insassen auf. Die Namen der überlebenden Franzosen werden in Paris veröffentlicht: «Libres». Ein Onkel von René Lafond, der in der Hauptstadt wohnt, entdeckt auf der Liste seinen Neffen und kann die nächsten Angehörigen im Médoc benachrichtigen. Lafonds Name steht in der Rubrik «Français retrouvés vivants, au block 30». René Lafond fährt als «grand mutilé de guerre» nach Bordeaux zurück, wo er als zu fünfundneunzig Prozent Invalider («sieben Behinderungen, vier Verletzungen») klassifiziert und in die Ehrenlegion aufgenommen wird.

Als die Amerikaner ankommen, befindet sich Marc Brafman im Krankenrevier des Konzentrationslagers Dachau. Er ist anläßlich eines Arbeitskommandos am Flughafen München-Riem, wo er bei der Reparatur der Pisten Zwangsarbeit leisten mußte, während eines Bombenangriffs verletzt worden. Brafman kann nicht an den Freudenfeiern teilnehmen. Später wird er in ein Feldkrankenhaus verlegt. Er teilt sein Zimmer mit einem Landsmann, der Rechtsanwalt ist. Die Ärzte von Dachau hatten ihm zu Versuchszwecken Malariaviren gespritzt. Als die beiden Kranken einen Besuch empfangen, bricht Brafmans Zimmernachbar in Tränen aus: «Er weinte, weil er zum ersten Mal seit Jahren einen Mann in Anzug und Krawatte sah – die ihm der Besucher schenkte. Die Krawatte war für ihn ein Zeichen, das von der Normalität kündete – und eine mögliche Rückkehr zu ihr verhieß. Mir ist es mit der Seife so ergangen. Ich wußte noch, was das ist, aber die ganze Zeit in Dachau war Seife für mich etwas Unerreichbares. Als ich im Spital ein Stück in die Hände bekam, habe ich lange daran gerochen. Ihr

Lavendelduft haftet noch immer in meiner Erinnerung. Als ich ihn in meine Nase einzog, spürte ich zum ersten Mal, daß es ein Leben danach geben könnte.»

José Serrano, 1916 geboren, war nach der Niederlage der republikanischen Armee gegen Franco und dem Exodus ihrer Soldaten in Agde, Noé und Le Vernet d'Ariège interniert, bevor er im Geisterzug nach Dachau deportiert wurde, wo er Zwangsarbeit leistete. Ende April 1945 wog er zweiundvierzig Kilo. Tage nach dem Einmarsch der amerikanischen Truppen befindet er sich noch immer in Dachau. Man verweigert ihm die Ausreisegenehmigung. Dr. Parra, der Serrano bereits in Vernet pflegte, muß lange verhandeln, um seine Freilassung zu ermöglichen.

Mehrere tausend Franzosen sind nach Dachau deportiert worden. Unter ihnen befand sich General Delestraint, der Chef der Armée Secrète, wegen dessen Verhaftung die fatale Zusammenkunft in Caluire organisiert werden mußte, bei der Jean Moulin – de Gaulles Koordinator in Frankreich – aus den Reihen der Résistance an Klaus Barbie verraten wurde. Am 12. April erschossen die Nazis Delestraint. Spätestens von diesem Zeitpunkt an war Edmond Michelet die einzige Persönlichkeit, auf die alle Franzosen im Lager hörten. Michelet stand über den Konflikten zwischen Kommunisten und Gaullisten, die auch in der Gefangenschaft ausgetragen wurden, und wurde nach dem Krieg in Paris Minister – mit Joseph Rovan als einem seiner engsten Mitarbeiter. Er verließ Dachau erst, nachdem das Schicksal seiner Landsleute geregelt war – und auch jenes der «Rotspanier», die nicht zu Franco zurückwollten. Die Amerikaner behandelten sie als «displaced persons» – Joseph Rovan schreibt in seinen «Geschichten aus Dachau»: «Als die Repatriierung bevorstand, erklärte Michelet dem amerikanischen Hauptmann Rosenberg, die Spanier würden mit uns nach Frankreich zurückkehren. Er war strikt dagegen. Michelet ließ daraufhin in die Repatriierungslisten,

die wir für die Amerikaner erstellen sollten, alle Spanier auf-
nehmen, wobei er darauf achtete, daß ihre Namen alphabetisch
zwischen denen der Franzosen eingetragen wurden. Bei den
wenigen und mit Arbeit überlasteten Amerikanern machte
sich natürlich keiner die Mühe, diese Listen, auf denen Tausende von Namen standen, genau zu überprüfen.

Am nächsten Morgen bestiegen Franzosen und Spanier in
aller Frühe die Busse, die General de Lattre hergeschickt hatte,
um sie in die Erholungsheime zu bringen, die in der lieblichen
Bodenseelandschaft für sie bereitstanden; nur Michelet und
seine Mitarbeiter hatten es vorgezogen, ein wenig später, nach
Erledigung ihrer Aufgabe, direkt nach Frankreich zurückzukehren. Gegen 8 Uhr tauchte wütend Hauptmann Rosenberg
mit seinen Begleitern bei uns auf: ‹Wo sind die Spanier?› brüll-
te er, nachdem er im Laufschritt durch die leeren Kasernen geeilt war. ‹Ich weiß von nichts›, erwiderte Michelet scheinheilig.
‹Offenbar sind sie während der Nacht verschwunden.› Rosenberg war ein netter Mensch, seine Wut legte sich rasch; zum
Abschied schüttelte er uns die Hand und wünschte uns alles
Gute.»[8]

Aus dem Geisterzug haben nur wenige Deportierte Dachau
überlebt. Artime, Serrano und die anderen spanischen Antifaschisten fuhren nach der Deportation in ihr Exil zurück, nach
Toulouse. Auf das Ende des Faschismus in ihrer Heimat mußten sie nochmals dreißig Jahre warten.

KAPITEL 9
Zurück nach Toulouse

Als André Malraux von der SS-Division «Das Reich» verletzt, verhaftet und ins Gefängnis von Saint-Michel gebracht wurde, machte der Lumpensammler in die Deportation auf seiner Odyssee durch die Befreiungsschlacht in der Synagoge von Bordeaux halt. Bei einem Überfall auf einen Transport der Banque de France – die Angestellten haben die Geldsäcke prallvoll gestopft und den Maquis informiert – erbeutet die Résistance mehrere Millionen Francs. Sie läßt die Deutschen wissen, daß man bereit wäre, Malraux freizukaufen. Dazu kommt es nicht. Der Dichter bleibt in Saint-Michel inhaftiert, entgeht jedoch dem Deportationszug, der Ende Juli abfährt. Malraux hört die Bomben auf die Stadt fallen. Durch die vergitterten Fenster ist Rauch zu sehen. Brennt Toulouse? Die Türen der Zellen werden aufgerissen: «Alle Gefangenen mitsamt ihrem Gepäck in den Hof», schreit ein Wärter.

«Mit Gepäck bedeutete in aller Regel die Deportation. Als ich gefaßt wurde, waren die wichtigsten Eisenbahnverbindungen unterbrochen. Wollten sie uns in Lastwagen durch das Zentralmassiv transportieren? Man brachte uns in den großen Raum, in dem ich meine erste Nacht verbracht hatte. Hatten sie alle Gefangenen versammelt? Wir waren mehr als fünfhundert mit unserer armseligen Habe und den eingefallenen Mienen, wie sie Sträflingen eigen sind. Nach drei Stunden Warten wurden wir in unsere Zellen zurückgebracht.»

Unvermittelt ist die «Marseillaise» zu hören – doch es ist

nicht der feierlich-traurige Gesang, den die Deportierten jeweils vor der Abfahrt anstimmen. Die «Marseillaise» wird von Frauen gesungen. «So muß sie geklungen haben, als die Pariserinnen während der Großen Revolution nach Versailles zogen», stellt sich Malraux vor: «Die Deutschen sind ohne Zweifel abgezogen. Hatten die Frauen die Schlüssel gefunden?» Sie sind im Hof – und in den Zellen werden die Tische gegen die Türen gerammt. André Malraux beschreibt die Öffnung des Gefängnisses – nun schon unter seinem Kommando – noch während des Abzugs der feindlichen Panzer, die es beim Wegfahren von den Ausfallstraßen aus unter Beschuß nehmen und neuerliche Opfer fordern, in den «Antimémoires».[1]

Es ist der Tag, an dem keine dreihundert Kilometer weiter – in Pierrelatte – die Alliierten den Geisterzug bombardieren.

Toulouse im August 1944. Die Stadt wird von ihren eigenen Résistance-Einheiten befreit. Sie übernehmen die wichtigsten Posten und wollen die Macht. Es sind weder alliierte Truppen noch Verbände der Forces Françaises Libres anwesend. «Wer Toulouse in den letzten Augusttagen nicht erlebt hat, kann sich so etwas in keiner Weise vorstellen. Aus der Stadtfarbe Rosa wurde Rot. Rot wie Blut. Das Rot der Revolution», schreibt der jüdische Historiker Philippe Erlanger, der sich während der Okkupation in Toulouse versteckte, dreißig Jahre später in seinen Erinnerungen: «So muß es in Paris 1792 zwischen dem zehnten August und den Massakern des Septembers gewesen sein.» Erlanger berichtet von Abrechnungen und Hinrichtungen. Er erwähnt «37 außerordentliche Gerichte mit expeditiven Methoden» und bezeichnet die Zustände als «reinste Anarchie». Die «Säuberungen» seien zum Klassenkampf verkommen und zu einer Mischung aus Karrieregelüsten und sozialen Idealen.[2] «Von der Résistance zur Revolution» ist die Devise des kommunistischen Maquis, und die Spanier träumen von einer Schlußoffensive nach Barcelona. Toulouse berauscht sich an der wiedergefundenen Freiheit und an der Vorstellung einer «roten Republik».

Walter Gezzi kehrt als einer der ersten M.O.I.-Partisanen zurück. Er hat nach seiner Flucht aus dem Geisterzug ein paar Dutzend Kilometer zu Fuß absolviert und sich dann eine Woche bei Freunden ausgeruht. Hier erfährt er, daß am kommenden Sonntag in Agen das erste Defilee der verschiedenen Maquis-Truppen nach dem Sieg stattfinden soll. Vor der Bahnfahrt hat er keine Angst. Ohne das leiseste Zögern besteigt Gezzi den Zug. Um zehn Uhr morgens findet er sich im Zentrum von Agen ein. Tausende von Widerstandskämpfern warten auf den großen Auftritt. Alle tragen eine Armbinde mit den Buchstaben F.F.I.: Forces Françaises de l'Intérieur.

Gezzi ist erstaunt ob ihrer großen Zahl. Er trifft seine Kollegen von der M.O.I. Sie sind höchst erfreut, denn sie haben geglaubt, er sei tot. Eine Gruppe von Partisanen, die am Nachmittag im Umzug mitmarschieren wird, hat sogar seinen Namen auf ein Spruchband geschrieben. Walter Gezzi wird umarmt und gefeiert. Unter den Polizisten, die das Defilee begleiten, erkennt er einen der Beamten, von denen er verhaftet worden war – auch er trägt die F.F.I.-Armbinde. Der Polizist erinnert sich offensichtlich genauso. Er geht auf Gezzi zu und will ihm ostentativ die Hand schütteln, um die er ein paar Monate zuvor Handschellen legte. Gezzi ballt sie zur Faust – und hält sich zurück, nicht ohne den «flic» zu beschimpfen.

Erneut wendet er sich seinen Freunden zu, mit denen er die Erinnerungen an den Widerstand auffrischt und denen er vom Geisterzug erzählt.

«Du mußt dich rächen, Walter, du vor allen anderen.» Gezzi wird bestürmt, mit ins Gefängnis nach Villeneuve-sur-Lot zu fahren. Hier hatten die Gefangenen einen kollektiven Ausbruch vorbereitet. Es war ihnen gelungen, den Anstaltsdirektor in ihre Gewalt zu bekommen. Doch es fehlte ihnen an Waffen. Sie ergaben sich, nachdem man ihnen Straffreiheit versprochen hatte. Dennoch wurden zwölf von ihnen vor den Augen der anderen erschossen. In Villeneuve-sur-Lot sind jetzt die Kollaborateure eingekerkert. Drei sollen an diesem Sonntagmorgen bestraft werden – und dafür wird ein Kommando aus zwölf Schützen zusammengestellt. Gezzi hat keine Lust, «ich bin für den Umzug gekommen». Dann sind wir doch längst zurück, wird ihm beschieden. «Alle haben mich gedrängt mitzugehen.» Im Lieferwagen fahren sie nach Villeneuve. Im Gefängnis bringt man sie umgehend zur Hinrichtungsstelle. Sechs Männer bilden die erste Reihe, ein Knie auf dem Boden. Hinter ihnen die sechs anderen, stehend. Alle haben ein Gewehr im Anschlag. Die Kollaborateure werden ihnen vorgeführt. Ihre Augen sind verbunden, die Hände auf den Rücken gefesselt. «Einer hält sich kaum aufrecht und winselt: ‹Ich bin unschuldig.› Er winselt die ganze Zeit, zwei Männer müssen ihn festhalten. Im Moment, da sie mit dem Rücken zur Wand stehen, geht ein Mann in Uniform mit viel Gold auf den Schultern und dicken Streifen an der Mütze am Exekutionskommando vorbei und erklärt uns, daß wir auf die Brust zielen sollen. Das Gesicht dieses Herrn kommt mir irgendwie bekannt vor. Aber ich kann es nicht einordnen.» Auch auf der Rückfahrt nach Agen geht es ihm nicht aus dem Kopf. «Wo habe ich diesen Mann gesehen? Ich denke nur noch an ihn und bin sicher, daß er in meinem Leben eine Rolle gespielt hat.»

Walter Gezzi marschiert im Defilee mit und wohnt der Kundgebung bei. Wichtigtuerische Redner mit zahlreichen Orden auf der Brust spielen sich als Helden des Vaterlands auf. Gezzi kennt sie nicht: «Wo waren sie während der Besatzung?» Über Lautsprecher wird die «Marseillaise» abgespielt. Ihr folgen die amerikanische und die englische Hymne. Von der sowjetischen war leider keine Platte zu bekommen, entschuldigt sich der Sprecher. «Voilà. Noch ist der Krieg nicht zu Ende, und schon stellt man die Weichen für den nächsten. Dieses ganze Fest wird völlig politisiert. Ich bin kein Politiker, aber ich halte es für ungerecht, Rußland nicht die Ehre zu erweisen, die ihm gebührt. Die Russen hätten ohne die Amerikaner den Krieg nicht gewonnen. Aber hätten ihn die Amerikaner ohne die Russen gewinnen können?»

Walter Gezzi hat genug von dieser Feier. Er geht, bevor sie zu Ende ist, und sucht eine Kneipe auf. Beim Bier taucht erneut das Gesicht des Hinrichtungs-Zeremonienmeisters vor seinen Augen auf. Gezzi grübelt und findet dennoch keine Erklärung. Am späten Nachmittag erscheint auch noch der Polizist, mit dem es das wenig erfreuliche Wiedersehen gegeben hatte. Er kommt an Gezzis Tisch: «Walter, ich kann nichts dafür, ich hatte nur den Befehlen gehorcht.» Was ist aus den anderen Polizisten geworden, die ihn monatelang suchten und schließlich einsperren konnten? «Einige haben die Gegend verlassen. Andere sind bei der Gendarmerie geblieben. Unser Chef ist Gefängnisdirektor geworden, du hast ihn heute morgen bei der Exekution sicher gesehen. Er richtet jetzt über die Kollaborateure und sorgt für die Vollstreckung der Urteile.» Gezzi springt von seinem Stuhl: «Bon Dieu, genau das ist er. Das Gesicht! Dieser Mann hatte uns verhört und ins Gefängnis Saint-Michel geworfen. Wir nannten ihn ‹Lerchenkopf›. Dieser Mann, der als erster die Todesstrafe verdienen würde, läßt collabo-Schweine hinrichten!» Angeekelt verläßt Walter Gezzi die Kneipe und begibt sich in die Kaserne zu den «Francs Tireurs et Partisans», von denen sich viele den offiziellen französischen Streitkräften anschließen.

Man teilt ihm eine Pritsche zu. Ohne sich auszuziehen, legt er sich hin, die Arme unter dem Kopf verschränkt: «Mein Blick ist gegen die Decke gerichtet, die ich nicht sehe. Vor meinen Augen zieht vielmehr diese immense Menge mit den F.F.I.-Armbinden vorüber, die Bilder dieser Zeremonie, während deren alle Hymnen gespielt werden, nur nicht die russische. Ich werfe mir vor, nicht lautstark die ‹Internationale› angestimmt zu haben. Ich bin sicher, die ganze Versammlung hätte sie mit mir gesungen. Ich hatte daran gedacht, aber mir fehlte der Mut – ich bin ein Feigling. Ich werde mir das mein ganzes Leben lang vorwerfen. Man hätte mich für einen kommunistischen Rädelsführer gehalten, was ich absolut nicht bin. Aber ich wollte einen Verbündeten ehren, der – wie wir – den gleichen Feind bekämpfte. Mehr nicht. Und wieder kommt mir der Gendarmerie-Hauptmann ‹Lerchenkopf› in den Sinn, der jetzt die Kollaborateure verurteilt. Er hat verdammt viel Glück gehabt. Wenn ich ihn erkannt hätte, wäre er an die Wand gestellt worden. Ich hätte die drei ‹collabos› befreit und dieses Schwein erschießen lassen, das so viele echte Patrioten in den Tod geschickt hatte. Aber um ihn werde ich mich noch kümmern, und zwar schon morgen. Er muß für seine Verbrechen bezahlen.» Der Lärm der heimkehrenden Kollegen weckt Walter Gezzi. Doch ihm ist «nach all den Enttäuschungen dieses Tages nicht nach Feiern zumute».

Christian de Roquemaurel irrte nach seinem Sprung aus dem Geisterzug und dem erfrischenden Bad in der Rhône lange allein herum. Er hat Mühe, sich zurechtzufinden. «Ich hatte viel gesehen, viel erlitten – in zu kurzer Zeit. Ich war zu einem apathischen Wesen geworden. Es gab keine Normalität mehr. Die Wirklichkeit verwandelte sich widerstandslos in eine Phantasmagorie.»[3] Bei einer zerstörten Brücke schwimmt er über die Rhône, von Pfeiler zu Pfeiler. «Ich fühlte mich nicht müde, ich hatte keinen Hunger, keinen Durst. Ich war einfach frei. Ich schwamm mit der ätherischen Leichtigkeit, wie man sie in Träumen fühlt.» Am anderen Ufer verspürte er zunächst das Gefühl einer gewissen Sicherheit. «Plötzlich wurde die beängstigende Stille von einem unglaublichen Lärm durchbrochen. Überall gingen Schüsse los. Ich hatte das Gefühl, die Zielscheibe von Hunderten von Waffen zu sein, die ich nirgends sehen konnte. Ich begann den Aufstieg zu den umliegenden Hügeln. Hinter mir ging das Feuergefecht weiter, intensiv und anonym, ich konnte keinen der Protagonisten dieses scheinbar abstrakten Kampfes lokalisieren. Ich holte Atem, ruhte mich unter einem Baum aus, setzte meinen Fußmarsch fort. Ziellos, den Bergen zu. Ich entdeckte eine Straße, die mich zu einem Dorf führte. Es schien völlig ausgestorben zu sein. Die Kirche war offen. Ich betrat sie, um dem Himmel für seine Gnade nach all dem Elend, das ich durchgemacht hatte, zu danken.»[4]

Vor der Kirche hält ein Citroën. In ihm sitzen vier bewaffnete Männer, die Roquemaurel an «die ferne Zeit im Maquis» erinnern. Er schildert ihnen seine Lage und wird mitgenommen. Sie fahren zu einem Hotel, in dem sich der Generalstab des Widerstands einquartiert hat. Christian de Roquemaurel, der Mitbegründer des Maquis Bir Hakeim, wird in einer Besenkammer ohne Fenster eingeschlossen. Auf dem Boden liegt eine Matratze.

«Ich war erstaunt, mehr nicht, als ob die vergangenen Monate eine Vorbereitung für die systematische Resignation eines Ausgeschlossenen waren. Ich bat meinen Bewacher der Form halber um etwas Nahrung und fragte ihn, warum man mich so behandelte. Miliz-Angehörige, wurde mir beschieden, würden versuchen, sich in Widerstandsvereinigungen einzuschleichen, und man wolle abklären, ob ich wirklich der Chef eines Maquis sein könne, dessen Mitglieder ausnahmslos tot seien.» Es sind für Roquemaurel seit Monaten die ersten Hinweise auf das Schicksal seiner Truppe. Er schläft viel und behandelt seine Depression «mit Philosophie». Das Essen, das ihm der Polizist bringt, rührt er kaum an, aber er benutzt die Gelegenheit zu Gesprächen mit seinen gewendeten Bewachern. Er denkt an Albert Lautmann in der Synagoge und an Barot, seinen Mitstreiter im Untergrund, der die Gendarmen verschonen wollte, um nicht ihr Überlaufen zur Résistance zu verzögern: «Pauvre Barot! Es brauchte vier Monate und eine zweite Landung der Alliierten, um ihre patriotische Reaktion auszulösen.»

Erst nach ein paar Tagen wird Christian de Roquemaurel freigelassen. Er stellt sich dem Résistance-Verantwortlichen vor Ort zur Verfügung und bekommt ein Gewehr, aber keine neuen Kleider: er trägt noch immer die gleichen wie im Zug. Von einem Hügel aus überwacht er mit einer kleinen Gruppe eine Straße, auf der während zwei Tagen kein Deutscher vorbeikommt. Roquemaurel bittet um seine Entlassung, um sich endlich zu seiner Widerstandsgruppe zu begeben.

Seinen Posten als Kommandant in Alès hat ein Mann übernommen, der sich «Le Tigre» nennt. Sie kennen sich gegenseitig nicht. «Mein Erstaunen wurde immer größer. Alès war voller bewaffneter Menschen, die ausnahmslos F.F.I.-Armbinden trugen und scheinbar sorglos durch die Straßen bummelten. Und ich, armer Irrer eines Maquis, der wie vom Erdboden verschwunden war, wurde als Novize an eine Straßenkreuzung delegiert, an der außer der Zeit niemand getötet wurde. Unverletzt habe ich dem Tiger seine Männer zurückgebracht.»

Man empfiehlt ihm, sich in Montpellier zu erkundigen. Er trifft auf ein paar Überlebende seiner Einheit, doch die meisten Kameraden sind tot – auch Barot und sein eigener Bruder.

Im Büro des Generalstabs klopft ihm jemand auf die Schultern: «Grüßt man denn seine alten Gefährten nicht mehr?» Roquemaurel erkennt den unsympathischen Gefangenen, der sich in der Synagoge abgesondert hatte, der ständig über die Terroristen fluchte und sich als Schwarzmarkthändler ausgab. Auf dem Fußmarsch durch die Weinberge nach Sorgues war ihm mit einem katzenhaften Sprung die Flucht geglückt – und Roquemaurel hatte sie mit seinem instinktiven Schritt nach vorn gedeckt. Er trägt die Uniform eines englischen Fallschirmspringers im Range eines Leutnants. «Er war über Frankreich abgesprungen und wurde gefangengenommen. Er hatte stets an seiner falschen Identität als kleiner schmutziger Schieber festgehalten, obwohl er dafür einen hohen Preis bezahlte. Seine Einsamkeit muß schwer erträglich gewesen sein.

Dieser junge Offizier verfügte über eine äußerst ungewöhnliche Charakterstärke. Ich übertrug meine Bewunderung für seine Flucht auf den Flüchtenden schlechthin.»[5]

Charles de Gaulle – in seinen Memoiren – oder auch die Historiker Robert Aron und Henri Amouroux evozieren ebenfalls ein Klima des Hasses und der Gewalt, das anläßlich der «Libération» im französischen Südwesten geherrscht habe und in dem sich alte Spannungen mit neuer Heftigkeit entladen konnten. Bürgerkriegsähnliche Zustände hat das Languedoc seit der Unterdrückung der Katharer und Albigenser durch die Inquisition bis zur Okkupation durch die Nazis immer wieder erlebt. Die Universität von Toulouse – wo selbst das Gefängnis nach dem Erzengel Michael benannt wurde – war ausdrücklich zur Bekämpfung der Häretiker und ihres Manichäismus gegründet worden. Menschen, die der Ketzerei verdächtig waren, «wurden hier wie Bücklinge geräuchert», stellte Rabelais fest. 1562 wurden viertausend Hugenotten – mit dem Segen des Papstes – buchstäblich erschlagen. Eines grausamen Todes starb am 9. März 1762 Jean Calas, der gefoltert und schließlich gerädert wurde. Man beschuldigte den Protestanten Calas, seinen zum Katholizismus konvertierten Sohn erhängt zu haben. Voltaire nahm sich der «Affäre Jean Calas» an. Er erreichte, daß der tote Tuchhändler in einem Wiederaufnahmeverfahren für unschuldig erklärt wurde, und legte mit seiner berühmten Schrift, die so wegweisend wurde wie Emile Zolas Einsatz für Dreyfus, den Grundstein des intellektuellen Engagements, das im bewaffneten Widerstand gegen den Nationalsozialismus seine nobelste Ausformung erlebte.

Zehn Jahre nach Philippe Erlanger behauptete auch der Schriftsteller Michel Droit, in Toulouse seien die Roten im Begriff gewesen, die Macht zu übernehmen. Eine spanische Division und das russische Bataillon – die «Wlassows», die bis zu den letzten Stunden mit den Deutschen kämpften – hätten sich

wie eine Besatzungsarmee aufgeführt. In der «traditionell turbulenten» Region, liest man beim französischen Historiker
Henri Amouroux, beherrschten nach der Befreiung die kommunistischen F.T.P.-Verbände und die Spanienkämpfer die Szene. Die wichtigen Posten seien von der extremen Linken besetzt
worden. Und der Volkszorn einer bekanntermaßen leiden-
schaftlichen Bevölkerung über die blutige Repression gegen
den Widerstand habe sich in willkürlichen und widerlichen Ra-
cheaktionen entladen. Gerüchte über die Verhaftung des Kommissars der Republik und des Präfekten, über die massenhafte
Exekution eifriger Kollaborateure der «Milice» durch eine auf-
gebrachte Menge, über Gehenkte auf der Place du Capitole und
Leichen in der Garonne und über die Herrschaft der bolsche-
wistischen Banden heizten das Klima in den Augusttagen der
Befreiung und der beginnenden «Säuberungen» an – mit der
Wirklichkeit hatten sie wenig zu tun. Sie dienten ganz offensichtlich vor allem dazu, die Angst vor der Anarchie und einer
«roten Republik» zu schüren, um de Gaulles Politik der nationalen Versöhnung, der Verdrängung von Vichy und des schnellen Übergangs zu einer neuen Normalität durchzusetzen.[6]

Der 20. August 1944 – der Geisterzug hat Montélimar verlassen und trifft in Valence ein – ist ein Sonntag. Pierre Bertaux beobachtet vom Fenster seiner Wohnung aus das früh-
morgendliche Treiben auf den Straßen. Menschen scheinen zu
fliehen und sich zu verstecken. Er schickt Eugène Charpentier
in die Stadt, um sich zu informieren. Charpentier erfährt, daß
italienische Soldaten verzweifelt nach bürgerlicher Kleidung
suchen, um unerkannt verschwinden zu können. Am Vortag
hatte Bertaux am Spitzentreffen der Résistance teilgenommen.
Es war längst ausgemacht, daß nach dem Abzug der Deutschen
der Dichter Jean Cassou zum Kommissar der Republik ernannt
werden sollte. Er leitete die Versammlung vom 19. August, von
der sich Bertaux nach einer Stunde verabschiedete, ohne ein
Wort gesagt zu haben. Die Lagebesprechung dauerte bis in die

Nacht hinein. In einem Auto der Präfektur fuhr Jean Cassou nach Hause. Gegen Mitternacht wurde der Wagen von einer «Wlassow»-Patrouille gestoppt. Die Insassen mußten aussteigen und wurden durchsucht. Als die Wlassows eine Maschinenpistole entdeckten, lösten sie eine Schießerei aus. Der Fahrer und ein Begleiter wurden erschossen, Cassou schwer verletzt und am Straßenrand liegengelassen. An diesem Sonntagmorgen erfährt Pierre Bertaux von den Vorfällen. Mit einer Pistole in der Hosentasche begibt sich der Hölderlin-Spezialist in die Klinik, wo man ihm wenig Hoffnung macht. Cassou, der Poet und designierte Kommissar, liegt im Koma. Seine Überlebenschancen werden als extrem gering eingeschätzt.

Pierre Bertaux hat keine Wahl: Er muß an Stelle seines Freundes Cassou den Posten übernehmen. Unter abenteuerlichen Umständen wird Bertaux Kommissar der Republik in Toulouse – höchster Vertreter des Staates, der vier Jahre lang auf Regierungsebene mit den Deutschen kollaboriert hatte. Weder an der Legitimität des 1907 geborenen Bertaux, der die erste Widerstandsgruppe gegründet hatte, noch an seinen Fähigkeiten – er diente dem Staat in den Kabinetten bedeutender Persönlichkeiten, er kennt sein Funktionieren und die Mechanismen der Macht – bestehen die leisesten Zweifel. Sein größtes Handicap ist anderer Art: er saß lange im Gefängnis und ist erst vor kurzem in die Stadt, deren Freiheit er nach vier Jahren Fremdherrschaft und Bürgerkrieg organisieren soll, zurückgekehrt. Er kennt die Résistance nicht gut, und die Résistance, für die er eine unbekannte Größe ist, hat Mühe, ihn zu akzeptieren. Pierre Bertaux, dessen politische Sympathien sozialistisch sind und der aus dem Gefängnis für die illegale Zeitung «Libérer et Fédérer» seines Freundes Silvio Trentin schrieb, betreibt eine Politik im Dienste de Gaulles, der in wenigen Tagen nach Paris zurückkehren wird.

Eine der ersten Amtshandlungen des Generals besteht in der Anordnung, die «Forces Françaises de l'Intérieur» aufzulösen.

Mit dem Widerstand im Landesinneren betreibt de Gaulle einen schnöden Umgang. Auch in Toulouse wird die politische Rolle der Résistance-Heroen sehr schnell und systematisch eingeschränkt. Bertaux hat an der Spitze der Verwaltung den Vichy-Präfekten, der für die Internierungslager verantwortlich war, abgelöst – aber darüber hinaus bleiben die Säuberungen ziemlich beschränkt. Der Lokalchef der «Milice» von Toulouse wird 1945 zum Tode verurteilt und hingerichtet. In ihrem eigenen Lager werden die Leiter der KZs von Gurs und Le Vernet inhaftiert – aber nach wenigen Monaten freigelassen. Das Personal bleibt: Die gleichen Wärter, welche die Juden und Antifaschisten bewachten, haben es nun mit den weit über zehntausend gefangengenommenen Deutschen zu tun.

Der Polizeichef Pierre Marty, der an der Spitze der «blutigen Brigade» die M.O.I.-Partisanen unerbittlich gejagt hatte, entkommt gerade noch rechtzeitig mit Pétain und der «collabo»-Prominenz nach Sigmaringen, wo er eine «französische Polizei» zu organisieren bestrebt ist. Sein Nachfolger wird Antoine Poggioli – der Pierre Bertaux bei den Résistance-Verantwortlichen in Toulouse als Ersatz für Jean Cassou vorgeschlagen und durchgesetzt hatte. Bertaux kennt die Hintergründe seiner Ernennung wohl ebensowenig wie die Vergangenheit seines Polizeichefs Poggioli, jedenfalls verliert er in seinem Buch über «La Libération de Toulouse», das er in den siebziger Jahren schreiben wird, kein Wort darüber. Ungestraft kommt auch der Kabinettchef von Pierre Marty davon – und zwar mit der Begründung, daß er im Juli 1944 Poggioli über seine geplante Verhaftung durch die Gestapo informiert habe. Die Bestätigung dieses Vorgangs durch Poggioli führt zur Freilassung von Martys Mitarbeiter aus dem Lager Noé und stützt gleichzeitig die Authentizität des neuen Polizeichefs als Mitglied der Résistance, für die er 1944 zu arbeiten begonnen hatte. In seiner neuen Funktion herrscht Poggioli über die Behörde, die sich mit der «Epuration» befaßt. Tatsächlich stellt er zahlreichen belasteten Beamten, die ebenfalls zu viel über seine eigene Vergangenheit wissen, sogenannte Résistance-Zertifikate aus.

Den nach seiner Flucht in Sorgues zurückgekehrten Kommissar Raymond Heim befördern Bertaux und Poggioli, der ihn aus dem Widerstand kennt, zum Verantwortlichen des innenpolitischen Nachrichtendiensts «Renseignements Généraux». Heim bekommt auch gleich einen Spezialauftrag: Er muß eine Untersuchung über den letzten Deportationszug aus Toulouse durchführen. Die «ordre de mission» wird von Poggioli unterzeichnet – der für den einen Monat früher losgefahrenen Geisterzug keine Enquete in die Wege leitet: in diesem Zug befanden sich nicht nur Raymond Heim und Poggiolis Mitarbeiter Alice Bessou, verheiratete Kokine, und Fournera, sondern auch Bertaux' und Cassous Freund Francesco Nitti sowie eine große Anzahl von jüdischen Widerstandskämpfern, die nicht vergessen haben können, daß Poggioli bei den Faschisten Parteimitglied war und in den Jahren 1942 und 1943 die Deportation der Juden organisierte – nach den Vorgaben und Anweisungen, die Polizeiminister René Bousquet ihm in chiffrierten Telegrammen aus Vichy zukommen ließ.

Im benachbarten Agen hat Walter Gezzi mit eigenen Augen gesehen, wie die schlimmsten Kollaborateure nun als unerbittliche Scharfmacher auftreten. Am Tag nach seiner ersten Nacht in der Kaserne wird er in Uniform gesteckt. «Nun war ich wieder Soldat, aber ich merkte schnell, daß mir etwas fehlte. Mein Patriotismus war ziemlich angeschlagen.» Man teilt ihm mit, daß sich eine neu geschaffene Instanz mit den Kollaborationsverbrechen befaßt. «Schnurstracks begab ich mich zu diesem Büro für die Säuberungen und reichte zwei Klagen ein: gegen den Gendarmerie-Hauptmann ‹Lerchenkopf›, der jetzt Kollaborateure hinrichten läßt, und gegen den früheren Gefängnischef von Agen, Lacaze. Lacaze hatte uns eines Tages in eine Spezialzelle verlegt, in Ketten gelegt und nach Saint-Michel gebracht und den Deutschen zur Deportation ausgeliefert.» Gezzi hinterläßt seine Personalien. «Voller Vertrauen verließ ich das Büro.» Schon eine Woche später bekommt Gezzi die Vorladung zur Verhandlung. Auch «Lerchenkopf» und Lacaze sind anwesend. Gezzi freut sich über ihre Verhaftung. Aber sie tragen keine Handschellen, keine Polizisten bewachen sie. Gezzi reagiert mit einem Wutanfall. Man versucht, ihn zu beschwichtigen: Die Verfahren laufen, die Justiz braucht ihre Zeit, es kann sehr lange dauern, es gibt so viele, die auf ein Urteil warten. Gezzi zeigt auf Lacaze. «So ein Schwein, das mindestens zwanzig Patrioten, wirkliche Widerstandskämpfer, auf dem Gewissen hat, wird in die Freiheit entlassen. Er kann, wann immer es ihm gefällt, das Land verlassen, um der Todesstrafe zu entgehen, und sie ist das einzige, was er verdient. Und das nennen sie Gerechtigkeit? Er hat Glück gehabt, daß ich nicht früher zurück war, als solche Typen noch problemlos niedergeknallt werden konnten. Er hätte als erster dran glauben müssen. Angewidert verließ ich den Raum und schlug die Tür hinter mir zu.»

In der Kaserne erzählt er die Geschichte seinen Kollegen. «Du hättest uns das früher sagen sollen, wir hätten Lacaze und ‹Lerchenkopf› in einer stillen Ecke wie einen Hund erlegt. Jetzt ist es zu spät, der Verdacht würde sofort auf dich fallen.»

Gezzi versucht, all diese Geschichten zu vergessen. «Ich verbringe meine Zeit damit, meine kleine Truppe im Kasernenhof exerzieren zu lassen. Eins, zwei, drei … rechtsum. Gewehr auf die Schulter, links, rechts. Manchmal marschierten wir durch die Stadt, mir machte es Spaß, meine Leute zu führen und zu kommandieren. Regelmäßig wählte ich vier Männer aus, und wir zogen als Wachpatrouille durch die Nacht. Wir überprüften die Ausweise im Wartesaal des Bahnhofs, wir zogen durch die Bordelle, mehrmals haben wir einen Zuhälter, der illegalerweise eine Waffe trug oder dessen Papiere verdächtig waren, auf den Posten geschleppt. Wir haben uns köstlich amüsiert.»

Gezzi wird zum Major befördert, muß sich aber verpflichten, in der 14. Division der Armee unter General Salan zu dienen. Sie wird für die Beteiligung an der Okkupation Deutschlands gebildet. Die Schlußoffensive beginnt mit tagelangem Warten in der Kaserne. Gezzi ist das Nichtstun unerträglich. Er bittet um Urlaub – Gezzi will sich um den Hof seines Freundes Bosca kümmern. Bei Salvatore Bosca hatten die Widerstandskämpfer Unterschlupf gefunden und Nahrung bekommen. Der aus Italien stammende Bauer wurde vom «Lerchenkopf» verhaftet und in den Geisterzug gesteckt, aus dem er eine kurze Nachricht übermitteln konnte: «Bitte an den Finder dieses Briefes, Frau Bosca in Saint-Antoine de Filcave (Lot et Garonne) zu benachrichtigen, daß ihr Mann am 10. August durch Agen fuhr und auf dem Weg nach Deutschland ist und daß es ihm gutgeht und daß er seine ganze Familie umarmt. Danke, Bosca.»[7] Es war das letzte Lebenszeichen, das die Angehörigen erreichte – Bosca ist in Dachau, er wird die Deportation nicht überstehen.

In den Zeitungen erscheinen erste Meldungen über den Geisterzug. Aber niemand weiß, wohin er fuhr. Noch sind nicht alle, die aus ihm fliehen konnten, zurückgekehrt. Bosca hat seine Frau und zwei Kinder zurücklassen müssen. Das Mädchen ist zwölf, der Knabe neun Jahre alt. Gezzi berichtet: «Die Alte war glücklich über meine Hilfe. An Arbeit mangelte es nicht. Ich habe ihr Holz zum Heizen und Kochen für einen ganzen Winter kleingehackt. Ich habe das Gras geschnitten und das Heu eingebracht, den Weizen geerntet, und so verging die Zeit.»

Seit dem 20. August sind wahrscheinlich sechzehn Menschen ohne ordentliches Verfahren wegen Kollaboration erschossen worden. Vom 16. September an funktioniert ein Militärgericht. Es verurteilt den Gefängnischef von Villefranche, der nach der Rebellion der Gefangenen zehn von ihnen erschießen ließ, zum Tode – er wird nicht begnadigt. Mitte des Monats meldet Pierre Bertaux: «Insgesamt ist die Lage befriedigend. Sie war nie so dramatisch, wie es gewisse tendenziöse Berichte, die auf mir unbekannten Wegen an die provisorische Regierung gelangten, glauben machen wollten.»[8] Erst 1985 hat der Historiker Pierre Laborie Telegramme ohne namentlich genannte Absender entdeckt. Sie stammen aus Kreisen der Verwaltung und zeichnen ein schauerliches Bild der Situation. Sogar die Entsendung eines Infanterieregiments zur Herstellung der Ordnung wird gefordert.

In de Gaulles Umgebung ist die Wut über die Ereignisse in Toulouse, die ihr verzerrt geschildert werden und deren Hintergründe sie nicht kennt, enorm. Man empört sich über die Tatsache, daß dem militärischen Chef der Region, Serge Ravanel, enorme Summen zur Verfügung stehen und daß er eine Truppe von mehreren tausend Mann kommandiert, die sich der Kontrolle durch die neue nationale Macht zu entziehen scheint. Man fürchtet, sie könnte dem «kommunistischen Komplott» als revolutionäre Armee dienen. In den anonymen Telegrammen wird Ravanel als «sentimental und utopisch» bezeichnet. «Natürlich schürten die bestens plazierten und organisierten Kommunisten die Feuer der Unordnung, um die Macht zu übernehmen. Sie hatten teilweise Erfolg», schreibt Charles de Gaulle in seinen «Mémoires de guerre». Ravanel übe eine «umfassende Macht» aus: «Um Ravanel bildeten die Chefs bewaffneter Fraktionen einen Sowjet.»[9] Doch Serge Ravanel verhält sich durchaus loyal und widersetzt sich keineswegs dem Plan, Einheiten zum Kampf gegen die Deutschen in die Gegend südlich der Loire zu schicken. Er stellt achttausend Mann zur Verfügung – obwohl er genau weiß, daß es de Gaulle vor allem darum geht, diese rebellischen Truppen aus der «roten Republik» abzuziehen. Tatsächlich wird die Ile d'Oléron im Atlantik, wo sich die Deutschen verschanzt hatten, im Frühling 1945 von einem Regiment aus Toulouse befreit.

De Gaulle, der am 24. August 1944 – in der Nacht werden Francesco Nitti, die Brüder Lévy, Juan de Pablo und ihre Genossen die letzte Fluchtmöglichkeit wahrnehmen – nach Paris zurückkehrt, beschreibt im dritten Band seiner Kriegsmemoiren den Zustand, in dem er sein Land vorfindet: «Die Staatsmacht muß zur Ausübung ihrer Verantwortung die Möglichkeit haben, informiert zu werden, ihre Entscheidungen mitzuteilen und deren Einhaltung zu kontrollieren. Doch während langer Wochen blieb die Hauptstadt ohne ordentliche Kommunikationsmöglichkeiten mit den Provinzen. Die Telefonleitungen sind vielfach unterbrochen, die Radiosender zerstört. Es gibt keine regulären Flugverbindungen, die Landepisten sind von Kratern übersät. Die Eisenbahnen stehen praktisch still. Von 12 000 Lokomotiven bleiben uns 2800. Kein aus Paris abfahrender Zug kann Lyon, Marseille, Toulouse, Bordeaux, Nantes, Lille, Nancy erreichen. Keiner kommt zwischen Nevers und der Atlantikküste über die Loire, keiner zwischen Nantes und dem Ärmelkanal über die Seine, keiner zwischen Lyon und dem Mittelmeer über die Rhône. 3000 Straßenbrücken sind zerstört. Keine 300 000 Autos – von mehr als drei Millionen, über die wir verfügten – sind fahrtüchtig. Der Mangel an Benzin macht jede Reise mit dem Auto zu einem wahrhaftigen Abenteuer.»[10] Angesichts der chaotischen Lage im ganzen Land beschloß de Gaulle, sich «umgehend an die wichtigsten Orte zu begeben, um die Maschine in Gang zu bringen».[11]

Am 16. und 17. September besucht der General Toulouse. Die Bevölkerung ist auf den Beinen und bereitet ihm einen königlichen Empfang. Pierre Bertaux organisiert ihn mit allen nur denkbaren Ehrenbezeugungen. Auch Ravanel, der de Gaulle am Flughafen abholt, und sein Stellvertreter, Jean-Pierre Vernant, freuen sich – der neue Regierungschef ist das Symbol des Kampfes, den sie selber im Landesinnern geführt haben. Sie glauben noch immer, daß die Résistance im Nachkriegsfrankreich eine politische Rolle spielen werde. Doch de Gaulle ist gekommen, um die Résistance seiner Autorität und Führung zu unterwerfen. Er demütigt Ravanel, der einen Orden trägt, der ihm versprochen, aber noch nicht offiziell verliehen worden ist. Und er kritisiert die «herrschende Unordnung». Vom Verlauf der Kriegszeit in Toulouse hat de Gaulle keine Ahnung. Er will im ganzen Land einen Schlußstrich ziehen, den Aufbau in die Wege leiten und seinen Rang in der Welt wiederherstellen – als Siegermacht. Die «rote Republik» wird auch außenpolitisch zur Belastung, denn die Gerüchte von einem Volksaufstand in Toulouse unter kommunistischer Führung sind bis nach Amerika gedrungen.

Die Militärparade, die für ihn organisiert wird, erscheint de Gaulle als folkloristischer Umzug. Zwanzigtausend Männer ziehen grüßend an ihm vorüber. Neben dem General steht Ravanel. Er ist mit den militärischen Gepflogenheiten nicht besonders vertraut und salutiert ebenfalls – was bedeutet, daß das Defilee auch für ihn durchgeführt würde. De Gaulle faucht ihn an und weist die anderen Persönlichkeiten der Résistance, deren nicht sehr stramme Haltung ihm mißfällt, ständig zurecht. Die Soldaten tragen die unterschiedlichsten Uniformen und marschieren in Sandalen. Als auch noch spanische Flaggen im Defilee auftauchen, gerät de Gaulle außer sich. «Der Schlag scheint ihn zu treffen», erinnert sich Jean-Pierre Vernant. Man erklärt dem Staatschef, daß es sich um Guerilleros handelt, die im Widerstand kämpften. Doch es kommt noch verrückter: Hinter den Spaniern erscheinen die «Wlassows», die Fahnen mit Hammer und Sichel schwingen – einen Monat zuvor haben sie auf Jean Cassou geschossen. De Gaulles Gesicht – «eine Szene zum Totlachen» (Vernant). Die Deserteure der Roten Armee hätten zwar mit den Nazis gekämpft, seien aber von den Kommunisten wieder «umgedreht» worden und in der Résistance aktiv geworden. In ihren Klamotten, die wie sowjetische Uniformen aussehen, grüßen sie de Gaulle und defilieren mit Widerstandskämpfern, auf die sie Jagd gemacht hatten. Sie wollten ihn wohl vollends «verarschen», schreit der General Ravanel und Vernant an. Die ihm erwidern, man habe die

«Wlassows» auf Wunsch der sowjetischen Behörden in Einheiten zusammengeführt, deren Ziel es sei, nach Hause zu fahren (wo sie, wenn sie wirklich zurückkehren, von Stalin mit dem Tod bestraft werden).

Auch George Hiller (oder Hilaire, mit richtigem Namen George Starck) vom englischen SOE wird von de Gaulle in Toulouse empfangen. Hiller, der bei Malraux' Verhaftung schwer verletzt wurde, ist der bekannteste ausländische Offizier, der in Frankreich kämpfte. Die Deutschen nannten ihn den «Führer des Maquis» und versuchten verzweifelt, ihn zu verhaften. Hiller kommandierte eine Truppe von mehreren hundert Männern, von denen viele Spanier waren. Er hat rund hundertfünfzig Fallschirmabwürfe organisiert. Am Abend dieses denkwürdigen Tages läßt de Gaulle Hiller zu einem Flugzeug bringen, das über Lyon nach London fliegt, und als Agenten einer fremden Macht des Landes verweisen.

Die Widerstandskämpfer sind über de Gaulles Arroganz und Verachtung dermaßen erzürnt, daß sie allen Ernstes erwägen, ihn zu entführen. Pierre Bertaux versucht zu vermitteln – und bringt den Staatschef schließlich dazu, doch noch ein paar Worte des Dankes und des Lobes an die Résistance zu richten. Über die «Wlassows» – die in seiner Erinnerung die Spitze des «pittoresken Umzugs» bildeten – und die «spanische Division, die in Waffen nach Barcelona» marschieren wollte, höhnt de Gaulle in seinen Memoiren: «Der Gipfel war ein englischer Oberstleutnant, der sich ‹Oberst Hilaire› nannte und den die britischen Geheimdienste in den Maquis eingeschleust hatten, unter dessen Fuchtel Einheiten standen, die nur auf Befehle aus London warteten.»[12]

Drei Tage später erleidet Serge Ravanel einen fürchterlichen Motorradunfall, der ihn für Monate außer Gefecht setzt. Sein Widerstand geht – wie er selber sagt – «in einem Krankenbett zu Ende».

Im Laufe dieser Tage kehren Claude und Raymond Lévy

nach Toulouse zurück. Sie kamen über Lyon, wo sie von ihrer ganzen Familie niemanden mehr vorfanden, und Montélimar. Hier erkundigen sie sich nach François Lafforgue und Jacques Insel – und entdecken in einem kleinen Friedhof tatsächlich ihre Gräber. Sie wissen nicht, daß ihre Freunde von Faschisten begraben wurden. Aber sie schwören, eines Tages zurückzukehren. Und setzen ihre Heimreise ins Exil fort. «Sie hatten eine kleine Gruppe von gejagten und isolierten Menschen», der sie angehörten, «hinterlassen und fanden eine Armee wieder. Ihre neuen Genossen berichteten ihnen über die letzten Kämpfe der Befreiung. Sie hatten mit automatischen Waffen und Maschinengewehren gekämpft, sie hatten Brücken gehalten, sie hatten nach den Regeln der militärischen Strategie operiert, sich in gut formierten Einheiten nach strikten Befehlen bewegt. [...] Wie weit waren sie entfernt von den Überfällen, den Attentaten mit dem Fahrrad, den Bomben aus Regentonnen.»[13] Und wie fremd sind sie ihrer Umwelt geblieben: man hat sie auch gar nicht mehr erwartet.

Sie werden auf Konferenzen und Versammlungen vorgeführt, wenn es darum geht, den frühen Eintritt der Kommunistischen Partei in den Widerstand zu demonstrieren. Aber ihre Taten sind in der Zwischenzeit von anderen für sich beansprucht worden. Sie schweigen, und es ist ihnen auch egal – Hauptsache, ihre Attentate gehen auf das Konto der Partei. Und das, was sie zu erzählen haben, wird bestenfalls angehört – aber keiner versteht die beiden jungen Burschen, die von einem Zug erzählen, von Durst, Hunger, Terror, Läusen, Wahnsinn. Die berichten, daß man mit den Fingernägeln ein Loch in eine Bodenplanke kratzen kann. Und daß dieses Loch in die Freiheit führte. Sie waren «Kandidaten für die Deportation» (Claude Lévy), sie haben eine Vorstellung von der Vernichtung und eine Ahnung von dem, was sie erwartete. Sie kehren aus dem Vorzimmer der Hölle zurück und sind die ersten, die Zeugnis ablegen könnten. Sie möchten vom Schrecken und Horror der

Shoah, deren Grauen sie in einer ganz besonderen Form erlebt haben, berichten. Noch einmal sind sie die Pioniere. Und stoßen auf eine Mauer des Unverständnisses. Niemand will die Erfahrung ihrer Leiden zur Kenntnis nehmen.

Sie werfen sich vor, offensichtlich nicht die richtigen Worte zu finden, um die Wirklichkeit der Deportation zu schildern, und schweigen. «Es sollte bis zum Einmarsch der Alliierten in Deutschland dauern und bis zur Entdeckung der Lager, daß die unfaßbare Wahrheit ans Tageslicht kam. Die große Sonne der Befreiung schien auf Toulouse, das Kampffieber und der nahende Sieg erhitzten die Gemüter. Die Zeit, die Toten zu zählen, war noch nicht gekommen. Sie erfuhren unterdessen, daß ein Angriff auf ihren Zug ins Auge gefaßt worden war, aber das Projekt hatte keine Gestalt angenommen. Die Nachrichten von den Eisenbahnern waren zu spät eingetroffen und waren unvollständig gewesen ...»[14]

Raymond Lévy bekommt eine Uniform und sogar einen Revolver. Man leiht ihm einen Wagen. Er fährt nach Bordeaux und sucht das Rote Kreuz auf. Er will sich bedanken. Auf der Reise schwelgt er in Phantasien. Vielleicht ist die Dame, die sich um seine Brille gekümmert hat, eine attraktive Frau. Überall erzählt er seine Geschichte. Man erinnert sich durchaus, und die Person wird gefunden. Lévys Wohltäterin heißt Marie-Laure de Brisonlac und versieht ihren Dienst am Nächsten inzwischen in Saint-Jean d'Angély. Der junge Soldat fährt und träumt weiter. Marie-Laure ist nur halbwegs erstaunt, als er sich bei ihr meldet.

«Ach, Sie sind das. Es freut mich, daß die Vandalen Sie freigelassen haben.»

«Sie haben mich nicht freigelassen, ich bin aus dem Zug, den Sie ja kennen, gesprungen.»

«Das kommt aufs selbe heraus.»

Der Dicke ihrer Brillengläser nach zu schließen, ist Marie-Laure de Brisonlac mindestens viermal so kurzsichtig wie

Raymond Lévy: «Ich begreife, warum Sie mir geholfen haben.»

«Man muß solidarisch sein im Leben.»

Lévy ist nicht einmal unglücklich, daß sie so kurz angebunden bleibt: «Der Optiker wird sich freuen, wenn er hört, daß Sie gekommen sind. Ich werde es ihm sagen. Auf Wiedersehen.» Auch wenn daraus nichts geworden ist: seinen tiefen Dank hat er zum Ausdruck gebracht.

Jetzt ist noch eine Entschuldigung fällig. Für ein geplantes Rendezvous an einer Brücke in Toulouse, das Raymond Lévy wegen seiner Verhaftung verpaßt hatte. Mit Françoise. «Und dies um so mehr, als er sich von allen Verpflichtungen gegenüber Mademoiselle de Brisonlac befreit fühlte. Er sieht Françoises Körper vor sich und ist entschlossen, sie auf der Stelle zu heiraten. Sie wohnte noch immer in der Rue du Ruisseau, betrachtete seine Uniform und sah ihn an, als käme er von den Kreuzzügen zurück. Erneut hatte er das Gefühl, das ihn seit ein paar Tagen beherrschte: das Gefühl, zu früh zurückgekehrt zu sein. Er brachte Françoise in ein Zimmer, das ein Freund von der M.O.I. für ihn organisiert hatte. Obwohl er Françoise nackt und in ihrer ganzen Herrlichkeit vor sich hatte, war es ein einziges Fiasko. Entweder hatte der großkalibrige Revolver, den er mit Befriedigung auf den Nachttisch gelegt hatte, Françoise erschreckt. Oder die Aussicht, sich jetzt schon zu verheiraten, und sei es mit ihr, hatte seinem Unbewußten untersagt, in die Tiefe vorzudringen, wie man so sagt. Das wiedererlangte Leben war jedenfalls nicht die herrliche Frucht, die er erwartet hatte.»[15]

Mit seinem jüngeren Bruder Claude fährt Raymond Lévy in seinem braunen Opel, der wahrscheinlich dem Afrikakorps abgenommen worden war, ins Rhônetal. Auch Madame Lafforgue kommt mit, die Mutter von François. Sie sitzt zwischen den Reservekanistern im Fond des Wagens. Frau Insel, die Witwe von Jacques, traut sich nicht, die Strapazen einer Reise auf sich zu nehmen. In Béziers schließt sich ein Genosse aus dem Gefängnis der Expedition an. Die Route Nationale Nummer sieben ist geräumt worden, aber die Trümmer der Lastwagen und der ausgebrannten Panzer zeugen von der Heftigkeit der Kämpfe im August. Der kleine Opel schlängelt sich durch die Dodge-Pickups und Panzer von General Pattons Armee, die nach Norden zieht. Immer wieder müssen die Reifen geflickt werden. Wenn die drei von einer alten Dame in Schwarz begleiteten Jungen kontrolliert werden, zücken sie den Marschbefehl, den sie sich in Toulouse haben ausstellen lassen: «… um die Leichen von zwei Patrioten zu identifizieren und zurückzuführen, Jacques Insel und François Lafforgue, getötet während eines Maschinengewehrangriffs auf den Deportationszug.»

«They are crazy»: die Amerikaner amüsieren sich über ihren verrückten Plan. Und drängen die Burschen an den Straßenrand, «die Toten konnten ja wohl warten. Aber die Gruppe setzte halsstarrig ihren Weg fort, schlängelte sich behutsam durch den Konvoi und brachte einen Kilometer nach dem anderen hinter sich. Von den Ladeflächen der LKWs aus machten ihnen hochgewachsene schwarze und weiße GIs Zeichen mit der Hand.» (Claude Lévy)

Die wirklichen Schwierigkeiten beginnen in Montélimar. Die Exhumierung von Leichen geht auch in turbulenten Zeiten nicht ohne bürokratischen Aufwand vonstatten. Die Totengräber, denen die Brüder Lévy ihre Geschichte erzählen, erinnern sich noch gut an das Begräbnis. Die Identität von fünf der Toten war ihnen unbekannt, ein sechster, der im Krankenhaus starb, hatte noch seinen Namen stammeln können. Sie werden ausgegraben. Die Leichen befinden sich in einem Zustand fortgeschrittener Verwesung, sind aber identifizierbar. Claude und Raymond Lévy erkennen auch die beiden Schweizer, die exhumiert werden. Starr blickt Madame Lafforgue auf den entstellten Körper ihres toten Sohns. Die Anwesenden halten sich Taschentücher vor Nase und Mund. «Um die Erlaubnis zum Transport der Leichen zu erhalten, mußten sie wieder ermüdende Diskussionen führen. Trotz ihrer Sympathie für den eisernen Willen von Raymond und Claude, trotz der bewegenden Anwesenheit von Madame Lafforgue, trotz des ordnungsgemäß ausgestellten Marschbefehls taten sich die Stadtangestellten und die Friedhofsverwaltung schwer, die Vorschriften zu umgehen. Schließlich siegte die Sturheit der beiden Jungen. Man überließ ihnen die Särge und forderte sie auf, sie so schnell wie möglich mitzunehmen.»[16]

Auf dem Dach des Opels können sie die im Kugelhagel von Pierrelatte gefallenen Widerstandshelden Lafforgue und Insel unmöglich transportieren. Einen Leichenwagen will ihnen die Stadtverwaltung nicht zur Verfügung stellen. Lange suchen sie nach einer Möglichkeit zur Lösung ihres Problems. Ein Metzger ist schließlich bereit, ihnen einen Anhänger, in dem Kleintiere zur Schlachtbank gebracht werden, zu leihen. Sie befestigen ihn so gut wie möglich am Wagen. Doch der Anhänger ist nicht breit genug. Sie müssen lange stoßen und drücken, um beide Särge hineinzubekommen. Der zweite ragt zur Hälfte aus dem Anhänger. Die Särge werden an den Streben befestigt und mit einer Trikolorefahne bedeckt. «Sie fuhren jetzt gegen den langen Strom der Konvois auf ihrem Weg zur Front und zogen die Geruchsfahne des Massengrabs hinter sich her. Sie fuhren vorbei an unendlichen Kolonnen der mit Waffen bestückten und mit Stahl gepanzerten Soldaten, an der außerordentlichen Kriegsmaschine, die ununterbrochen Verstärkung erhielt. Zwischen dem Gewimmel von Menschen und Material und dem Donnern der LKWs, Panzer, Maschinengewehrwagen und Raketenwerfer schlängelte sich ihr zerbrechliches Gespann in Gegenrichtung. Sie wurden an die Straßenseite gedrängt, blieben aber starrköpfig wie ein Insekt, das durch die Flut zurückgestoßen wird. Ein lächerliches Grüppchen an der Flanke dieser Marschtruppen. So fuhren sie zwei Tage lang. Sie waren gespannt, schweigsam, angeschlagen und verwundet bis auf den

Grund ihrer selbst, und eine Schattenarmee marschierte hinter ihnen.»[17]

In Toulouse organisieren sie den beiden Märtyrern des Maquis ein großartiges Begräbnis – «im pompösen Stil von Malraux», erinnert sich Claude Lévy. Mehrmals läßt Jacques Insels Witwe den Leichnam an immer gediegenere Orte verlegen. Und jedesmal wird Claude Lévy ein paar Worte sagen. Seine endgültig letzte Ruhe findet Insel im riesigen Friedhof von Bagneux bei Paris. Viele Juden sind hier begraben. Insel liegt zwischen einem Denkmal, das an die armenischen Intellektuellen erinnert, und Sylvain Raynal, dem Obersten, der während der Schlacht von Verdun 1916 das Fort de Vaux verteidigte und nach dem der Bahnhof von Toulouse benannt ist, von dem aus am 2. Juli 1944 der Geisterzug weggefahren war, in dem Jacques Insel von den Kugeln der Alliierten getötet wurde.

Am 1. Oktober 1944 befinden sich den Berichten zufolge, die Pierre Bertaux an die Regierung in Paris schickt, noch rund 1500 der Kollaboration angeklagte Gefangene in Saint-Michel und im Lager Noé. Vom November an übertragen die Radiosender von Toulouse wieder die Programme des staatlichen Rundfunks aus der Hauptstadt. Der Anteil der Lokalsendungen wird auf ein Minimum reduziert. Am 20. November kann in Orléans die reparierte Eisenbahnbrücke erstmals wieder befahren werden – die Strecke zwischen Paris und Toulouse ist damit erneut normal befahrbar.

Kurz vor Weihnachten 1944 erscheinen in der Pariser Presse Berichte über das Konzentrationslager Struthof im elsässischen Natzweiler, wo Juden vergast wurden, deren Leichen deutsche Ärzte an der Universität Straßburg sezierten. Es sind die ersten Bilder, welche eine breitere französische Öffentlichkeit mit dem Grauen der Vernichtung konfrontieren.

Am 14. April 1945 bringt ein Zug die ersten aus Ravensbrück befreiten Frauen zurück. Zu ihrem Empfang begibt sich

Charles de Gaulle in den Pariser Bahnhof Gare de Lyon. Auch Meyer Kokine steht auf dem Bahnsteig. Vergeblich wartet er auf Alice Bessou, seine schwangere Gattin, von der er seit ihrer Trennung in Sorgues keine Nachricht hat. Noch gibt er nicht auf. «Ich hoffte auf ihre Rückkehr.» Wann immer eine Ankunft aus der Deportation angekündigt wird, ist Meyer Kokine zur Stelle. Und wartet noch lange, nachdem die allerletzte Passagierin längst ausgestiegen ist. «Keinen Zug habe ich verpaßt.» Kokine trifft sogar auf eine Frau, die Alice Bessou zu kennen glaubt und ihm nochmals Hoffnungen macht.

«Ja, Dostojewski – heute können wir dem großen russischen Schriftsteller antworten»: Francesco Nitti formuliert die Antwort auf die Frage, um die sich alle Gespräche und Ängste vor dem Sprung auf den vorbeirasenden Lichtstreifen der Freiheit drehten, schriftlich. Er hat im Anschluß an die Rückkehr seine Erinnerungen an den Geisterzug geschrieben. Das Buch mit dem Titel «Chevaux 8 – Hommes 70» (Pferde 8 – Menschen 70) erscheint am 25. April 1945 im Verlag Editions Chantal eines Freundes, mit dem er im Widerstand gekämpft hatte: «Ja, Dostojewski, man kann nicht nur zwischen den Schienen liegenbleiben, während der Zug über einen hinwegfährt – man kann sogar durch eine Spalte im Boden der Waggons aus diesem Zug auf die Gleise springen» und in die Freiheit.[18] Die Endstation des Geisterzugs ist Nitti zum Zeitpunkt der Niederschrift nicht bekannt. Zu seiner Schilderung steuert Jean Cassou ein Vorwort bei. Menschen wie Nitti, schreibt der Poet, hätten bewirkt, daß «ihm zwanzig Jahre Faschismus als Lüge, als antiitalienische Monstrosität erschienen (ganz im Gegensatz zum Nazismus, der ein deutsches Phänomen ist)». Jean Cassou, der sich von den Schüssen der «Wlassows» wider alle Erwartungen erholt hat, zitiert Heinrich Heine und nennt Nitti einen tapferen Soldaten der Freiheit, dessen außergewöhnlichen Mut und Charakter er im Widerstand und in der langen Gefangenschaft schätzen gelernt habe.

Cassou verzichtet nach seiner monatelangen Rekonvaleszenz auf alle politischen Ämter, um erneut seinen Posten als Museumsdirektor zu übernehmen. Nitti zieht es – wie Silvio Trentin und die meisten antifaschistischen Italiener im Exil – in seine Heimat zurück. Er wird leitendes Mitglied der Sozialistischen Partei, Stadtrat von Rom und Vizepräsident der Partisanen-Vereinigung. Er schreibt zahlreiche Artikel und ein Buch über den Spanischen Bürgerkrieg. Francesco Nitti stirbt 1974. (Als 1989 in Budapest der Eiserne Vorhang durchlässig wurde, war sein Sohn Joseph Nitti italienischer Botschafter in Ungarn.)

Renée Lacoude kommt erst am 29. Juni 1945 – ihre Heimreise aus Ravensbrück führte über Schweden – in Frankreich an. «Man erwartete uns nicht mehr. Das Land hatte sich völlig verändert, ein neues Leben begonnen, wir wurden als Störenfriede empfunden, und man ließ uns das auch merken. Einige werden vielleicht eine gewisse Scham uns gegenüber verspürt haben, wobei ich nie jemandem vorwerfen würde, keinen Widerstand geleistet zu haben. Man kam meist zufällig zur Résistance. Durch einen Beamten, der irgendeine Hilfe brauchte, einen Kontakt, eine Verbindung, ein Versteck. So schlitterte man hinein und fand sich in einem Räderwerk wieder, aus dem es keinen Ausstieg gab.» Die Maquisards wußten, daß sie den Tod riskierten – «aber die Existenz der Konzentrationslager war uns nicht bekannt».

Zumindest einer hat auf Renée Lacoude gewartet und ist erleichtert: der junge Jude ihrer Widerstandsorganisation, der sie aus Angst an die Gestapo verriet und selber der Deportation entgehen konnte. Alle verhafteten Mitglieder der Gruppe waren längst aus Deutschland zurückgekehrt. Er sucht Renée Lacoude und findet sie. Sie verzeiht dem ehemaligen Kampfgefährten, der ihr bei der Erledigung aller administrativen Probleme hilft. Er besorgt den Nachweis ihrer Résistance-Tätigkeit für die Behörden. Materiell steht sie vor dem Nichts und ist froh, daß es staatliche Hilfen und Entschädigungen gibt. Die Rückkehr zu einer normalen Existenz fällt schwer. «Mein Vater, der acht Tage vor mir unter den gleichen Umständen verhaftet worden war, wollte die Adresse dieses ‹Verräters›, um ihn sich, wie er sagte, einmal vorzuknöpfen. Ich habe sie ihm nicht gegeben. Niemand hat von mir erfahren, wo er sich aufhielt. Von da, wo wir zurückkehrten, gab es keinen Platz mehr für irgendwelchen Haß.»

In Ravensbrück hatte Marie-Claude Vaillant-Couturier dafür gesorgt, daß Aline Lejart nicht auf den Leichenhaufen geworfen wurde. Sie war für den Konvoi des schwedischen Roten Kreuzes vorgesehen, blieb aber freiwillig im Lager, um die Kranken im Revier pflegen zu können. Sie bringt Meyer Kokine einen Brief aus Ravensbrück mit: «Alice schrieb, daß sie mich liebte. Und daß sie einen Knaben zur Welt brachte, den sie Gérard nannte. Sie schrieb, daß sie keine Kleider für ihn hatte, und keine Milch. Das Kind starb nach zehn Tagen.» Für den fünfundzwanzigjährigen Meyer Kokine ist der Brief, der ihm erstmals von der Geburt und vom Tod seines Sohnes, den er nie gesehen hat, berichtet, das letzte Lebenszeichen seiner Frau, die in Toulouse unter Pierre Marty und Poggioli gearbeitet hatte und im Widerstand für Buckmaster und «Libérer et Fédérer» Ausweise fälschte und Juden vor ihrer geplanten Verhaftung warnte. Postum wird Alice Kokine-Bessou in den Rang eines Unterleutnants befördert.

Die Rechenschaftsberichte, die der Kommissar der Republik für Toulouse das ganze Jahr 1945 über nach Paris schickt, beruhigen de Gaulle. «L'ordre règne», Ruhe und Ordnung sind wiederhergestellt, meldet der Hölderlin-Experte Bertaux der Regierung: mit Ausnahme der Attentate gegen – und seien es vermeintliche – Kollaborateure, die von den Gerichten der «Epuration» freigesprochen worden waren.

KAPITEL 10
Die Schienen der Freiheit

Es sollte ein Tag von kulturhistorischer Tragweite werden. Um den Filmfestspielen von Venedig und Brüssel Konkurrenz machen zu können, hatte sich das Mutterland der Kultur und des Kinos in einer Zeit des lethargischen Abwartens endlich zu einer großen Tat aufgerafft – die Idee war anläßlich der Weltausstellung in Paris entstanden. Der Staat machte Subventionen locker, das Budget war längst gesichert und der Austragungsort bestimmt. Auch das Datum der Eröffnungsgala stand fest: Am 1. September 1939 sollte das erste Filmfestival von Cannes beginnen. Aus aktuellem Anlaß mußte das Ereignis kurzfristig verschoben werden.

Nach dem Zweiten Weltkrieg greift de Gaulle die Pläne wieder auf. Es geht darum, das Land auch in seiner kulturellen Größe wiederauferstehen zu lassen und in einem Bereich, dem die Zukunft gehören wird, gegenüber Amerika bestehen zu können. André Malraux – für den das Kulturministerium erst später geschaffen wird – ist in der Regierung für die Information zuständig. Das Erziehungsministerium und die Kulturabteilung des Außenministeriums übernehmen zusammen mit dem Centre National de la Cinématographie die Schirmherrschaft des Filmfestivals von Cannes, das am 20. September 1946 seine erste Premiere erlebt. Der wichtigste Film, der auf dem Programm steht und auch prämiert wird, ist allerdings schon seit Monaten in den Lichtspieltheatern des ganzen Landes zu sehen: René Cléments «Schienenschlacht» («La Bataille du

Rail»), eine raffinierte Mischung aus Dokumentation und Fiktion – und mit einem Kollektiv in der Hauptrolle. Verschiedene Ereignisse und Episoden – zum Teil sogar aus dem kurzen Krieg von 1940 – wurden zusammengefaßt und in den Frühsommer der Befreiungsschlacht von 1944 gelegt. Die Résistance-Organisationen kontrollierten die Zeugenaussagen und überwachten das Drehbuch. «Die Dogmatik dieses ‹film-mythe› stützt sich auf ein Postulat», schreibt Christian Bachelier in seinem Bericht «La SNCF sous l'occupation allemande»: «Jede Beziehung zu den deutschen Behörden beruhte während der Besatzung auf einem Zwang, während alles, was sich diesem Zwang entzog, einen Akt des Widerstands darstellte. Die ‹Schienenschlacht› hat es der Gemeinschaft der Bahnarbeiter ermöglicht, sich symbolisch um den Begriff des Opfers zu versammeln, dadurch ihre Existenz zu rechtfertigen – und die Weiterführung ihrer Tätigkeit – und diese durch die Erinnerung an das geflossene Blut heiligzusprechen.»[1]

«Säuberungen» – eine «épuration» – innerhalb der Bahn hatte es nach dem Krieg gegeben; sie waren wegen ihrer Bedeutung im Rahmen der Kollaboration absolut unvermeidbar. Aber sie wurden nach taktischen und politischen Gesichtspunkten vorgenommen – und fielen insgesamt bedeutend zurückhaltender aus als in anderen Bereichen. Man braucht die SNCF – deren gesamtes Personal aus Anlaß der «Libération» eine Sonderprämie bekommen hatte – für den Neuaufbau. René Cléments Film, dem ein phänomenaler Publikumserfolg beschieden ist, leistet den wichtigsten kulturellen Beitrag zur Verdrängung der Vichy-Realitäten. Er spielt bei der Verklärung der Résistance zum Mythos der Nachkriegszeit eine ganz entscheidende Rolle. Bachelier nennt «La Bataille du Rail» eine «Gründungserzählung» der Nachkriegsepoche.[2]

Auch die Kommunisten sind eifrig bemüht, ihre Widerstandslegenden schönzufärben. Die Tatsache, daß sie nach dem Einmarsch der Deutschen mit ihnen über das neuerliche Erscheinen des Parteiorgans «Humanité» verhandelt hatten – und sich der NS-Vorzensur unterwarfen –, wird ebenso zum Tabu wie ihr später Eintritt in die Résistance, der erst nach Hitlers Überfall auf die Sowjetunion erfolgte. Die Rolle der M.O.I. wird systematisch verdrängt. Daß der bewaffnete Kampf weitgehend – und mancherorts ausschließlich – die Angelegenheit von Außenseitern, Entwurzelten, Entrechteten ausländischer Abstammung und vielfach jüdischer Herkunft war, die von der KPF skrupellos verheizt wurden, paßt nicht mehr zum Selbstverständnis einer zunehmend nationalistischen und stalinistischen, auch antisemitischen Partei. Sie verstößt die M.O.I.-Partisanen, denen sie zum großen Teil ihre innenpolitische Machtposition verdankt, und entfernt ihre Namen aus den Dokumenten des Widerstands. Sogar von der Ausschließung ihrer Helden schreckt die KPF nicht zurück. In einer 1946 herausgegebenen Sammlung von «Lettres de fusillés» sind die Briefe der M.O.I.-Märtyrer noch enthalten – sie fehlen in der 1951 in Moskau publizierten Neuauflage in französischer Sprache. In der Tschechoslowakei fallen mehrere der heimgekehrten M.O.I.-Angehörigen den Prager Schauprozessen zum Opfer. Als Raymond und Claude Lévy 1953 eine Sammlung von Résistance-Novellen zusammenstellen, für die sie einen Literaturpreis bekommen, erlaubt Louis Aragon die Veröffentlichung in einem kommunistischen Verlag nur unter der Bedingung, daß die Namen «französisiert» werden. Aus den Opfern des Faschismus Epstein, Chapiro, Zalnikov werden Sémard, Hapiot, Rebière – Adam Kowalski darf nur unter dem rein französischen Pseudonym «Marcel Chevalier» gedruckt werden.

In diesen Jahren verspürt Claude Lévy das Fehlen der Eltern am schmerzhaftesten. «Ich war Waise.» Die Genossen haben ihm lange die Familie ersetzt, die politische Agitation wurde zu seiner Heimat. «Die Partei hat mir geholfen, mich aber auch ideologisch verwirrt.» Er wird Arzt – einer der führenden Spezialisten des Landes im Bereich der Nuklearmedizin. Und er interessiert sich für die Geschichte. Der Glaube an eine bessere Welt zerbricht. Claude Lévy löst sich vom Marxismus und von der Partei. Doch noch gelingt es ihm, Aragon – der als einziger kommunistischer Intellektueller im Apparat über Macht verfügt – zu veranlassen, «etwas für das Andenken der M.O.I. zu tun». Auf Lévys Wunsch – Aragon bedankt sich in einem Brief für die Idee – entsteht das Gedicht «L'Affiche rouge», das Léo Ferré vertonen und interpretieren wird. Es ist eine Hommage an den Widerstand der M.O.I. in Paris, an dessen Spitze der aus Armenien stammende Dichter Manouchian stand. Wurde er von der Partei, die ihm den Geldhahn zugedreht hatte, verraten oder «nur» verheizt? Er fiel den Deutschen bei einem verzweifelten Geldüberfall in die Hände. Sechsundsechzig Partisanen wurden verhaftet und gefoltert, dreiundzwanzig Angehörige der M.O.I. am 21. Februar 1944 auf dem Mont-Valérien erschossen. In den französischen Städten klebten die Nazis 15 000 rote Plakate mit den Porträts von zehn der Hingerichteten an die Mauern – in ihrer Mitte Manouchian, «Armenier, Bandenführer, 56 Attentate, 150 Tote, 600 Verletzte». Das war das berühmte «rote Plakat», das bekannteste Symbol der Repression gegen die Résistance. Dank Léo Ferré wird das Chanson zu einem Hit mit Millionenauflage: Ihr hattet eure Porträts an unseren Mauern, «23 Fremde und dennoch unsere Freunde». Aragon vergleicht in einer Metapher das rote Plakat mit einem Blutfleck, der den Passanten angst machen sollte. Inhaltlich stützt er sich auf Manouchians letzten Brief, doch übergeht er die Stellen, in denen vom Verrat an seiner M.O.I.-Truppe die Rede ist. Elf Jahre waren seither vergangen, «onze ans déjà, que cela passe vite». Das Gedicht ist eine einzigartige, im Ton pathetische Hommage, ein poetischer Wiedergutmachungsversuch, von dem kaum jemand weiß, daß er auf Claude Lévy zurückgeht.

Pierre Bertaux hat als Kommissar der Republik in Toulouse gute Arbeit geleistet. Er wird mit dem Amt des Präfekten in

Lyon belohnt und schließlich nach Paris befördert. Als auf der Straße zwischen Cannes und dem Flughafen Nizza ein spektakulärer Raubüberfall auf die Begum stattfindet, deren Schmuck gestohlen wird, ist er oberster Chef der Polizei «Sûreté Nationale». Der – sozialistische – Innenminister Jules Moch hat Bertaux aufgrund von dessen Erfahrungen in der «roten Republik», die er zu verhindern verstand, mit der besonderen Aufgabe betreut, die Kommunisten im Staatsdienst zu neutralisieren. Der bewaffnete Angriff auf die Gattin des Aga Khan ist aus diplomatischen Gründen sehr heikel – und wird zum Skandal: der Polizeichef bezeichnet den Täter, Leca, als Ehrenmann. Bertaux kennt ihn aus dem Gefängnis, er saß – nachdem er mit Nitti und Cassou gefangengenommen worden war – mit Leca im Knast. Als dann auch noch die Beute – die legendären «Juwelen der Begum» – in seinem Tresor im Innenministerium entdeckt wird, muß Pierre Bertaux zurücktreten. Er wendet sich erneut der Germanistik zu und schreibt sein ebenso umstrittenes wie geniales Buch über Hölderlin, in dem er dem Einfluß des Jakobinertums auf den Dichter nachgeht und dessen Wahnsinn zur subtilen Simulation verklärt. Die Studie des Franzosen über den deutschesten aller deutschen Dichter hat die Hölderlin-Forschung und -Rezeption revolutioniert. Bertaux führt die Depression des Dichters auf die Enttäuschungen und Verzweiflungen ob dem Scheitern der Pläne für eine schwäbische Republik zurück und schildert sie gleichzeitig als ziemlich bewußten Ausstieg aus dem Leben in das Exil des Turms.

Spekulationen bieten sich an, Parallelen drängen sich auf: Hat der belesene Pariser Polizeichef den Raubüberfall ausgerechnet auf die Begum durch seinen im Guten wie im Bösen verbündeten Leidensgenossen in Hitlers und Pétains Kerker, Leca, unbewußt oder gezielt inszenieren lassen? Ein Jahrhundertraub zwischen Cannes und Nizza, um seiner Ernüchterung und Entfremdung im Staatsdienst mit all den Desillusionierungen, die der Nachkrieg für die Hoffnungen der Résistance bereithielt, ein angemessenes Ende zu bereiten? Ein phantastisches und absolut irreales Ende, das er nur in seiner grandiosen Hölderlin-These kongenial darstellen konnte? Oder umgekehrt? Wie auch immer: ohne die in den Details nie geklärte Geschichte – auch eine Intrige aus dem Widerstand trägt ein bißchen zu Bertaux' Fall bei – hätte der unkonventionelle Polizeichef der Vierten Republik sein Hölderlin-Buch nicht geschrieben.

Noch bevor der begnadete Germanist zu seiner höheren Bestimmung zurückfinden konnte, hatte Pierre Bertaux als Chef der Sûreté Nationale den Kommissar Raymond Heim nach Paris geholt. Heim macht eine steile Karriere durch Kabinette und Ministerien. Er gehört während des Algerienkriegs zur obersten Polizeiverwaltung in der sich gewaltsam von Frankreich loslösenden Kolonie. In den sechziger Jahren organisiert er die vielen Reisen, die Charles de Gaulle im Inland und in der ganzen Welt unternimmt. Wegen der Attentate auf den Staatschef, der Algerien in die Unabhängigkeit entlassen hat, bedürfen sie einer ganz besonderen Sorgfalt im Bereich der Sicherheit.

Im Mai 1968 ist Raymond Heim Kabinettschef des Polizeipräfekten von Paris und steht mitten im Trubel der Ereignisse. «Wir sind alle deutsche Juden», schreien die aufständischen Studenten auf den Barrikaden. Heim, der als Angehöriger der Elite-Organisation «Morhange» an der Eliminierung von SS-Befehlshabern und französischen Doppelagenten teilnahm und gleichzeitig von der Widerstandspresse angegriffen worden war, ist sicher einiges gewöhnt. Doch es muß den von der Gestapo verhafteten Superpolizisten schon ein bißchen merkwürdig anmuten, wenn die rebellischen Nachgeborenen in ihren Sprechchören und auf Mauerinschriften – «CRS = SS, CRS = SS» – seine Truppen mit jenen der deutschen Besatzer gleichsetzen, in deren Geisterzug in die Deportation Raymond Heim bis zu seiner Flucht in Sorgues die sechs längsten Wochen seines Lebens verbracht hatte. Während deren Fournera, sein Kollege bei der Polizei und im Widerstand, von den Spaniern im KZ Synagoge verprügelt, von den Deutschen dann gleichzeitig mit dem Résistance-Philosophen Albert Lautmann erschossen worden war.

Der Mai 68 – als Symptom einer ziemlich hysterischen Rückkehr des Verdrängten – ist der Kulminationspunkt der französischen Nachkriegsgeschichte. Von ihm gehen die Stränge einer mehr erduldeten als aktiv betriebenen Vergangenheitsbewältigung aus. Am Ende dieser Aufarbeitung wird die späte Anerkennung der Wahrheit und französischen Mitverantwortung stehen – und eine der Folgen dieser Prozesse werden die Krise des Kommunismus wie des Gaullismus sein, der beiden innenpolitischen Kriegsgewinner, deren Niedergang im Mai 68 beginnt.

Das erste Buch über die große Judenrazzia in Paris, bei der vierzehntausend Menschen verhaftet worden waren, ist kurz zuvor erschienen – «La Grande Rafle du Vél d'Hiv». Geschrieben hat es Claude Lévy, in Zusammenarbeit mit Paul Tillard, der aus Mauthausen zurückgekehrt war. Die Judenrazzia war nur wenigen Experten der Okkupationszeit bekannt, «niemand sprach darüber». Bei ihren Recherchen entdeckten Lévy und Tillard Schicksale, die ihnen die Tränen in die Augen trieben, und eine Realität, die düsterer war, als sie sich vorgestellt hatten. Die Franzosen hatten mit ihrer Propaganda und dem Judenstatut das Feld vorbereitet; der «fichier juif», den sie aus eigener Initiative erstellt hatten, diente als Adreßbuch für die Verhaftungen. «Die Polizisten waren brutal, eifrig, erbarmungslos – einige weinten.»

Das Buch, das verschiedene Filme inspiriert, besteht lange als historisches Standardwerk, erlebt mehrere Neuauflagen und Übersetzungen (auch ins Deutsche).

Als Pionier der Aufklärung über die Vichy-Vergangenheit gehört Claude Lévy zu den Zeugen, die Marcel Ophuls in «Le chagrin et la pitié» befragt. Ophuls dreht sein Dokument im Jahre 1968. Mit deutlichen Worten erklärt Lévy im Film, daß die Franzosen als einziges Land auf Regierungsebene kollaborierten. Und daß sie «Gesetze einführten, die noch weiter gingen als die Nürnberger Gesetze, denn die französischen rassischen Kriterien waren noch strenger als die deutschen rassischen Kriterien». Auch hätten die Franzosen junge Juden ausgeliefert, welche die Deutschen gar nicht verlangt hatten. Noch während der Dreharbeiten springen Ophuls' Mitproduzenten von der staatlichen Rundfunk- und Fernsehanstalt ORTF ab: die Auftraggeber sind nach dem Zusammenbruch der Mai-Revolte den «Säuberungen» im Staatsapparat – wer gestreikt hatte, wurde entlassen – zum Opfer gefallen. Der mit ausländischem Geld fertiggestellte Dokumentarfilm löst einen politischen Skandal aus. In Paris kann er nur in einem kleinen Studiokino gezeigt werden, das Fernsehen lehnt eine Übernahme ab – Raymond Heim sitzt sowohl im Aufsichtsrat der ORTF wie in der staatlichen Zensurbehörde. Alle Mitarbeiter der Produktion werden von Finanzminister Giscard d'Estaing, dessen Familie in einem unrühmlichen Zusammenhang erwähnt wird, einer Steuerkontrolle ausgesetzt.

«Ich bin ein Kleinbürger», lautet der erste Satz, den Claude Lévy in «Le chagrin et la pitié» fast entschuldigend sagt – noch ist das intellektuelle Klima marxistisch geprägt. «Ich besuchte das Lycée Pasteur, und die ‹jüdische Frage› existierte für mich nicht.» Nur zögerlich erwähnt Claude Lévy seine Verhaftung anläßlich eines Überfalls, doch ohne weiter auf seine Résistance-Tätigkeit in der M.O.I. einzugehen. Schließlich evoziert er die Deportation – und verwechselt den Geisterzug mit dem «Train de la mort».[3] Das Echo, das seine Recherchen über die «Rafle du Vel' d'hiv» auslösen, und das Interesse, mit dem die Öffentlichkeit auf seinen Auftritt in «Le chagrin et la pitié» reagiert, ermuntern Claude Lévy, fünfundzwanzig Jahre nach den Ereignissen auch seiner eigenen Geschichte nachzugehen und an die heroischen Taten seiner vergessenen Kameraden zu erinnern. Er taucht in seine Vergangenheit ein und recherchiert in den Archiven. In einem eindrücklichen Buch beschreibt er die Aktionen und das Leben der «Parias der Résistance» in Toulouse, die von einflußreichen Historikern wie Robert Aron nicht nur vernachlässigt, sondern auch als «Meuchelmörder» beleidigt wurden. Claude Lévys Buch erscheint 1970, eine deutsche Übersetzung 1997. Es besticht durch seine Authentizität, es erstaunt erneut durch die persönliche Zurückhaltung und Bescheidenheit des Autors – der (und diesmal nicht auf Aragons Befehl) alle Namen seiner Genossen abändert und scheinbar die Form des Romans wählt. Doch bis in die kleinsten Details hinein ist die Schilderung höchst genau. Nur die Exekution Barthelets wird irrtümlicherweise der M.O.I.-Brigade zugeschrieben. Sie geht auf das Konto der französischen «Morhange»-Truppe, deren Mitglieder (unter ihnen Heim und Fournera) kein Historiker je als Mörder beschimpft hat.

Ebenfalls als Schlüsselroman beschreibt Raymond Lévy seine Erlebnisse und Existenz. Er bedient sich des scharfen Tons der Satire, um von seiner Reise im Geisterzug zu erzählen und um mit der Kommunistischen Partei und ihrer Bemächtigung der besten Köpfe abzurechnen. Sein Buch – sarkastisch und witzig, auch selbstironisch, ganz anders als die Auseinandersetzung seines Bruders mit der historischen und persönlichen Vergangenheit – erscheint 1977 unter dem Titel «Schwartzenmurtz». Es ist der Zeitpunkt, da in der Kultur der Abschied vom Marxismus, der dominierenden Ideologie des Nachkriegs, vollzogen wird.

Im französischen Fernsehen wird Marcel Ophuls' «Le chagrin et la pitié» erst 1981 gezeigt – nach Mitterrands Einzug ins Elysée. Der neue Präsident hatte in seinem Wahlkampf den Mythos der Résistance ganz gezielt nochmals aufleben lassen. Wie eine Pilgerfahrt absolvierte Mitterrand – in Begleitung von Willy Brandt – nochmals den Weg seiner Flucht aus deutscher Gefangenschaft. Zwischen den beiden Wahlgängen lanciert der «Canard enchaîné» die ersten Vorwürfe gegen Giscards Budgetminister Maurice Papon. Bei der Zeremonie zu seiner Amtseinführung legt der neue Staatschef eine Rose auf das Grab des Résistance-Märtyrers Jean Moulin, bei dessen Überführung ins Pantheon Malraux seine pathetische Rede gehalten hatte. Und er holt erstmals seit der unmittelbaren Nachkriegszeit kommunistische Minister in die Regierung.

Die Résistance-Skandale häufen sich. Die Mär von der Kollaboration der Rechten und dem Widerstand der Linken, die während der ideologischen Hegemonie des Marxismus praktisch unangefochten war, bricht zusammen. Bevor Mitterrands ganz persönliche Vergangenheit und Lebenslügen ans Licht kommen, werden die Kommunisten von der historischen Aufarbeitung erfaßt.

Mit den letzten Überlebenden der Manouchian-Gruppe dreht der Filmemacher Mosco «Die Terroristen im Ruhestand» (eine weitere Dokumentation widmet er der M.O.I. von Toulouse), in dem auch die Frage des Verrats der Gruppe aufgegriffen wird. Für die heroischen Figuren des Widerstands, die Anfang der achtziger Jahre zum Teil in erbärmlichen Verhältnissen leben, hat es nach 1944 keine Résistance-Karriere gegeben; einige warten noch immer auf die französische Staatsbürgerschaft. Die KPF spricht von «antikommunistischer Geschichtsfälschung». Der – zum vierzigsten Jahrestag der Erschießung Manouchians und seiner Compagnons – vom Fernsehen angekündigte Film wird abgesetzt; die Aufsichtsbehörde gelangt zur Beurteilung des Falls nicht an Historiker, sondern an den offiziellen Résistance-Ehrenrat – der 1981 Papon einen Persilschein ausgestellt hatte. Der Film wird erst ausgestrahlt, als die Kommunisten die Regierung verlassen haben. «Die Operation» des Verschweigens, sagt Claude Lévy im Film, «hätte vollständig gelingen können, wenn es nicht das rote Plakat gegeben hätte. Ich meine nicht Aragons Gedicht, sondern das Plakat an den Mauern von Paris. Anderswo sind die Deportierten, Füsilierten der M.O.I. gestorben, ohne große Spuren zu hinterlassen. Ohne dieses Plakat hätte wohl niemand von Manouchian und den ausländischen Widerstandskämpfern gesprochen.»

Vierzig Jahre nach der Hinrichtung von Marcel Langer – auf der Guillotine, im Gefängnis Saint-Michel – wird die von de Gaulle verhöhnte, von den Kommunisten ideologisch ausgebeutete 35. M.O.I.-Brigade endlich offiziell geehrt. Mitterrands Verleidigungsminister Charles Hernu schreibt – von Hand – einen vierseitigen Brief und nimmt persönlich an der militärischen Zeremonie in Toulouse teil. Jean-Pierre Vernant, Serge Ravanel, Jean Cassou sind dabei.

Pierre Bertaux fehlt – sein Buch «La libération de Toulouse», ein ziemlich gaullistischer Rechenschaftsbericht, hat ihn mit fast der gesamten Résistance in Konflikt gebracht. Er stirbt 1986. Golo Mann hält in Paris die Trauerrede. «An Wirkung übertrifft er jeden Germanisten dieses Jahrhunderts», schreibt Gerhard Stadelmaier in seinem Nachruf.[4]

Wurden nicht nur die verdienstvollsten Widerstandskämpfer – ausländischer Herkunft – nach dem Krieg dem Vergessen anheimgestellt, sondern auch die Philosophen, die sich wirklich engagiert hatten? In einem Interview, das postum von «Libération» veröffentlicht wird, beklagt Vladimir Jankélévitch die Ungerechtigkeit der Nachkriegskultur. Er rechnet mit Maurice Merleau-Ponty ab, der sich während Jankélévitchs Exil in Toulouse in dessen Pariser Wohnung eingenistet hatte. Als man ihn aufforderte, etwas für die Résistance zu tun, lehnte Merleau-Ponty mit der Begründung ab, er schreibe gerade an seiner Habilitationsarbeit.

Sartres Engagement nach 1945 bezeichnet Jankélévitch als krankhafte Kompensation. Sartre und Merleau-Ponty gaben –

mit ihrer Zeitschrift «Les temps modernes» – den Ton der neuen Epoche an, während der im Widerstand gefallene Jean Cavaillès vergessen wurde und sein Nachfolger, der ebenfalls im Maquis aktive Georges Canguilhem, nie die Anerkennung fand, die er verdient hätte. «Ich habe in Toulouse einen kleinen Elektriker gekannt, Arbeiter, die nichts von den großen Zusammenhängen verstanden, aber für sie war alles ganz klar, sie zögerten keinen Augenblick, sie verstanden nicht, daß man überhaupt zögern konnte. Sie begriffen, was Sartre nicht begriffen hatte. [...] Es gab nicht viele Verräter in Toulouse. Der Widerstand war mächtig, aber die Widerstandskämpfer waren Proletarier.»

Jankélévitchs Studenten haben seine Schriften im Untergrund vertrieben und heimlich Vorlesungen organisiert, als er nicht mehr arbeiten durfte. «In der Polizei gab es eine Widerstandsorganisation. Einige meiner Schüler gehörten ihr an. Es konnte nichts passieren, ohne daß wir umgehend informiert wurden und die nötigen Vorsichtsmaßnahmen ergreifen konnten. Letztlich waren unsere Verluste nicht sehr groß, auch in den Schichten jüdischer Herkunft, denn wir wurden benachrichtigt, wenn etwas geplant war. Ich verfügte über eine große Auswahl gefälschter Ausweise, ich hatte alles, was ich brauchte, Lebensmittelkarten. Einmal mußte ich meine Eltern überzeugen (die vor der Revolution geflohen waren). Sie waren schon ziemlich alt, sprachen immer von Rußland und konnten nicht begreifen, daß so etwas jetzt auch in Frankreich geschah. Es war schwierig, sie zum Verlassen des Hauses, in dem sie sich versteckt hatten, zu bewegen, doch an einem Abend war es unumgänglich, da drohte wirklich Gefahr. Aber es ist uns gelungen, sie zu retten.»[5]

Jankélévitch hatte nach dem Krieg alle Beziehungen zu Deutschland abgebrochen und jegliches Verzeihen für unmöglich erklärt – «Auch weil niemand um Verzeihung bat: die Geschichte des Pardons ist in Auschwitz zu Ende gegangen.» 1981 war der Philosoph, der die Mode des Marxismus kaum mitgemacht hatte, in einem nun ebenso heftig vom Antimarxismus geprägten Klima einer der wenigen prominenten Intellektuellen, die – wie die Mehrheit der Juden – Mitterrand wählten, bei dem sie das Erbe der Résistance besser als bei Giscard aufgehoben glaubten. Sein Tod im Jahr 1985 hat Jankélévitch vor Enthüllungen über Mitterrand bewahrt, die ihn kaum weniger enttäuscht hätten als Sartres – und vielleicht sogar Merleau-Pontys – Verhalten unter der Okkupation.

Mitterrands zweite Amtszeit ist geprägt von Skandalen und Affären und der Aufdeckung von Lebenslügen. In seiner Jugend war der sozialistische Präsident ein Rechtsextremist. Bevor er in den Widerstand ging, hatte er für Vichy gearbeitet. Systematisch verschleppte er den Prozeß gegen Papon. Er war mit René Bousquet, der nach dem Krieg im Verwaltungsrat der größten – und linken – Zeitung von Toulouse saß und Mitterrands Wahlkampf mitfinanzierte, befreundet. Und hatte, als er in der Vierten Republik Innenminister war, Bousquets Mitarbeiter im Polizeiministerium von Vichy in sein Kabinett übernommen.

1992 berichtet die Illustrierte VSD von einem Schloß – dem Château de Doux – in der Corrèze, in dem Bousquet während des Kriegs eine Pension für reiche Juden eingerichtet hatte. Sie wurden in Schlafzimmern mit acht oder zwölf Betten untergebracht und mußten für den Aufenthalt fünfzig bis achtzig Francs pro Tag bezahlen. Wenn ihr Vermögen aufgebraucht war, schickte der Hausherr und Polizeiminister sie via Drancy in die Deportation. Zwischen Juli 1942 und August 1943 hätten die französischen Behörden über zwanzig Millionen Francs an «Pensionsgeldern» kassiert. Ähnliche Artikel erscheinen in den seriösen Magazinen «Le Point» und «L'Evénement du Jeudi».

Die manchmal etwas reißerischen und doch nie wirklich dementierten Enthüllungsartikel gehen alle auf die gleiche Quel-

le (die nicht immer genannt wird) zurück: Mit einer Sonderge-
nehmigung hatte der Kaufmann Kurt Werner Schaechter, ein
aus Wien stammender Jude, Einlaß in die Archive von Toulouse
bekommen. Schaechters Eltern waren von den Franzosen ausgeliefert und von den Deutschen in Sobibor und Auschwitz ermordet worden – die Mutter kurz vor der Befreiung. Das dritte
Dokument, auf das er stieß, war die Identitätskarte seiner Mutter. Ohne Erlaubnis fotokopiert Schaechter zehntausend Dokumente und verschickt sie reihum an die Presse. Der Direktor
der französischen Archive, der Historiker Jean Favier, verklagt
Schaechter. Auch die Experten der Okkupationszeit nennen
sein Vorgehen «gravierend und kriminell» und fordern die
«Anwendung der Gesetze». Gegen die heftigen Angriffe eines
ganzen Berufsstandes, «der um sein Monopol fürchtet», nimmt
Claude Lévy Schaechter in einem Kommentar für die Zeitschrift «Information juive» in Schutz. In einem Land, das sich
mit der Aufarbeitung seiner Vergangenheit so schwer tue, das
nicht in der Lage sei, seine eigene Geschichte zu schreiben,
«sind Zwischenfälle wie dieser unvermeidbar». Lévy hatte –
ohne es an die große Glocke zu hängen – während der Arbeit
an seinem autobiographischen Roman «Die Parias der Résistance» ebenfalls unerlaubterweise Beweisstücke fotokopiert.

Für Kurt Schaechter beginnt nach dem Schock seiner Funde
und dem immensen Medienecho, dem er nicht gewachsen ist,
ein Kreuzzug gegen alle Instanzen seines Landes, das er für den
Tod seiner Eltern verantwortlich macht. In seiner verständli-
chen Wut, in seinem obsessiven Übereifer legt er sich mit dem
Elysée und dem Roten Kreuz, dem Eisenbahnwiderstand «Résistance Fer» und den Deportierten-Verbänden an. Er mobilisiert
den Europarat und den Internationalen Gerichtshof. Er schreibt
Hunderte von Briefen – an alle Regierungen dieser Welt – und
verschickt Abertausende von Fotokopien. Schaechter wird zum
weißen Ritter der schwarzen Vergangenheit, gegen die er an-
rennt wie Don Quijote gegen seine Windmühlen. Er spricht von

einem «administrativen Holocaust» Frankreichs und nimmt auch schon mal in Anspruch, die Ermordung von René Bousquet herbeigeführt zu haben, bei der ein notorischer Spinner und Provokateur die Hand am Abzug hatte: Christian Didier. Bei Didiers Prozeß spricht sich Claude Lévy für mildernde Umstände aus – und bedauert vor allem, daß die Tat das Verfahren gegen René Bousquet beendete, bei dem endlich auch die Rolle der französischen Polizei während der Besatzung hätte zur Sprache kommen müssen. (Bousquet war bereits 1949 einmal verurteilt worden, doch wurde die Strafe angesichts seiner Verdienste um die Résistance damals umgehend ausgesetzt.)

1999 reicht Kurt Schaechter – ein paar Tage nach einem kanadischen Staatsbürger, der es ihm vormachte – ebenfalls eine Klage gegen die Staatsbahn SNCF ein: er will sie wegen ihrer Beteiligung an Verbrechen gegen die Menschlichkeit vor ein Gericht bringen. Er verliert deswegen seine letzten Verbündeten im Geiste. Der französische Nazijäger Serge Klarsfeld bezeichnet die Klage als absurd – aussichtslos ist sie sowieso. Doch trotz seiner Übertreibungen hat Schaechter der Auseinandersetzung Frankreichs mit der Vichy-Vergangenheit starke und heilsame Impulse verliehen. Seine breitgestreuten Verteilungen geheimer Dokumente haben eine Debatte über den Zugang zu den Archiven und die extrem langen Sperrfristen in Gang gebracht. Das Material, das er in Toulouse zutage förderte, würde mehr als die wenigen sensationellen Presseartikel verdienen: es stellt die Frage nach dem Funktionieren der französischen Lager – und ihrem Weiterexistieren weit über 1945 hinaus. Hinter Schaechters Klage gegen die SNCF steht am Ende des Jahrzehnts, das mit der Wahrheit konfrontiert worden ist und sie kennt, nicht mehr der mutige Wille, an ein übermächtiges Tabu zu rühren und Aufklärung zu leisten. Sie kommt spät und wirkt wie ein hilfloser Versuch, aus einer längst laufenden Diskussion und in einer völlig veränderten Konjunktur wenn möglich ein paar Schlagzeilen zu gewinnen.

Mit der Judendeportation, für die sich 1944/45 kein einziges Gericht der «Epuration» interessiert hatte, sind die Züge, deren zentrale Bedeutung für die Shoah Raoul Hilberg schon viel früher in seinem Standardwerk über «Die Vernichtung der europäischen Juden» untersucht hat, ins Bewußtsein einer breiten Öffentlichkeit gedrungen. Filme wie «Das Leben ist schön» und «Zug ins Leben» (oder auch «Schindlers Liste») haben in der Gunst des Publikums die «Schienenschlacht» abgelöst. Wie wirkungsvoll die verklärten Szenen des Eisenbahnwiderstands die Weichen der Verdrängung gestellt und wie nachhaltig sie den Résistance-Mythos geprägt hatten, zeigt noch einmal der hagiographische Film von Claude Berri über Raymond Aubrac: Aubrac, nach dem Krieg «Kommissar der Republik» in Marseille, wird bei einem Sprengstoffanschlag auf einen Zug gezeigt, obwohl er an solchen Aktionen nie teilgenommen hatte.

Die «Résistance Fer», die als Gralshüterin über das Andenken an den Eisenbahnwiderstand wachte, ist im Juni 1999 aufgelöst worden – aber schon vorher wurden die Diskussionen durchaus kritisch und auf einer politischen Ebene geführt. In einer Fernsehdiskussion formulierte Maurice Rajsfus – Claude Lévys Buch über die «Parias» in der Hand – den Vorwurf, die Résistance wäre besser beraten gewesen, statt «den abziehenden Deutschen in den Rücken zu schießen, die Deportationszüge zum Entgleisen» zu bringen. Mit dem Bericht über die Kriegszeit, den sie beim Institut d'Histoire du Temps Présent (IHTP) zu Beginn der neunziger Jahre in Auftrag gab, hat die SNCF einen Beitrag zur Aufarbeitung ihrer eigenen Vergangenheit und jener des Landes geleistet. Christian Bacheliers Untersuchung «La SNCF sous l'occupation allemande» – mit 1500 Seiten, die Hälfte davon sind Dokumente; vom Geisterzug ist mit Ausnahme eines Hinweises auf Raymond Lévys Aussage nach dem Krieg nicht die Rede – wurde nicht veröffentlicht, kann aber seit 1999 in den Räumen des IHTP-Instituts konsultiert werden und bildete die Grundlage eines großen Kolloquiums vom Sommer 2000. Auch anläßlich des Prozesses gegen Maurice Papon wurden einzelne Deportationszüge aus Bordeaux genau analysiert – der nicht nach rassistischen Kriterien im August 1944 nach dem Aufenthalt in der Synagoge erneut zusammengestellte Geisterzug blieb unerwähnt.

Noch 1994 allerdings waren die Deportationszüge für die SNCF-Zeitschrift «La vie du rail» kein Thema gewesen. Das Magazin schwelgte ausschließlich in der Erinnerung an den heroischen Beitrag der «Résistance Fer» bei der Befreiung des Vaterlandes – über die letzten Abtransporte unbequemer Zeugen durch die Schienenschlacht nach Deutschland dagegen kein Wort.[6] «In diesem vom fünfzigsten Jahrestag der Landung in der Normandie geprägten Jahr sollte man die Landung in der Provence nicht vergessen», schrieb David W. Pike in einer Sondernummer von «Guerres mondiales et conflits contemporains». Der amerikanische Historiker ist ein Experte der Libération in Südwestfrankreich: «Angesichts des Wirrwarrs, der Mitte August 1944 im Rhônetal herrschte, bleibt ein Rätsel: Wie soll man verstehen, daß sich der Geisterzug mit rund 800 Gefangenen der SS einen einsamen Weg bahnen konnte, ohne daß sich weder die Luftstreitkräfte der Alliierten noch der kommunistische, jüdische, gaullistische oder der spanische Widerstand das Ziel setzten, seine Durchfahrt zu verhindern? Der Fall an sich ist nicht ungewöhnlich, seit langem wird das Nichteingreifen der Résistance gegen Deportationszüge kritisiert. Doch es ist höchst erstaunlich, daß die Guerilleros nichts unternahmen. Denn im Zug befanden sich hundertfünfzig Invaliden des Spanischen Bürgerkriegs. Diese waren, wenn es zu Verhaftungen und Transporten nach Deutschland kam, ihren Gefährten stets zu Hilfe geeilt.»[7]

KAPITEL 11
Lotman

Im Oktober 1944 wurde Albert Lautmanns Leiche aus dem Massengrab, in das sie nach der Erschießung in der Nähe von Bordeaux geworfen worden war, befreit. Nach einer Trauerfeier in Toulouse wurde der Philosoph in Chartres begraben. Eisenhower persönlich unterschrieb die Urkunde zur Verleihung der «Medal of Freedom». Von den Engländern, um deren Fallschirmspringer er sich gekümmert hatte, wurde Lautmann mit dem «British Medal Order» geehrt. Auch die Franzosen zeichneten ihn mit hohen Würden aus.

Ein letztes Werk der «großen Hoffnung der französischen Philosophie und Mathematik» erschien postum: «Symétrie et dissymétrie en mathématiques et en physique» (Paris 1946). Gleichzeitig schrieb Louis Parrot in seiner Studie «L'intelligence en guerre» über Jean Cavaillès und Lautmann: «Der Platz des Chefs, der Platz des Philosophen bleibt leer.»[1]

In ihren Memoiren erinnert sich Simone de Beauvoir 1960 – allerdings ziemlich vage – der Märtyrer des Widerstands: «In Paris ließ die Besatzungsmacht keine ‹Bekanntmachungen› mehr an die Hauswände kleben. Jetzt schlug sie Fotos von ‹ausländischen Terroristen› an, sie wurden am 18. Februar zum Tode verurteilt und zweiundzwanzig von ihnen am 4. März hingerichtet. Trotz der grobgerasterten Klischees waren diese Gesichter, die man unserem Haß darbot, bewegend und sogar schön. Ich betrachtete sie lange unter den Gewölben der Metro und dachte traurig, daß ich sie vergessen würde. Es gab noch viele andere Helden, viele andere Opfer, deren Gesichter man uns nicht zeigte. Attentate und Repressalien jagten einander. Damals, glaube ich, wurde auch Lautmann in Toulouse hingerichtet.»[2]

Die M.O.I.-Partisanen, deren Taten und Tragödie Louis Aragon in seinem Gedicht verewigte, sind nicht (ganz) vergessen worden. Und Albert Lautmann hatten Sartre und Simone de Beauvoir auf einer ihrer unbeschwerten Fahrradtouren durch das besetzte Frankreich besucht: «Unsere Reise ging in Toulouse zu Ende. Wir tranken ein paar Gläser mit Dominique Desanti, und wir trafen Lautmann. Sartre kannte ihn flüchtig, wir sprachen nur über gleichgültige Dinge. Einige Monate später erfuhren wir von seiner Hinrichtung.»[3]

Noch geht auch die Rezeptionsgeschichte des im Alter von 36 Jahren erschossenen, ab 1939 vom akademischen Betrieb ausgeschlossenen Denkers weiter. 1977 wird erneut ein Band mit Essays von Albert Lautmann publiziert. Zu Beginn der achtziger Jahre räumt ihm der zweibändige «Dictionnaire des Philosophes» gut drei Seiten ein – etwas mehr als Ferdinand de Saussure; Schopenhauer bekommt fünf, Sartre zehn Seiten.

In der intellektuellen Öffentlichkeit ist Albert Lautmann zu diesem Zeitpunkt kaum mehr präsent. Und auch informierten Zeitgenossen ist er nicht mehr bekannt. Als Vladimir Jankélévitch die Anmaßung der Starphilosophen des Nachkriegs anprangert und das unverdiente Schicksal der füsilierten, generell der im Antifaschismus engagierten Intellektuellen beklagt, erinnert er ausdrücklich an Albert Lautmann. Zum Gegenlesen des Interviews fehlte Jankélévitch, der kurz vor der Veröffentlichung verstarb, offensichtlich die Zeit – in der Zeitung «Libération» ist am Tag seiner Grablegung von einem «Lotman» (so wird der Name französisch ausgesprochen) die Rede.

Am Ende des zwanzigsten Jahrhunderts erscheint der Philosoph in der achthundertseitigen, von der Kritik als Standardwerk gelobten Darstellung «La guerre des écrivains» von Gisèle Sapiro nicht einmal mehr als Fußnote. Auch vom anfangs 2000 erschienenen «Dictionnaire historique de la France sous l'Occupation», der im Kapitel über die Judenrazzia im Pariser Radstadion Vél' d'hiv auf Claude Lévys Darstellung als Standardwerk verweist, wird Albert Lautmann mit keiner Silbe erwähnt.

KAPITEL 12

Ein Denkmal in Sorgues

Am 25. August 1944 – der Geisterzug nähert sich offensichtlich unaufhaltbar der deutschen Grenze – erreichen die amerikanischen Panzer Sorgues. Meyer Kokine, der nach seiner Flucht sieben Tage zuvor beim Maquis Viala geblieben war, steht mit einem Gewehr in der Hand auf dem Dorfplatz. Der erste Fahrer ist ein Schwarzer, Kokine erinnert sich an eine Fahne mit Davidsstern.

Robert Silve war am 18. August nicht in Sorgues. Er wurde bei einem Fliegerangriff auf Lyon von Bombensplittern verletzt und kehrte zur Erholung in sein Heimatdorf zurück, in dem er die «Libération» erlebt. «Mit den Amerikanern kamen die französischen Truppen von den ‹Forces Françaises Libres›. Rund zwanzig Männer des Maquis Viala waren an der Befreiung beteiligt, die ohne Barrikaden und große Kämpfe erfolgte, und besetzten die öffentlichen Gebäude: das Rathaus, die Post, die Schulen. Die meisten waren dabeigewesen, als die Bevölkerung den Deportierten des Geisterzugs Wasser und Nahrung brachte. Die Résistance von Sorgues bestand aus Gaullisten, Kommunisten und Katholiken. Die Angehörigen der Milice und ihre Familien verschwanden vier oder fünf Tage vor der Libération, die mit einem riesigen Fest auf dem Dorfplatz gefeiert wurde. Unvermittelt tauchten überall französische Fahnen auf. Ich erinnere mich noch sehr gut an den Rücktritt des Bürgermeisters Gleize. Er war, obwohl von Vichy eingesetzt, kein übler Faschist. Er trat

sein Amt mit viel Würde an einen provisorischen Nachfolger
ab.»

Jedenfalls ist Robert Silve gar nicht besonders erstaunt, als
er im Frühjahr darauf von Gleizes entschiedenem Auftreten
gegenüber den Deutschen liest. Gleize hatte die Anteilnahme
seiner Bevölkerung und ihre Hilfe für die Deportierten in
keiner Weise zu verhindern versucht. Er kommt auch unge-
schoren durch die Säuberungen der «Epuration», die in Sorgues – wo der Übergang zur Normalität relativ reibungslos
verläuft – ein paar Todesopfer fordern. Silve gehört zu den ersten Käufern und Lesern des Buchs von Francesco Nitti. Die
Ereignisse, die sich in seiner Abwesenheit in seinem Dorf zu-
getragen haben und über die jetzt schon kaum mehr jemand
spricht, gehen ihm nicht aus dem Kopf.

Sein Beruf als junger Versicherungsmakler nimmt den 1923
geborenen Sohn eines überzeugten Pazifisten, der im «Haß auf
den Krieg» erzogen wurde, voll in Anspruch.

Erst im Ruhestand kann sich Silve dem Geisterzug widmen.
Sein Exemplar von Francesco Fausto Nittis «Chevaux 8 – Hom-
mes 70» ist verschwunden. In der Bibliothek von Avignon – das
Buch kommt über die Fernausleihe aus Bordeaux und darf
nicht fotokopiert werden – schreiben Robert Silve und seine
Frau Edith den ganzen Text von Hand ab. Ende der achtziger
Jahre schalten sie in der Lokalzeitung Annoncen, um Augen-
zeugen zu finden. Der erste, der sich meldet, ist ein ehemaliger
Deportierter aus Sorgues, der sich an die Ankunft des Zuges in
Dachau erinnert. Die Recherchen ziehen immer weitere Krei-
se, Edith und Robert Silve stellen ihre ganze Zeit in den Dienst
des Erinnerns. Sie finden Dutzende von Zeugen, Geflüchteten,
überlebenden Überlebenden und befragen sie. Als auch Charles
Teissier, der dem Defilee der Deportierten als Kind beigewohnt
hat, sein Elektrogeschäft den Angestellten überläßt und in den
Ruhestand tritt, bekommen die Nachforschungen weitere Impulse. Ein Verein wird gegründet und 1991 eine Dokumenta-

tion mit den Aussagen publiziert. Im gleichen Jahr kann ein Denkmal vor dem Bahnhof von Sorgues eingeweiht werden. An weiteren Orten der näheren Umgebung – bei der Rhônebrücke, in Bahnhöfen – werden im Lauf der Zeit Gedenkplatten angebracht. Und an jedem 18. August findet seither eine ergreifende Zeremonie statt. Ihre Besonderheit besteht darin, daß Opfer mit Einheimischen, die ihnen zu helfen versuchten, zusammenkommen – und inzwischen auch die Täter hochwillkommene Gäste wären. Einige der Widerstandskämpfer, die sich für militärische Leistungen begeistern, haben eine gewisse Hochachtung für den Zugführer entwickelt, den etwa der verstorbene Christian de Roquemaurel gern eingeladen hätte. Keiner der Passagiere des Geisterzugs hat je daran gedacht, gegen die Bahn oder die französische Polizei zu klagen – was man zumindest deshalb bedauern mag, weil ein allfälliger Prozeß den Kenntnisstand zu verbessern ermöglicht hätte. Vor allem über die deutsche Begleitmannschaft, der neben älteren Soldaten junge Männer angehörten, weiß man wenig; als Chef der Feldgendarmen steht neben Schuster auch ein Mann namens Baumgartner zur Debatte.

Obwohl die Aufarbeitung der Vichy-Vergangenheit Frankreich in einen Taumel des Erinnerns und Gedenkens gestürzt hat, wird die Zeremonie von Sorgues von den Pariser Medien nicht zur Kenntnis genommen. Die unglaubliche Odyssee des Geisterzugs gehört trotz der vorbildlichen Arbeit von Robert Silve und Charles Teissier zu den unbekannten Kapiteln des Zweiten Weltkriegs. Bei verschiedenen Autoren – wie Henri Amouroux – wird sie gelegentlich erwähnt. Dank der Existenz einer «Amicale du Train Fantôme» konnten nicht nur administrative und materielle Probleme mehrerer Deportierter, die zum Teil in schwierigen Verhältnissen leben, gelöst werden. Viele haben überhaupt erst – weil ihnen endlich konkrete Fragen gestellt wurden, sich jemand für ihre Geschichte interessierte – begonnen, über ihre Erlebnisse zu reden. Über Geschehnisse in ihrem Leben, die oftmals selbst ihre nächsten Angehörigen ignorierten. Zwischen Kommunisten und Gaullisten, Kosmopoliten und Patrioten, Linken und Rechten, Juden und Spaniern, die zusammen im Geisterzug saßen und noch vierzig Jahre lang nichts voneinander wußten, sind in Sorgues Freundschaften entstanden. Auch Auseinandersetzungen hat es gegeben. Ange Alvarez durfte nicht Vereinspräsident werden, weil er schon nach einem Tag geflüchtet war – damit steht er in der Hierarchie der Legitimität ganz hinten. Andere sind ein bißchen böse, daß auf dem Denkmal der Name Mauthausen fehlt – wohin zweihundert Insassen des Geisterzugs aus Dachau weitergeschickt wurden, was man bei der Errichtung nicht wußte. Doch über die Existenz eines Vereins und Monuments zur Erinnerung an ihre Große Reise, an ihren Kampf und ihre Leiden sind sie ausnahmslos glücklich; und dankbar. Auch wenn es ihnen jährlich schwerer fällt, in der Hitze des Monats August nach Sorgues zu kommen.

Das Erinnern geht auf neue Generationen über. Einmal kam Francesco Nittis Enkelin aus Italien. 1999 nahm eine sechzehnjährige Polin, deren Großvater im Geisterzug deportiert wurde, an der Zeremonie teil. In Sorgues hat der französische Essayist Guy Scarpetta seine Familienlegende entdeckt: «Mein Großvater kam als italienischer Antifaschist auf der Flucht vor Mussolini nach Frankreich. Sein Sohn war in der M.O.I. Im Haus, in dem ich nach dem Krieg geboren wurde, wohnte im Erdgeschoß seine Familie, die im Widerstand aktiv war, und über ihr der Rabbiner. Wir hatten die Spur meines Großvaters verloren. Wir wußten nur, daß er aus Le Vernet nach Dachau deportiert wurde und nicht mehr zurückgekommen ist. Ich habe in der Gegend von Sorgues zufällig ein Haus gekauft und bin durch Gespräche mit ehemaligen Maquisards auf die Geschichte meines Großvaters im Geisterzug gestoßen. Kurz vor der Grenze hatte er einen Zettel aus dem Zug werfen können, der uns tatsächlich zugeschickt wurde. In diesem Brief erzählt er ein bißchen von der Reise, von dem Mangel an Nahrung – aber er ist voller Optimismus und sagt kein Wort von den Leiden, die sie erdulden. Zum Schluß schreibt er: Wenn ich zurückkomme, werde ich einiges zu sagen haben. Er war Maurer – Überlebende aus Dachau erzählten uns, er habe sich geweigert, für die Deutschen zu arbeiten.»

Vor dem Denkmal beziehen die Fahnenträger ihre Stellung. Aus dem Lautsprecher ertönt ein Gesang der Partisanen. Kränze werden niedergelegt. Der Bürgermeister spendiert einen Aperitif unter freiem Himmel.

Der Kommissar Heim kam nur einmal nach Sorgues, zur Eröffnung: «Ich bin kein Vereinsmeier.» Raymond Heim verbringt seinen Ruhestand als Honorarpräfekt der Republik in Sainte-Maxime an der Côte d'Azur.

Philippe Toureille, der acht Monate in Dachau war, brachte sein Medizinstudium zu Ende. Er eröffnete in Bordeaux eine Praxis und gründete eine «Amicale» ehemaliger Widerstandskämpfer. Ein Anruf von Robert Silve war für den vor wenigen Jahren verstorbenen Arzt der Auslöser, seine Erlebnisse in seiner Zeitschrift «Forces Françaises Combattantes» zu veröffentlichen – und Sorgues zu besuchen, wo sein Fluchtversuch gescheitert war und das er instinktiv gemieden hatte, obwohl er regelmäßig in der Gegend weilte.

René Lafond kam fast immer. Charles Teissier wurde ihm zum Freund, mit dem er seine Leidenschaft für die Geschichte teilte. Ihre Diskussionen motivierten Lafond, von seiner Deportation und seinen späteren Nachforschungen schriftlich Zeugnis abzulegen. Sein Buch erschien im Frühling 1999 im Selbstverlag. «Ich mußte es schreiben, jetzt empfinde ich ein Gefühl der Befreiung», einer zweiten Befreiung, sagte er anläßlich der Veröffentlichung. Am 14. Juni 1999 ereilte ihn der Tod. Der am ganzen Körper gezeichnete René Lafond wurde 87 Jahre alt.

Auch Walter Gezzi ist tot. Nach seiner Entlassung aus der

Armee und den paar Wochen auf dem Hof von Boscas Witwe zog er ins Elsaß, wo er sich heimisch fühlte. Er starb in den neunziger Jahren.

Damien Macone gehört zum Vereinsvorstand und ist in Sorgues zur vertrauten Erscheinung geworden: «Nach dem Krieg war ich oft krank und lange arbeitslos. Der Bruch meines Arms ist schlecht verheilt und bereitet mir noch immer Schmerzen. Monatelang konnte ich ohne Natron keine Nahrung zu mir nehmen. Mein Magen funktionierte nicht mehr und verdaute nichts. Ich wurde vierundzwanzigmal operiert. Ich habe lange vor dem Rentenalter zu arbeiten aufgehört und bekomme eine Invalidenrente. Wegen des Wassermangels, unter dem wir im Zug litten, verlor ich eine Niere.»

Henri Vayssettes, der nach dem Anschlag – mit George Hiller – auf die Ratier-Werke in einen Hinterhalt der französischen Polizei gefallen war, von ihr gefoltert und ins Gefängnis Saint-Michel gebracht wurde, stürzte sich nach der Rückkehr aus Dachau voller Optimismus und Tatendrang in die Lokalpolitik. Schon 1947 zog er sich angewidert aus ihr zurück. Sein Verstand verzweifelte an der Vernunft dieser Welt. Die Hoffnungen seines Kampfes, bei dem er sich nie schonte, zerschlugen sich. Für Vayssettes wurde das Überleben in der Freiheit zu einer langen Nacht, in der ihn die Dämonen nicht mehr losließen. Die letzten acht Jahre verbrachte er in einer Klinik, und man kann sich durchaus denken, daß Vayssettes mit seiner Umnachtung dem weisen Beispiel von Bertaux' Hölderlin folgte. Seinen Freunden aus dem Maquis und seiner Familie gab er in seiner unverändert selbstlosen Großzügigkeit von Zeit zu Zeit unmißverständlich zu erkennen, daß er sie erkannte. Er starb am 16. Januar 1998 im Alter von 86 Jahren.

Renée Lacoude führt mit viel Energie eine «normale» Existenz. «Ich bin robust.» Sie hatte nie Schwierigkeiten, einen Zug zu besteigen. «Ich kann ohne Gefühlsaufwallungen über das damalige Geschehen reden. Wir waren ja so jung.» Manchmal indes hat sie den Eindruck, daß sie nicht wirklich auf diese Seite des Lebens – auf die Seite mit den Menschen, Häusern, Familien – zurückgekehrt ist: «Wir sind draußen geblieben. Wir bilden eine Welt abseits der Welt. Wenn wir zusammenkommen, reden wir überhaupt nicht über das Lager. Aber wir empfinden ein Gefühl der Sicherheit. Weil wir unter uns sind. Deshalb zweifle ich, daß es wirklich eine Rückkehr in die Welt der Normalität gegeben hat. Je zahlreicher und enger wir im Lager waren, um so besser und sicherer fühlten wir uns. Wir hatten den Eindruck, daß uns weniger passieren könnte. Das war absolut trügerisch. Aber diesen Reflex haben wir beibehalten, bis heute. Wir freuen uns, wenn wir uns wiedersehen. Auch wenn wir uns überhaupt nichts zu sagen haben. Wir müssen nicht reden miteinander. Ich bin immer sehr empört, wenn ich Leute höre, die aus dem heutigen Kontext heraus erklären wollen, was damals geschah. Die Zeit und unsere Wahrnehmung sind so ganz anders! Wie einige meiner Kameradinnen gehe ich in die Schulen. Das Interesse an der Deportation, auch an der Résistance ist enorm. Aber es bleibt immer ein Unbehagen, eine Unzufriedenheit zurück. Weil es nicht gelungen ist, das zu vermitteln, was man vermitteln wollte. Es geht nicht. Diese Vorträge sind nicht unnütz, das ist mir bewußt. Sie haben eine pädagogische Wirkung. Doch danach ist man doch nie zufrieden. Das, was man fühlt und weiß und sagen sollte, bleibt immer ungesagt. Es fehlen die Worte. Man sucht sie, man bildet Sätze, formuliert Bilder – aber sie haben mit der Wirklichkeit nichts zu tun.»

Vor den Deutschen hat Renée Lacoude keine Angst mehr: «Wir haben die Deutschen nie mit den Nazis gleichgesetzt. Verbrecherisch war das Regime. Allerdings, die Deutschen haben mitgemacht, und sie haben freiwillig mitgemacht. Aber wußten sie, wohin die Reise ging? Ich glaube nicht. Nehmen wir die Polizei, die SA und die SS, wenn man einmal in diesem Räderwerk steckte, gab es kein Entkommen mehr. Was konnten sie tun? Das Dorf gegenüber Ravensbrück war durch einen See vom KZ getrennt. Die Bewohner sahen die Verbrennungsöfen, sie rochen den Gestank. Sie wußten es, aber was hätten sie tun sollen? Sie konnten nichts tun. Es gibt eine Frage, die wir uns damals gestellt haben und die wir uns noch immer stellen. Wie kam es, daß dieses Volk der Musiker und Künstler in diesen Horror kippte? Bei einem Volk von Wilden und Primitiven hätte man es verstehen können. Aber die Deutschen? Was ist da passiert? Es muß mit ihrem Charakter zu tun haben. Offenbar sind die Deutschen relativ leicht zu indoktrinieren. Sie gehorchen. Was wir Franzosen nicht tun. Wir sind Individualisten – bis zur Unvernunft. Bei den Prozessen in Nürnberg haben sich alle Nazis mit dem Argument entschuldigt, sie hätten nur den Befehlen gehorcht. Sie waren böse auf Hitler, weil er sich umgebracht hatte und ihnen die Verantwortung hinterließ. In den Schulen erzählen wir unsere Geschichte und versuchen zu erklären, wie das passieren konnte. Und wir ermuntern die Jungen, selbständig und kritisch zu denken. Sie sind immer der Meinung, daß sich so etwas nicht wiederholen könnte. Und dann sagen wir ihnen: Doch, es könnte durchaus wieder losgehen. Es braucht wenig und es geht schnell.»

Renée Lacoude leitet gegenwärtig die «Amicale des Déportés du Train Fantôme». Als Vizepräsidentin steht ihr Conchita Ramos zur Seite. Ginette Vincent Baudy ist im Vorstand. Die aus Bordeaux deportierte Renée Lacoude hatte sich gegen den Papon-Prozeß ausgesprochen. Während der Generalversammlung vom 18. August 1999 greift sie zuallererst die «Affäre Schaechter» und dessen Klage gegen die französische Staatsbahn SNCF auf. Ein einziger Teilnehmer plädiert für Verständnis gegenüber dem übereifrigen Ankläger, der als Archivdieb und Geschichtsfälscher bezeichnet wird. Das Protokoll hält fest: «Schaechter hat die Präsidentin um Unterstützung gebeten und gelangte schon zuvor an zahlreiche einzelne Mitglieder wie René Lafond, der heftigst reagiert hatte. Sie bittet die Versammlung für den Fall, daß unser Zug zur Verhandlung kommen sollte, im Prozeß als Zivilpartei gegen Schaechter aufzutreten. Die Versammlung stimmt zu. Die Präsidentin erinnert an die Rolle der Eisenbahner während des Kriegs und ganz besonders an die ‹Résistance Fer›.»

Der in Polen geborene Marc Brafman, dem der Geruch von Seife die Möglichkeit eines Lebens danach offenbart hatte, studierte nach dem Krieg Chemie. Er arbeitete als Ingenieur in der Industrie von Lyon. Im Ruhestand schreibt er Texte nicht über seine Erlebnisse im Zug, sondern über das Vermitteln des antifaschistischen Erbes, und tritt regelmäßig vor Schulklassen auf. Jedes Jahr ist er bei der Zeremonie von Sorgues dabei. «Als Willy Brandt im Warschauer Ghetto niederkniete und um Verzeihung bat, habe ich aufgehört, die Deutschen zu hassen.»

José Artime lebt hochbetagt in Toulouse. Er geht auf die neunzig zu. Artime wurde inzwischen mit einem hohen Orden seines Heimatlandes ausgezeichnet, den ihm der spanische Ministerpräsident Felipe Gonzales bei einem Besuch in Toulouse verlieh.

Nach Jacques Insel und Albert Lautmann sind zwei Straßen benannt worden.

In den Auseinandersetzungen zwischen Kommunisten und Gaullisten, die in der Vichy-Verdrängung ebenso wie in ihrem Verständnis des autoritären und zentralistischen Staats übereinstimmten, waren die sozial und europäisch gesinnten Föderalisten von «Libérer et Fédérer» aufgerieben worden. Sie bekamen nicht den Platz, der ihnen zugestanden hätte. Doch über ein halbes Jahrhundert hinweg hat sich Toulouse wie keine andere französische Metropole – allenfalls mit Ausnahme von Straßburg – zur «Symbol-Stadt» der europäischen und besonders der deutsch-französischen Zusammenarbeit entwickelt. Über viertausend Deutsche leben hier: Ärzte und Zahnärzte,

Anwälte, Immobilienmakler – keineswegs nur Techniker und Ingenieure, die bei Airbus beschäftigt sind. Ingenieure aus der ehemaligen DDR sind wegen ihrer Kenntnis der russischen Sprache, Mentalität und Technologie gefragt. Auch Unternehmen wie Siemens, Bosch, Bayer und Henkel sind in der Region Midi-Pyrénées präsent, deren mit Abstand wichtigster Handelspartner Deutschland ist. Die wirtschaftlichen Beziehungen zu Spanien leiden noch immer unter ihrer Stagnation zur Zeit Francos.

Gleichzeitig kam es am Fuß der Pyrenäen zu einer wilden Einwanderung durch – deutsche – Anhänger einer «totalen Ökologie»: «Sie haben sich in Hütten ohne den geringsten Komfort niedergelassen, sogar in Erdlöchern.»[1] Probleme mit den Nachbarn, Konflikte mit Bauern, Auseinandersetzungen mit der Justiz waren die Folge. Nur älteren – und geschichtsbewußten – Bewohnern kommen, wenn sie diese bärtigen freiwilligen Aussteiger der deutschen Nachkriegsgesellschaft in ihren Baracken ohne Strom und Anschluß an eine Kläranlage sehen, die Bilder von den antifaschistischen Internierten in den Lagern von Le Vernet, Gurs, Les Milles in den Sinn.

Dem «Musée de la Résistance» von Toulouse hat Meyer Kokine den letzten Brief von Alice aus Ravensbrück gegeben. 1947 lernt er seine zweite Frau kennen, von der er selbst sagt, daß sie der ersten sehr ähnlich sieht. Sie hat schon zwei Kinder, die Meyer Kokine adoptiert. Später kommt noch eine Tochter dazu. «Ich hatte ein erfülltes berufliches Leben.» Am 1. Mai 2000 wurde er achtzig. Kokine baute ein eigenes Unternehmen auf. «Ich habe viel Geld verdient und einiges davon verteilt.» Seine Angestellten bezahlte er stets überdurchschnittlich. Dem Kommunismus, dem er seine ersten Ferien verdankte, kann er noch immer einiges abgewinnen: «Die Idee ist gut, die Menschen sind schlecht.» In seiner Fabrik stellte Kokine eine besonders harte Variante von Stahl her. Aus dem Gefängnis, in dem zum Tode Verurteilte inhaftiert wurden und für das er die Vergitterung der Fenster vorgenommen hatte, sei nie einer ausgebrochen, erzählt er voller Stolz. «Ich lebte von meinen Patenten, dreißig Jahre lang hatte ich ein phantastisches Leben.»

Seine Vergangenheit holte ihn aus Sorgues, wo er ihr am 18. August 1944 entkommen war, ein. «Bist du aus einem Zug geflüchtet?» fragte ihn eines Abends die Stieftochter. Das Fernsehen hatte angerufen. Über die vielgesehene Sendung «Avis de Recherche» («Bitte melde dich») suchte Robert Silve nach den Überlebenden des Geisterzugs. Kokine, der seiner Familie nie vom Geisterzug, von Heim und vom Widerstand, von Alice und seinem Sohn, vom Fußmarsch durch die Weinberge und von seiner Flucht erzählt hat, ist erstaunt: «Nicht einmal im Wagen kannten wir uns unter unseren wirklichen Namen.» Mit einiger Begeisterung engagiert er sich für die Bildung des Vereins und wird sein erster Präsident. Aus seinem Wagen, aus dem Gefängnis, aus dem Widerstand in Toulouse hatte er in mehr als vierzig Jahren niemanden wiedergesehen. Inzwischen kann Meyer Kokine kaum mehr gehen. Aus der «Amicale» hat er sich weitgehend zurückgezogen: «Ich habe mit diesen Leuten nichts gemein.» Doch jedes Jahr schickt er zum 18. August einen Kranz. Er wünscht sich, daß das Denkmal aus sehr viel widerstandsfähigerem Stahl (oder aus Stein) neu gemacht wird – «und sei es mit deutschem Geld».

Meyer Kokine ist allein mit seiner Erinnerung. Er liest die Bibel und Bücher über den jüdischen Glauben. «Ich habe immer wieder darüber nachgedacht – in Sorgues hat Gott meine Schritte geleitet. Anders war das nicht möglich. Und wenn ich daran denke, droht mein Kopf zu explodieren. Ich werde, ich muß es auf jiddisch sagen, meschugge. Ich bin nicht mehr normal. Ich habe keine großen Taten vollbracht, niemanden getötet. Ich habe Widerstand geleistet. Aber warum habe ich diese

Frau da hineingezogen? Eine einfache, großherzige Familie. Sie beherbergte mich, einen Juden im Widerstand. Und was war ich noch? Kommunist? Nein, nicht unbedingt, aber widerborstig. Seit zehn Jahren werde ich von Schuldgefühlen aufgefressen. Es gibt keinen Tag, an dem ich nicht an Alice denke.»

Meyer Kokine hat erreicht, daß der Name Alice Bessou mit einem halben Jahrhundert Verspätung in das Kriegsdenkmal ihres Heimatdorfs Grisolles – an der Strecke zwischen Bordeaux und Toulouse – gemeißelt wurde. In der Brieftasche trägt er ihr Foto bei sich.

Raymond Lévy zog mit den französischen Besatzungstruppen nach Deutschland. Am 8. Mai 1945, als der Zweite Weltkrieg zu Ende ging, war er in Koblenz. Die Urkunde zu seiner Entlassung unterschrieb er gleich selber. Er kehrte nach Paris zurück und holte sein Parteibuch ab. Sehr viel schwieriger war es, wieder in den Besitz des arisierten Geschäftes des Vaters zu gelangen. Raymond Lévy heiratete eine Jugendliebe, die aus Auschwitz zurückgekehrt war, und übernahm später einen Verlag, in dem er bibliophile Editionen herausbrachte. Wenn er an den Geisterzug denkt, stellt sich Raymond Lévy, dessen Bubentraum es war, R.A.F.-Pilot zu werden, immer die gleiche Frage: «Hat der Mann im Cockpit meine aus Fetzen zusammengeknüpfte Trikolore erkannt?»

Für Claude, den jüngeren der beiden Brüder, war es noch an der Zeit, ein Studium zu beginnen. Drei Jahre lang bestieg er keinen Zug. Erst in den achtziger Jahren hat er Deutschland besucht. Als er in den Ruhestand trat, leitete er ein Forschungslabor mit über hundert Angestellten. Daß die Geschichte, mit der er sich nebenamtlich befaßte, seine eigene ist, wußten nur enge Freunde. Die hartnäckige Diskretion, mit der er seinen persönlichen Beitrag zum Widerstand verschwieg, hat wenig mit den Imperativen der Geschichtsschreibung zu tun. Bei Filmen wie «Monsieur Klein» (mit Alain Delon) wurde er als Experte herangezogen. Mit seinen Büchern und Aufsätzen, mit seinen Auftritten in den Dokumentarfilmen von Marcel Ophuls und über die M.O.I. hat Claude Lévy bedeutende Beiträge zur französischen Vergangenheitsbewältigung geleistet und die Aufklärung über Vichy vorangetrieben. Die Aufarbeitung der Nachkriegsmythen, die Rückkehr des Verdrängten hat Frankreich in eine gesellschaftliche Krisensituation gestürzt, aus der es langsam herausfindet: «Aber es darf sich nicht mit einer neuerlichen Lüge aus der Verantwortung für seine Mitverantwortung stehlen. Man muß eingestehen, daß 1945 nicht die Wahrheit gesagt worden ist.»

Im Mai 1999 hat Claude Lévy die Karte, die bei der Ankunft seiner Eltern in Drancy angelegt wurde, abgeholt: «1 Perlenkette, 1 Uhr aus Gold, 2000 Francs» ist darauf vermerkt. Manchmal hat er den Eindruck, daß seine Kinder «noch sehr viel mehr geprägt sind von dieser Geschichte als ich und heute stärker als vor dreißig Jahren – und dies in beiden Richtungen: in der Verweigerung, sich mit ihr zu befassen, wie im Interesse für sie.» Seinen jüngsten Sohn hat Claude Lévy «gezeugt, um einen kleinen Juden in die Welt zu stellen, der einen kleinen Juden des Warschauer Ghettos ersetzt». Er gab ihm auch noch den Namen David.

Der Geisterzug hat ihn nie mehr losgelassen. Manchmal verfolgt er ihn auch noch in seinen Träumen. Im Halbschlaf taucht das Gesicht des Mannes, den er an einem nebligen Novembersonntagnachmittag niederschoß, vor seinen Augen auf. Er kann es nicht vergessen und würde ihn wiedererkennen. «Die Identität dieses Opfers muß feststehen. Fünfundfünfzig Jahre danach stelle ich mir die Frage, ob es sich um einen Offizier der Wehrmacht oder einen Angestellten der Reichsbahn gehandelt hat. Der Mann hat sicher noch Angehörige, denen er vielleicht fehlt. Ich will nicht die Familie besuchen, aber bevor ich sterbe, möchte ich wissen, wen ich getötet habe. Wir waren damals völlig unfähig, Uniformen zu erkennen.»

Mit all dem Wissen, das Lévy über die Besatzung und die

Deportation erworben hat, kann er sich sagen, daß auch die Reichsbahn in die totale Kriegsführung und Judenvernichtung integriert war. «Ich habe Gewissensbisse, überhaupt Menschen getötet zu haben, aber zum Glück habe ich es getan: für meine Würde. Wir waren Soldaten, wir gehorchten Befehlen – und wir hatten grauenhafte Angst.» Ethische Fragen, die er sich heute selber stellt, die aber keineswegs «quälend» seien, stellten sich damals nicht: «Sie oder wir.» Nur darum ging es. «Auch wenn wir nicht auf Leute schossen, die auf uns schossen.» Die Fronten waren dennoch klar und gleichzeitig verschoben in diesem mörderischen Klein- und Bürgerkrieg im Untergrund, der nie erklärt worden war. In dem Fremde für Frankreich gegen Nazideutschland und Franzosen mit Nazideutschen gegen Franzosen kämpften.

Daß Raymond und Claude Lévy als Nummer eins und Nummer zwei der Eliteguerilleros aus dem Geisterzug in die Freiheit springen konnten, hatte seinen Grund. Wenige Tage nach der Landung der Alliierten in der Normandie hatten die Deutschen die Kontrolle nicht nur im Lager Le Vernet, sondern auch im Gefängnis Saint-Michel übernommen. Sie verwehrten dem französischen Kriegsgericht, das die beiden Brüder verurteilen sollte, den Zugang – zwei Särge waren bereits angeliefert worden. Die Prozesse und die Hinrichtungen wurden ausgesetzt und die Insassen – mit ihrem Gepäck – wahllos in die Deportation geschickt.

Raymond und Claude Lévy hat der Geisterzug auf seiner Odyssee durch die Schienenschlacht vom sicheren Tod ins Leben zurück befördert.

Anhang

Quellen

Die Zitate ohne Nachweis stammen aus Gesprächen, die der Verfasser in den Jahren 1999 und 2000 führte. An schriftlichen Quellen mit Berichten von Überlebenden aus dem Geisterzug lagen ihm folgende Dokumente vor:

Lévy, Claude: Les Parias de la Résistance. Paris 1970 (Dt.: Die Parias der Résistance. Berlin 1997)
Lévy, Raymond: Schwartzenmurtz ou l'esprit de parti. Paris 1977
Nitti, Francesco F.: Chevaux 8, Hommes 70. Toulouse 1945

In Sorgues ist 1991 zur Eröffnung des Denkmals eine Darstellung erschienen, in der viele der von Robert Silve gesammelten Aussagen und Dokumente abgedruckt sind: «Toulouse, Bordeaux, Sorgues, Dachau: Le Train Fantôme». Etudes Sorguaises

René Lafond und Christian de Roquemaurel haben ihre Erlebnisse in Büchern geschildert, die sie im Selbstverlag veröffentlichen:
René Lafond: De la Gestapo Bordelaise au Block 30 à Dachau par le Train Fantôme. 1999
Christian de Roquemaurel: Voyage au centre de ma vie. 1986

Von Walter Gezzi stand dem Verfasser ein unveröffentlichter schriftlicher Bericht zur Verfügung.

Literaturverzeichnis

Amouroux, Henri: La Grande Histoire des Français sous l'Occupation. Joies et Douleurs du peuple libéré. Paris 1988
Antelme, Robert: Das Menschengeschlecht. München 1987
Aron, Robert: Histoire de la Libération de la France. Paris 1959
Bachelier, Christian: La SNCF sous l'Occupation 1940–1944. Institut d'Histoire du Temps Présent. Paris o.J.

Beauvoir, Simone de: In den besten Jahren. Reinbek 1969

Benamou, Georges-Marc: C'était un temps déraisonnable. Paris 1999

Bernadac, Christian: Le Camp des Femmes. Paris 1998

Bertaux, Pierre: La Libération de Toulouse et de sa région. Paris 1973

Betz, Albrecht: Exil und Engagement. Deutsche Schriftsteller im Frankreich der dreißiger Jahre. München 1986

Cohen, Monique-Lise et Eric Malo (Hg.): Les camps du sud-ouest de la France. Toulouse 1994

Cointet, Michèle et Jean-Paul (Hg.): Dictionnaire historique de la France sous l'Occupation. Paris 2000

Combe, Sonja: Archives interdites. Les peurs françaises face à l'Histoire contemporaine. Paris 1994

Dufour, Lucien-Edouard: Drôme, Terre de liberté. Valence 1994

Dreyfus-Armand, Geneviève: L'exil des Républicains Espagnols en France. Paris 1999

Estèbe, Jean: Toulouse 1940–1944. Paris 1996

Gall, Lothar und Manfred Pohl (Hg.): Die Eisenbahn in Deutschland. München 1999

de Gaulle, Charles: Mémoires de Guerre. Le salut: 1944–1946. Paris 1959

Grandjonc, Jacques und Theresia Grundtner (Hg.): Zone der Ungewißheit. Exil und Internierung in Südfrankreich 1933–1944 Reinbek 1993

Grynberg, Anne: Les camps de la honte. Paris 1991

Hilberg, Raul: Die Vernichtung der europäischen Juden. Berlin 1982

Huisman, Denis (Hg.): Dictionnaire des Philosophes. Paris 1984

Kantorowicz, Alfred: Nachtbücher. Aufzeichnungen im französischen Exil 1935 bis 1939. Hamburg 1995

Kedward, Harry Roderick: A la recherche du Maquis. Paris 1999

Koestler, Arthur: Abschaum der Erde. Gesammelte autobiographische Schriften. 2 Bde. Wien–München–Zürich 1970/71

Mann, Golo: Erinnerungen und Gedanken. Lehrjahre in Frankreich. Frankfurt a.M. 1999

Malraux, André: Antimémoires. Paris 1967

Mitterrand, François: Freiheit ist wie die Luft zum Atmen. Frankfurt a.M. 1997

Ophuls, Marcel: Le Chagrin et la Pitié. Paris 1980

Parrot, Louis: L'Intelligence en Guerre. Neuauflage 1990 im Verlag Le Castor Astral, ohne Ortsangabe

Rovan, Joseph: Geschichten aus Dachau. München 1992

Rovan, Joseph: Mémoires d'un Français qui se souvient d'avoir été Allemand. Paris 1999

Sapiro, Gisèle: La guerre des écrivains. Paris 1999

Schiller, Dieter (Hg.): Exil in Frankreich. Leipzig 1981

Anmerkungen

KAPITEL 1: Lumpensammler in die Deportation

1 Le Monde diplomatique, August 1999
2 Nitti, 19 f.
3 Nitti, 29
4 Nitti, 31
5 Nitti, 31 f.
6 Nitti, 32
7 Nitti, 36

KAPITEL 2: Züge ohne Fahrplan

1 Kantorowicz, 217 f.
2 Betz, 171
3 Exil in Frankreich, 451
4 Exil in Frankreich, 446
5 Golo Mann, 251 f.
6 Golo Mann, 252 ff.
7 Zone der Ungewißheit, 294 f.
8 Zone der Ungewißheit, 296
9 Golo Mann, 258 f.
10 Die Eisenbahn in Deutschland, 239 f.
11 Die Eisenbahn in Deutschland, 240
12 Antelme, 363
13 Antelme, 363
14 Antelme, 366 f.
15 Antelme, 368 f.
16 Rovan, Mémoires, 193

KAPITEL 3: Terroristen auf dem Fahrrad

1 Lévy, Parias, 68
2 Lévy, Parias, 44
3 Lévy, Parias, 97 f.
4 Lévy, Parias, 79 ff.
5 Lévy, Parias, 122 f.
6 Lévy, Parias, 117
7 Lévy, Parias, 117
8 Lévy, Parias, 128 f.
9 Lévy, Parias, 159
10 Dictionnaire des Philosophes, S. 1529
11 Bulletin de la société des amis de l'Ecole
  Normale Supérieure, Nr. 118, Juin 1970
12 Malraux, 214–257

KAPITEL 4: Der Geisterzug

1 Raymond Lévy erwähnte 1945 in einer Zeugenaussage zu Händen des «Centre de Documentation sur la persécution nazie» in Nizza einen «cousin germain» Mussolinis. Seine Schilderung ist wie jene Francesco F. Nittis wegen der großen zeitlichen Nähe zu den Ereignissen von größtem Wert. Lévy glaubt im nachhinein an die Möglichkeit, daß es sich beim Vetter des Duce um Mossolin handelte, der 1899 im italienischen Cenigo geboren wurde und seinen Namen dem Französischen angepaßt haben könnte. Seinen Mitgefangenen stellte sich Mossolin als Spezialist für kanonisches Recht vor.

2 Nitti, 47 f.

3 Nitti, 51 f.

4 Nitti, 52

5 Toulouse, Bordeaux, Sorgues, 42

6 Nitti, 55 ff.

7 Nitti, 56 f.

KAPITEL 5: Konzentrationslager Synagoge

1 Nitti, 71

2 Nitti, 71 f.

3 Roquemaurel, 252

4 Roquemaurel, 248 f.

5 Nitti, 86

6 Nitti, 86

7 Lévy, Parias, 175

8 Lévy, Parias, 176

KAPITEL 6: Odyssee durch die Schienenschlacht

1 Lafond, 62

2 Philippe Toureille, Bulletin des Anciens Combattants. Bordeaux 1990

3 Roquemaurel, 256

4 Lévy, Parias, 177

5 Toulouse, Bordeaux, Sorgues, 129

6 Toulouse, Bordeaux, Sorgues, 130

7 Lévy, Parias, 178 ff.

8 Toulouse, Bordeaux, Sorgues, 132

9 Nitti, 101 f.

10 Dufour, 214

11 Toulouse, Bordeaux, Sorgues, 135

12 Toulouse, Bordeaux, Sorgues, 138

13 Lafond, 79

14 Aus einem Bericht, den Philippe Toureille in seiner Zeitschrift «Forces Françaises Combattants» publizierte (Nr. 117, Bordeaux 1990)

15 Lévy, Parias, 180 f.
16 Nitti, 107
17 Nitti, 112
18 Nitti, 115
19 Nitti, 116
20 Lévy, Parias, 183
21 Toulouse, Bordeaux, Sorgues, 178

KAPITEL 7: Dachau-Ravensbrück
  1 Lafond, 82 f.
  2 Lafond, 83
  3 Bernadac, 256 ff.

KAPITEL 8: Die Zeit ist tot
  1 Antelme, 400
  2 Antelme, 400
  3 Lafond, 176
  4 Mitterrand, 156 f.
  5 Mitterrand, 157 f.
  6 Lafond, 177
  7 Lafond, 177
  8 Rovan, Dachau, 115

KAPITEL 9: Zurück nach Toulouse
  1 Malraux, 250
  2 L'Histoire Nr. 179, Juli/August 1994
  3 Roquemaurel, 260
  4 Roquemaurel, 261
  5 Roquemaurel, 257
  6 L'Histoire, Nr. 179, Juli/August 1994
  7 Toulouse, Bordeaux, Sorgues, 51
  8 Estèbe, 300
  9 de Gaulle, 21
10 de Gaulle, 7f.
11 de Gaulle, 17
12 de Gaulle, 22
13 Lévy, Parias, 185
14 Lévy, Parias, 185f.
15 R. Lévy, Schwartzenmurtz, 192
16 Lévy, Parias, 187
17 Lévy, Parias, 188
18 Nitti, 109

KAPITEL 10: Die Schienen der Freiheit

1 Bachelier, 25
2 Bachelier, 25
3 Ophuls, 163ff.
4 Stuttgarter Zeitung, 18. August 1986
5 Libération, 8. und 10. Juni 1985
6 Dieser Hinweis findet sich in Sonia Combes Buch «Archives Inter-dites» (Paris 1994), das sich mit dem Zugang zu den Archiven und der französischen Geschichtsschreibung über den Zweiten Weltkrieg befaßt.
7 Guerres mondiales et conflits contemporains, Nr. 174, 1994

KAPITEL 11: Lotman

1 Parrot, 49
2 Simone de Beauvoir, 484
3 Simone de Beauvoir, 473

KAPITEL 12: Ein Denkmal in Sorgues

1 Klaus Huwe in «Documents», Nr. 3, 1999

Namenregister

Alvarez, Ange 73 f., 98, 216
Amouroux, Henri 173 f., 215
Antelme, Robert 32 f., 157, 160
Aragon, Louis («François la Co-
   lère») 42, 195 f., 201, 203, 211
Aron, Raymond 63
Aron, Robert 173, 201
Artime, José 15, 69, 160, 164, 221
d'Astier, Emmanuel 63
Aub, Max 20
Aubrac, Lucie 63 f.
Aubrac, Raymond 64, 208

Bachelier, Christian 194, 208
Barbie, Klaus 54, 163
Bartette, Marie 132
Barthelet, Roger 54 f.
Baudou, Yvonne 132
Baumgartner, Georg 215
Beauchamp, Georges 160
de Beauvoir, Simone 210 f.
Benet, Jacques 160
Benjamin, Walter 19
Berri, Claude 208
Bertaux, Félix 22
Bertaux, Pierre 12, 22 f., 40 ff.,
   64 f., 82, 89, 174 ff., 179, 181,
   183, 189, 192, 196 ff., 203, 218
Bessou-Kokine, Alice 58 ff., 97 f.,
   102, 104, 111, 119, 151 f., 177,
   190, 192, 222, 224
Betz, Albrecht 19
Bismarck, Sole Sedo 98 f.
Blasco, Cesar 14
Blum, Léon 18
Borios 95
Bosca, Salvatore 179, 218
Bousquet, René 46, 55, 177, 205,
   207
Brafman, Marc 57, 99 f., 114, 143 f.,
   147 ff., 162, 221

Brandt, Willy 202, 221
Brecht, Bertolt 19 f.
Bresson, Familie 145
de Brisonlac, Marie-Laure 185
Brunner, Alois 30, 38
Buckmaster, Maurice 8, 41, 66, 192
Butler, General 128

Calas, Jean 173
Canguilhem, Georges 64, 204
Cassou, Jean («Jean Noir») 12,
   41 f., 89, 174 ff., 182, 190 f., 197,
   203
Cavaillès, Jean 62 ff., 204, 210
Champagne, André 117
Charpentier, Eugène 174
Cheku, Méhémet 21
von Choltitz, Dietrich 38
Cigaroa, Léon 105, 107
Claus, Max 67
Clément, René 193 f.
Combe, Familie 119

Dahlem, Franz 21 f., 69
Daladier, Edouard 18
Damiani, Marie 106 f.
Dannecker, Theodor 30
Darnand, Joseph 61
Daub, Philipp 21
Delattre de Tassigny, J. 117, 164
Delestraint, General 163
Delon, Alain 224
Desanti, Dominique 211
Desfourneaux, Henri 50 f.
Dewoitine, Emile 39, 58
Didier, Christian 207
Dilli, Gustav 34
Doriot, Jacques 119
Dostojewski, Fjodor M. 139, 143,
   190
Dreyfus, Alfred 173

Dank

In Erinnerung an die Deportierten des Geisterzugs. Sie haben für unsere Freiheit gekämpft.

Mit meinem Dank an die überlebenden Überlebenden, die mir ihre Geschichte erzählten. Claude und Raymond Lévy, Renée Lacoude, Meyer Kokine, Marc Brafman und meinen anderen Gesprächspartnern verdanke ich unvergeßliche Begegnungen.

Für Robert Silve und Charles Teissier aus Sorgues. Sie waren fast noch Kinder, als die Kolonne der siebenhundert Deportierten nach siebzehn Kilometer Fußmarsch in ihrem Dorf ankam. Im Ruhestand haben sie mit ihren unermüdlichen Recherchen den Geisterzug aus dem individuellen, meist stummen Erinnern seiner vereinzelten Passagiere befreit und ihn für das öffentliche historische Bewußtsein vor dem Vergessen gerettet. Ihre Tätigkeit ist eine angemessene Würdigung des Heroismus und der Leiden seiner Opfer.

Von Kurt W. Schaechter, dem grandiosen Don Quijote in den verbotenen Archiven, kam ein erster Anstoß. Sigrid Bubolz-Friesenhahn und Michael Wolffsohn brachten den «Geisterzug in den Tod» auf die Schiene. Barbara Wenner und Uwe Naumann überwachten seine Fahrt von Reinbek aus. Ihnen allen herzlichen Dank!

Für Renate und Klaus, meine deutschen Freunde in Frankreich.

Und für Nadine, Dimitri und Alana, die noch einmal mehr Geduld aufbrachten, als ich ihnen zumuten durfte.

J. A.

FR

Angoulême

Parcoul-Médillac

Périgu

Coutras

Bordeaux

Atlantischer Ozean

Le Vernet d'Ari

SPANIEN